자본주의의
미래

The Future of Capitalism

by Byung-Yeon Kim · Sunhyuk Kim · Jai-Joon Hur · Joon Han · Jaesok Kim

자본주의의 미래

대우학술총서 644
Orbital Rendezvous 01

THE FUTURE OF CAPITALISM

김병연 김선혁 허재준 한준 김재석 지음

아카넷

대우학술 기획 공동연구 사업을 시작하며

우리는 지금 문명사적 대전환의 출발선에 서 있다. 지난 세기 후반에 시작하여 점차 가속화 한 제4차 산업혁명이라는 이름의 새롭고 첨단적인 과학과 기술의 급진적인 생성과 증강, 역사적 시간과 정치적 공간의 해체와 유동, 가상현실과 경험적 현실의 혼성화, 모든 기존의 분류가 경계를 넘어 새로운 방식으로 결합하고 생성하는 탈(초)경계화와 글로벌화, 팬데믹이 보여주듯 전 지구적 규모로 전개되는 미증유의 경험적 사건들의 확산, 이질적 문화의 역동적 공존과 변종 및 생성 등은 지금까지 인류가 겪어왔던 그 어떤 변화와도 그 성격이 다르다. 변화의 내용은 물론이고 변화의 양상 특히 그 속도와 급작스러움은 인류 문명사의 진행 방향을 획기적으로 바꾸어 놓을 것이 틀림없다. 그것은 전망이 아니라 이미 시작 단계에 들어선 일이다. 그처럼 아예 차원이 다른 변화를 겪는 오늘날 인류가 당면한 과제는 무엇보다도 '인간임human being'과 '인간됨being human'의 문제를 새로운 차원에서 재검토하고 지금부터 추구해야 할 가치를 재설정하는 일이다. 이

제 우리는 이 과제를 해결하기 위한 새로운 지식과 생각과 기술의 궤도를 모색, 탐구하고 제시하려 한다.

지난 40여 년간 대우재단은 인문학에서 자연과학에 이르는 모든 학문 분과의 기초를 체계적으로 발굴하고 자생적 토대를 구축하는 순수학술 지원 사업에 집중해 왔다. 지원의 중점은 현대의 첨단 학문 분야의 기초는 물론 그러한 학문의 원천에서 발전의 과정에 이르는 고전 그리고 특별한 학문사적 의미를 지닌 연구의 소개와 실험적 연구에 주어졌다. 이제 대우재단 학술지원 사업의 제2단계를 열면서 우리는 기존의 연구를 토대로 하여 수 세기에 걸쳐 이루어져 온 학문의 결과에 대한 성찰적 재검토 작업을 본격적으로 가동하고 동시에 새로운 개척과 실험을 통한 융합적 지식 생산의 체계를 추구하려 한다. 이러한 작업은 복합적 지식 생산의 새로운 패러다임 구축을 뜻한다. 여기에는 기존의 지식과 기술과 사상의 심도 있는 창조적 노력의 결과를 토대로 삼아서 다양한 관련 분야로부터의 전문적인 시각에서의 소통 및 교차 점검이 있어야 할 것이다. 우리가 개별적 전문 분야의 독창적이고 자유로운 연구 영역의 개척을 지속적으로 지원하면서 동시에 새로운 양식의 공동연구를 기획하는 까닭은 개인의 단독적 연구에서는 이루어지기 어려운 융합적 지식의 자생적이고 생성적인 창조를 위한 또 하나의 방법론적인 시도가 요구되기 때문이다.

물론 발전적 성찰, 전환과 전향 등의 이름으로 인류의 지식과 기술과 도덕에 관한 재점검은 반복적이고 중복적으로 있었다. 그러나 이제 그러한 익숙한 재검토의 반복에서 벗어나서 시대적 맥락에서 새로운 지평을 열어나가는 시작의 재조再造와 창조를 시도하는 것이다. 기존의 과학과 지식, 기술, 제도를 말하는 문명과, 이를 실천하는 다양한 방식과 기술로서의 문화, 그리고 사물의 본질적 상태, 존재의 물리적 구조와 환경, 인간 바깥의 현상과 현실을 아우르는 자연의 세 차원으로 이루어진 전통적이고 고전적인 지식의 틀을 깨고 그 세 영역에 인간이 실천 주체로서 존재하는 동시에 그 영향의 대상이 되어 있는 엄연한 진실 앞에 우리의 학문이 서 있다는 시대적 전환에 부응하는 혁명적 변화이다. 곧 "인간, 자연, 문명, 문화"를 핵심적 키워드로 삼는 것이니 이는 연계성과 상호작용의 개념이 전제가 된 새로운 융합적 지식 생산의 생태계에 들어섰음을 깨닫는 것이다. 이와 같은 앎과 학문의 새로운 지평은 시대적 요구에 따라 무한히 열려 있으며 그 지식 생산의 새 생태계 안에서는 우리에게 익숙하고 또한 진리로서 여겨져 온 모든 지식과 기술과 상상과 사상, 예컨대 자본주의, 사회주의, 마르크시즘, 민주주의, 국가, 자연, 과학기술, 인류의 등정ascent의 방향 등에 관한 생산적 반성과 미래를 성찰하는 도전들이 이루어질 것이다.

대우재단 학술사업이 처음부터 지금까지 그래왔듯이 앞으로 전개될 새로운 기획 공동연구 사업도 지식의 지평과 궤도Orbis Sapientiae를 무한히 확장하는 생성의 토양과 토대를 구축하는 역할을 할 것이다.

대우재단 학술운영위원회 위원장 김광억

차례

서문

자본주의에 미래는 있을까? 자본주의의 둠스데이Doomsday가 얼마 남지 않았다는 주장은 오래전부터 있었다. 애덤 스미스Adam Smith가 『국부론』을 출간한 지 한 세기도 지나지 않아 카를 마르크스Karl Marx는 내적 모순과 계급 갈등 때문에 자본주의는 조만간 붕괴할 것이라고 주장하였다. 또 20세기 후반에는 천연자원의 고갈과 환경오염으로 자본주의가 추구하는 성장이 한계에 도달했다는 경고가 로마클럽을 중심으로 강력하게 제기되었다.

21세기 들어서도 자본주의의 한계를 지적하는 목소리는 끊이지 않는다. 2007~2008년에 발생한 금융위기는 자본주의, 특히 글로벌 금융화가 초래한 대형 재난으로 인식되었다. 일각에서는 지구 온난화와 글로벌 감염병도 성장 일변도의 자본주의가 초래한 것이라며 자본주의를 중단해야 인류가 생존할 수 있다고 주장한다. 사회주의가 다시 등장해야 한다는 견해도 있다. 예전의 사회주의는 실패했지만 이제는 과학기술의 발전으로 사회주의 2.0이 자본주의를 대체할 수 있다는 것이다.

자본주의는 놀라운 생명력을 보여주었다. 마르크스가 설계한 사회주의는 소련과 동유럽에서 100년도 채 생존하지 못했던 반면 그보다 일찍 탄생한 자본주의는 아직도 왕성하게 살아 움직이고 있다. 인간의 본능에 기초한 자본주의는 유연성과 적응력이 뛰어난 데다 정부가 주도한 수정 노력이 성공을 거두었기 때문이다. 1920년대 말에 시작된 세계 대공황을 겪으면서도 살아남았고 평등을 강조하는 사회주의와 체제 경쟁을 벌이면서 선진국들은 자본주의 체제 안에 복지를 품었다. 동시에 기술혁신을 촉진하고 이를 통해 체제의 효율성을 증가시켰다. 자본주의 덕분에 인류는 오랫동안 1인당 평균소득이 생계수준에 머무르던 저소득의 참호에서 벗어났을 뿐 아니라 풍요와 번영이라는 새로운 시대를 열 수 있었다.

그러나 과거에 자본주의가 이룬 성과만으로 앞으로도 자본주의가 지속될 것으로 믿기는 어렵다. 오늘날 자본주의는 큰 도전 앞에 서 있다. 경제적 불평등이 증가하고 있지만 글로벌라이제이션 상황에서는 개별 국가의 정책만으로써 이 문제를 해결하기 힘들다. 오래되었지만 제대로 해결하지 못하고 있는 지구 온난화가 전 지구적인 문제를 야기하고 있다. 2020년부터 3~4년 동안 큰 고통과 피해를 준 코로나19도 자연환경이 파괴되어 인간과 동물이 근거리에 거주함으로써 발생한 결과다. 또 제4차 산업혁명이 미래의 일과 생활을 어떻게 변화시킬지, 자본주의에 어떤 영향을 미칠지도 불확실하다.

이런 가운데 자본주의의 개혁을 요구하는 목소리는 이전보다 훨씬 더 커졌다. 소득양극화를 줄여 보다 공평한 자본주의는 될 수 없을까. 민주주의가 후퇴하지 않도록 자본주의가 도울 방안은 없는가. 과학기술의 발전을 이용하여 자본주의를 더 효율적으로 만들 수는 없을까. 기후 온난화와 환경 파괴 추세를 되돌릴 수 있도록 자본주의를 개선할 수는 없을까. 자본주의에서 노동의 보람, 일과 여가의 균형을 제고할 방법은 없을까. 자본주의의 변모에 따라 기업은 어떻게 변화할 것인가. 자본주의는 앞으로도 인류에게 나은 미래를 약속할 수 있을까. 이를 위해 자본주의는 어떻게 바뀌어야 할까.

이상의 중요한 질문에도 불구하고 자본주의의 미래에 관해 심도 있는 논의는 많지 않다. 특히 자본주의의 특정 측면이 아니라 자본주의를 전체적으로 평가하고 지속 가능성을 분석하며 미래를 전망하는 책은 국내뿐 아니라 해외에서도 잘 발견되지 않는다. 하버드대학 출판부가 "자본주의와 그에 대한 불만"이란 분류에서 소개한 11권의 책 중 8권은 불평등, 부富 등 경제적 문제에 집중되어 있다. 또 민주주의와 비교하면 자본주의에 대한 논의는 훨씬 적다. 자본주의capitalism와 위기crisis라는 두 영어 단어를 구글 검색했을 때는 6,900만 건이 검색되는 반면 민주주의democracy와 위기crisis는 3억 2,600만 건이 검색된다. 민주주의와 책books을 영문으로 검색했을 때는 5억 7,100만 건이 검색되지만 자본주의와 책을 검색하면 6,400만 건에 그친다.

이런 배경에서 출간된 이 책은 자본주의 체제의 현재를 평가하고 미래를 전망한다. 특정 주제를 중심으로 자본주의와의 관계를 분석하기보다 자본주의 체제의 다양한 성격과 요소를 전체적으로 고찰한다. 먼저 자본주의의 지속성과 민주주의와의 관계 등 거시적인 주제로부터 시작해서 기술변화가 자본주의에 미치는 영향을 설명한다. 이어서 좀 더 미시적인 관점에서 자본주의에서의 기업과 일의 변화를 살펴본다. 특히 디지털화, 플랫폼화가 기업과 노동에 미친 여러 영향을 구체적인 사례를 통해 논의한다.

이 책은 다섯 장으로 구성되어 있다. 먼저 제1장에서 김병연은 경제체제로서 자본주의의 성과를 평가한다. 나아가 자본주의가 직면한 세 가지 주요 도전을 제시하고 이를 분석한다. 보다 구체적으로 자본주의의 미래는 기술 발전과 경제적 불평등, 자연환경의 파괴라는 도전을 어떻게 극복하느냐에 달려 있다고 진단한다. 특히 이 중 경제적 불평등은 가장 어려운 도전으로서 이 문제는 글로벌라이제이션으로 인해 더욱 해결하기 어려워졌다고 평가한다. 만약 불평등한 자본주의가 '너'와 '나'를 갈라놓음으로써 민주주의를 질식시킨다면 인류사회의 가장 중요한 두 제도는 이별의 길을 걸을 수 있다고 경고한다.

제2장에서 김선혁은 민주주의와 자본주의의 관계를 유형별로 파악한 후 이 두 제도는 상호조응되는 관계라고 설명한다. 그에 따르면 민주주의와 자본주의의 조합이 절대적인 것은 아니다. 중국이나 싱가포르에서 권위주의 정치제도와 자본주의 경제제도가 공존하는 경우도 존재하기 때문이다. 그럼에도 불구하고 민주주의와 자본주의는 역사적 검증을 통과하고 타당성을 인정받은 유일한 조합이다. 반면 권위주의는 '일국 차원의 정경분리 거버넌스에 힘입은 단기적 현상'으로서 민주주의의 보편성에 도전할 대안 체제는 되지 못한다. 이런 면에서 우리는 이 두 제도를 유지하기 위해 노력해야 하며 무엇보다 '민주주의가 자본주의를 조절하고 지휘하고 계도하는' 작업을 지속해야 한다고 주장한다.

제3장의 허재준은 기술의 발전과 자본주의의 변모를 다루면서 범용기술과 자본주의의 불평등 사이의 관계를 설명한다. 자본주의는 기술의 발전을 촉진하는 동시에 기술 발전에 적응해 왔다. 이런 면에서 범용기술의 확산은 자본주의에 큰 도전이 될 수 있다. 범용기술은 막대한 부를 축적할 기회를 제공하는 반면 많은 사람의 고용과 소득을 불안정하게 만들기 때문이다. 그리고 현재는 디지털혁명의 시대

로서 컴퓨터, 인터넷, 인공지능 등의 범용기술이 확산되는 시기이며 그 결과 불평등이 증가하는 경향이 발생한다. 이러한 도전을 극복하고 자본주의를 유지할 가장 중요한 주체는 정부라고 그는 주장한다. 특히 정부가 디지털 기술에 적합한 제도와 규범을 만듦으로써 범용기술의 확산이 가져오는 변동성을 줄여야 한다고 제안한다.

제4장에서 한준은 최근 자본주의에서의 기업 변화에 주목한다. 먼저 기업의 유연화, 다양화, 생태적 복잡화 경향은 자본주의의 글로벌화, 디지털화, 금융화에 기인한 것으로 파악한다. 특히 디지털화에 따라 기업의 유연성, 다양성은 지속적으로 증가하지만 기업의 생존수명은 짧아질 것으로 전망한다. 또 기업의 변화는 자본주의에도 영향을 미친다. 기업 사이 그리고 기업 내 양극화가 일어나면서 불평등이 심화되고 플랫폼 기업의 등장으로 소비자 주권이 침해되는 현상이 발생한다. 최근 기업이 ESG(환경·사회·거버넌스)를 강조하는 것도 이런 맥락에서 이해될 수 있다. 하지만 궁극적으로는 자본주의와 기업의 결합은 이기주의에 기반한다고 평가하면서 이 결합이 미래에도 과연 공생적일까라는 물음을 던지고 있다.

제5장에서 김재석은 자본주의의 첨단이라고 할 수 있는 ICT기업에서의 노동의 변화를 분석한다. 특히 한국과 중국의 ICT기업을 대상으로 기업의 노동환경과 여가에 미치는 영향을 살펴본다. ICT기업은 높은 임금과 뛰어난 복지제도, 그리고 유연근무 등을 통해 워라밸을 촉진해 왔다. 그뿐 아니라 '좋은 일을 한다'라는 사회적 의미도 강조해 왔다. 그러나 그 이면에는 업무성과와 성공에 대한 강조, 불규칙한 근로시간, 가정의 일터화가 존재한다. 또한 촘촘한 평가체제와 시장 상황에 따라 급변하는 고용 및 복지 혜택은 근로자가 받는 스트레스의 주요 요인이다. 해 아래 새로운 것이 없듯이 첨단기업에도 자본

주의의 명암이 교차할 뿐 아니라 이들이 선도하는 자본주의의 미래도 반드시 밝지만은 않을 것으로 전망한다.

이 책은 대우재단이 새롭게 시작한 기획 공동연구 사업의 첫 번째 결과물이다. 이 과제를 지원해 주신 대우재단과 이 연구의 기획과 선정, 결과 보고에 이르기까지 길잡이가 되어 주신 대우재단 학술운영위원회에 감사드린다. 덕분에 다섯 명의 연구진은 '자본주의의 미래'라는 무겁지만 의미 있는 주제를 열 번 이상의 회의와 워크숍을 가지면서 즐거운 마음으로 연구할 수 있었다.

저자를 대표하여 김병연 씀

제1장

경제체제의 도전과
21세기 자본주의

김병연(서울대학교 경제학부)

1. 서론: 경제체제로서의 자본주의

인간은 먹지 않으면 생존할 수 없다. 그리고 먹으려면 채취, 수렵, 목축, 경작 등의 일을 해야 한다. 따라서 노동과 소비라는 경제활동은 인류 역사가 시작될 때부터 존재했다.[1] 또 인간은 공동체를 이루어 살아야 대를 이어 지속되고 생존에도 유리하다. 가장 작지만 자연스러운 공동체는 가족이며, 여기서 더 나아가면 대가족, 부족 등 더 큰 공동체가 나타날 수 있다. 이렇게 인간이 공동체 생활을 한다면 생산물의 분배 문제도 해결해야 한다. 예를 들어 사냥한 동물의 부위를 나눌 때 누가 어떤 부위를 얼마만큼 가져갈 것인가 결정할 필요가 있다. 분업 문제도 생긴다. 여성과 남성이라는 성별에 따른 분업뿐

---

1 생산물을 만드는 과정이 복잡해지면 노동뿐 아니라 기계와 같은 자본도 생산활동에 참여한다. 따라서 생산은 노동보다 광의의 개념이다.

아니라 나이와 지위에 따라 생산 과정에서의 역할이 달라질 수 있다. 이처럼 노동, 소비, 분배라는 경제행위는 인간과 인간으로 구성된 공동체 본연의 활동이다.

경제체제는 생산, 소비, 분배를 규율하는 일련의 제도를 의미한다. 수렵사회의 예를 들어 설명해 보자. 이 사회에서 생산은 동물을 사냥하는 활동이다. 분배는 사냥한 동물을 가족이나 개인별로 나누는 것이며, 소비는 이를 섭취하는 것이다. 사냥은 혼자 할 수도 있지만 여러 사람이 공동으로 협력할 때 안전하고 생산성도 높아진다. 그런데 사냥에 기여한 사람이 분배에서 배제되는 현상이 계속 발생하면 사람들은 열심히 사냥하려 하지 않을 것이다. 또 지나치게 불평등한 분배는 내부 갈등을 유발할 수 있다. 따라서 생산물을 분배할 때 경제적 유인을 통해 사냥을 더 잘하게 하는 방법과 내부의 갈등을 줄여 공동체의 안정을 이루는 방안을 조화시켜야 한다. 수렵사회는 여러 반복적인 실험을 통해 성장과 분배의 조화를 관습과 관행으로 만들었고 이는 수렵사회를 규율하는 경제체제의 근간이 되었다. 그리고 상대적으로 더 나은 경제체제를 가진 수렵 부족은 번성하고 그렇지 못한 부족은 쇠퇴하거나 정복당함으로써 경제체제의 선별이 이루어졌다. 즉 경제체제의 목적은 높은 성장과 좋은 분배를 결합하여 사회가 지속할 수 있도록 만드는 데 있다.

18세기 이후에 등장한 대표적인 경제체제는 자본주의capitalism와 사회주의socialism다. 자본주의와 사회주의의 유래는 상이하다. 전자는 사회의 발전 과정에서 자연스럽게 형성되었다는 의미에서 자연산自然産이다. 이와 대조적으로 후자는 특정 개인에 의해 의도적으로 계획되었다는 점에서 인공산人工産이다. 1776년 발행된 애덤 스미스의 『국부론』은 이미 형성되고 있었던 자본주의를 해석한 책인 반면 1867년 발행된 카를 마르크스의 『자본론』은 그 당시에는 존재하지 않았던 사회주의를 설계한 책이다. 마르크스가 대략 그린 사회주의 설계도면은 1917년 소련 혁명 후 레닌과 스탈린에 의해 구체화되어 실제 제도가 되었다.

자본주의와 사회주의라는 경제체제의 성격도 대조적이다. 자본주의는 생산수단의 사유private ownership와 시장을 통한 경제활동의 조정coordination에 기반을 두는 반면 사회주의는 생산수단의 국유state ownership 혹은 공유public ownership 및 중앙계획central planning에 기반해 있다. 두 제도가 대조적인 이유는 마르크스가 자본주의의 사유와 시장 제도를 대체하는 경제체제를 모색했기 때문이다. 마르크스에 따르면 사유와 시장은 자본가에 의한 노동자의 착취 및 계급투쟁을 초래하기 때문에 이를 없앤 새로운 경제체제가 필요하다.

마르크스는 계급class과 불평등을 연결하여 자본주의를 비판하였다. 자본가 계급은 노동자 계급을 착취함으로써 부유해지는 반면 착취를 당하는 노동자 계급은 빈곤해진다는 논리였다. 마르크스의 이러한 주장은 노동가치설에 근거하고 있다. 노동가치설에 따르면 교환가치는 재화나 서비스를 생산하기 위해 투입된 노동시간에 의해 결정된다. 만약 두 재화의 생산에 투입된 노동시간이 같다면 그 재화의 시장가격도 동일하다는 주장이다. 그런데 자본가는 노동자에게 시장가격보다 낮은 임금을 지불함으로써 노동자가 생산한 가치 일부를 전유한다. 따라서 자본가와 노동자로 나뉘는 자본주의에서는 불평등이 필연적으로 발생하기 때문에 계급 없는 사회주의를 통해 불평등을 막아야 한다고 주장했다.

마르크스가 역사를 바꿀 수 있었던 이유는 노동가치설이나 계급투쟁론이 아니라 그가 지적한 불평등 때문이었다. 그의 이론은 경제학적으로 많은 비판을 받았고 자본주의를 계급투쟁만으로 이해할 수도 없었다. 그러나 불평등은 달랐다. 러시아는 유럽 가운데 가장 오랫동안 봉건제를 유지한 나라 중 하나였다. 1861년 농노제가 철폐되었지만 할당된 토지 규모가 작고 토지상환금이 과중해 농민들의 불만은 깊었다. 그 가운데 산업혁명의 여파로 농민들은 일자리를 찾아 상트페테르부르크와 모스크바로 몰리면서 이 가운데 상당수가 도시빈민이 되었다. 블라디미르 레닌은 이들의 불만을 이용하여 1917년 혁명을 통해 지구상 최초의 사회주의 체제에 입각한 국가인 소련을 건설하였다.

자본주의와 사회주의의 비교에서도 드러난 것처럼 경제체제의 핵심은 소유권property rights과 조정 메커니즘coordination mechanism이다. 자본주의에서는 개인이나 사기업이 기계, 토지, 공장 등의 생산수단을 소유한다. 또 자본주의에서는 소비자와 생산자라는 경제주체의 행동이 시장을 통해 조정된다. 구체적으로 소비자는 제품의 가격을 보고 구매할지 하지 않을지 결정한다. 생산자는 시장가격을 보고 생산의 여부와 증감을 결정한다. 시장가격이 소비와 생산활동의 지표가 되는 셈이다. 또 소비자와 생산자가 각각 수요자와 생산자가 되어 행동함으로써 시장가격이 결정된다. 노동시장도 마찬가지다. 사람들은 임금이라는 가격을 보고서 자신의 노동 공급 여부와 양을 정한다. 이처럼 시장에서 정해지는 가격이 생산, 소비, 노동의 공급과 수요를 조정하는 것이다. 반면 사회주의에서는 국가가 생산수단을 소유할 뿐아니라 생산활동을 정부가 중앙계획을 통해 결정하며, 소비재의 공급과 노동의 수요, 공급도 정부가 통제한다.[2]

---

2 소비재의 수요에 관해서는 일정 부분 소비자의 선호를 반영하도록 허락하기도 한다.

소련과 동유럽의 사회주의가 위기에 처하자 자본주의와 사회주의를 결합한 제3의 체제에 대한 논의가 있었다. 영국 글래스고대학의 알렉 노브Alec Nove는 "실현 가능한 사회주의feasible socialism"를 주장하며 점점 관료화되고 위계화되는 중앙계획을 철폐하고 생산수단 소유권의 일부도 비非국가 단위가 갖게 하는 체제가 자본주의와 사회주의보다 더 낫다고 주장했다(Nove 1983). 근로자에 의한 자주경영self-management과 협동조합을 도입하고 소규모 기업의 경우는 사유를 허용해서 사회주의의 경직성을 탈피해야 한다는 것이다. 더 나아가 사회주의도 민주적으로 선출된 권력에 의해 통치되어야 한다고 주창했다. 이처럼 알렉 노브는 민주주의 정치체제를 유연한 사회주의 경제체제와 결합하는 방식을 제안했다.

알렉 노브가 제시한 형태의 경제체제는 동유럽의 유고슬라비아와 헝가리에서 도입된 시장사회주의market socialism와 유사한 측면이 있다. 시장사회주의에서 생산수단의 소유권은 여전히 국가 혹은 공공의 소유이지만 전통적인 사회주의와 달리 시장사회주의는 중앙계획을 철폐하고 기업 간 거래를 시장거래와 유사하게 만들려고 시도했다. 1960년대 초에 헝가리가 실행한 신경제메커니즘New Economic Mechanism은 중앙계획을 없애고 부분적으로 가격을 자유화했으며 기업 경영도 일부 자유화했다. 유고슬라비아는 자주경영제도를 도입하여 기업의 소유권을 근로자가 갖게 했다. 그러나 헝가리나 유고슬라비아 모두 알렉 노브가 주장했던 민주주의는 도입하지 않았다.

헝가리와 유고슬라비아에서의 시장사회주의의 경제적 성과는 전

다수의 동유럽, 구소련 사회주의 국가에서는 구매력이 있으면 주어진 국정가격에서 얼마나 많이 구매할지 소비자가 결정할 수 있었다. 반면 사회주의 북한은 오랫동안 배급제도를 유지해 왔다. 이는 소비재의 수요도 정부가 통제한 제도라고 볼 수 있다.

통적인 사회주의와 큰 차이를 보이지 않았다. 이는 야노쉬 코르나이Janos Kornai가 사회주의의 근본적 결함이라고 밝힌 중앙권력의 과잉집중overcentralization을 벗어나지 못했기 때문이다(Kornai 1992). 기업이 국가 혹은 공공의 손에 남아 있는 한 기업의 시장 진입과 퇴출이 자유로울 수 없었을 뿐 아니라 경쟁 메커니즘이 제대로 작동하기 어려웠다. 시장사회주의에서 국유 혹은 공유라는 고리가 존재하는 한 경제를 통제하는 궁극적인 힘은 국가에 있었기 때문이다. 그 결과 국가와 기업의 온정주의적 관계에 기인하는 연성예산제약soft budget constraints은 시장사회주의에서도 경제 효율성을 낮추고 제품 부족 현상shortages을 초래한 원인으로 작동했다. 코르나이는 '시장사회주의에서의 기업은 한 눈으로는 정부를, 다른 눈으로는 시장을 봐야 한다'며 체제의 비효율성을 지적했다.

루트비히 폰 미제스와 프리드리히 하이에크 등 오스트리아 학파는 1920~1930년대에 사회주의 경제체제의 근본적 모순을 설파했다. 이 학파에 따르면 사유재산제도가 없는 사회에서는 재화의 희소가치가 제대로 측정되기 어렵고 이는 결국 자원을 비효율적으로 이용하는 결과를 초래한다. 더욱이 1년 단위의 중앙계획경제는 실시간으로 변하는 경제 상황을 반영할 수 없다. 즉 사유재산제도와 시장 메커니즘을 결합하지 않는 체제는 근본적으로 비효율적이라고 이들은 주장한다. 즉 시장사회주의제도를 택하여 시장이 도입되었다 하더라도 사유재산제도 없이는 가격이 재화의 희소가치를 반영하기 어렵다. 결국 시장사회주의도 전통적 사회주의의 한계를 그대로 갖게 된다는 것이다.

〈그림 1-1〉은 이상의 논의를 요약하여 경제체제의 정의와 성과 평가 기준을 보여주고 있다. 경제체제는 생산수단의 소유권을 누가 가

그림 1-1 경제체제로서의 자본주의와 사회주의, 그리고 성과 평가 기준

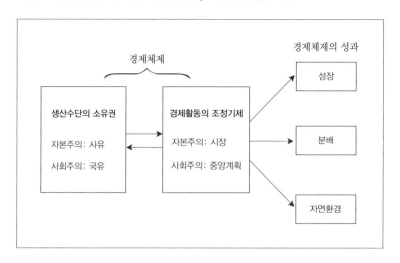

지는지, 그리고 기업, 가계와 같은 경제주체들의 활동을 조정하는 메커니즘은 무엇인지에 따라 자본주의와 사회주의로 구분된다. 그 외 어떤 경제체제라 하더라도 이 두 질문에 대한 답이 있어야 한다. 그리고 경제체제의 성과를 판단하는 기준은 성장과 분배에 있다. 즉 소유권과 조정 메커니즘을 결합한 어떤 경제체제가 다른 체제보다 더 낫다고 판단하려면 상대적으로 높은 성장률, 낮은 불평등을 이룰 수 있어야 할 것이다. 여기에 추가하여 사회가 계속 유지되려면 자연환경의 지속 가능성이 담보되어야 할 것이다.

이상의 논의는 자본주의 경제체제를 대체할 수 있는 체제가 있다면 먼저 다음의 체제 내적 조건을 충족해야 함을 시사한다. 첫째, 인간이 열심히 일하게 할 수 있는 동기를 부여해야 한다. 자본주의에서는 사적 소유권의 보장이 이 동기를 담보하고 있으며 그 결과 급속한 경제성장이 일어났다. 만약 대안적 경제체제가 사적 소유권을 기반하고 있지 않다면 어떤 제도 혹은 기제가 이 동기를 유발할 수 있을

지 제시해야 한다.

둘째, 공급과 수요를 일치시키는 기제가 작동해야 한다. 자본주의의 가격 메커니즘이 작동하면 장기적으로 총수요와 총공급이 일치할 수 있다. 사회주의는 중앙계획으로써 수요와 공급을 일치시키려고 시도했지만 결과적으로 만성적 재화 부족 현상을 야기했다. 반면 시장경제는 경기변동을 피할 수 없다. 특히 경기 침체기에는 생산 능력을 다 활용하지 못하게 된다. 그 결과 실업 등 과소 고용 상태가 발생한다. 만약 새로운 경제체제가 가격 메커니즘을 대체한다면 어떤 기제가 작동하여 시장 청산이 가능하고 경기변동을 줄일 수 있을지 고민해야 한다.

셋째, 소유권과 조정 메커니즘의 정합성이 담보되어야 한다. 자본주의의 경우, 사적 소유권과 가격 메커니즘은 서로를 지지하고 강화한다. 사적 소유권이 존재하기 때문에 효용 극대화를 시도하는 다수 소비자와 이윤극대화를 의도하는 다수 생산자의 행동이 각각 수요와 공급에 반영되어 가격 메커니즘이 작동하게 만든다. 반면 국유 혹은 공유와 시장 거래를 결합한 시장사회주의는 다른 방향으로 뛰어가는 두 마리 토끼처럼 체제의 구성요소가 서로 상충한다. 즉 시장과 국유는 상호 정합성이 없는 제도다. 따라서 자본주의의 대안적 체제가 있다면 체제 구성요소가 정합적인지 그렇지 않은지 살펴봐야 한다.

나아가 자본주의보다 더 나은 체제가 되기 위해서는 체제 외적으로 다음의 결과를 담보할 수 있어야 한다. 첫째, 경제성장을 촉진 혹은 유지하면서도 불평등이 지나치게 악화하는 것을 막을 수 있어야 한다. 한때 사회주의가 자본주의의 대안으로 떠올랐던 이유도 사회주의는 자본주의보다 평등한 체제로 알려졌기 때문이다. 불평등을 막는 데 실패한다면 공동체 내에서의 갈등이 비등하고 이로 인한 손실이 커질 것이다. 특히 민주주의에서는 불평등의 심화가 민주주의와 자본주의의 결합에 손상을 가할 수 있다.

둘째, 환경의 지속 가능성을 보장할 수 있어야 한다. 자본주의를 비롯하여 모든 경제체제는 물질 수준의 개선을 목표로 삼는다. 이를 위해서는 자본, 토지, 에너지 등의 투입 요소의 증가가 필요한데 이 때문에 산림 훼손, 대기 및 수질오염 등의 환경오염이 발생한다. 기후 온난화도 그 결과 중 하나이다. 자본주의는 다른 체제보다 경제성장을 촉진한다는 면에서 장점을 갖고 있지만 그 때문에 환경 파괴가 초래될 수도 있다.

2. 자본주의의 변화 및 성과

그동안 자본주의는 사적 소유와 시장 메커니즘이라는 골간을 유지하면서 여러 도전에 대응하였다. 첫 번째 도전은 사회주의 경제체제로부터의 도전이었다. 사회주의는 19세기 후반 마르크스의 사상에서 출발해 20세기 전반 소련에서 실재하는 경제체제로 자리 잡았으며 제2차 세계대전 후에는 동유럽, 중국, 북한 등으로 확장되었다. 사회주의의 도전은 불평등(또는 분배), 경기변동, 완전고용 등 포괄적 분야에서 이루어졌지만 그중에서도 핵심은 불평등 문제였다. 즉 사회주의의 강점은 자본주의와 유사한 경제발전을 이루면서 더 평등한 분배를 약속한 데 있었다. 두 번째 도전은 20세기 초반의 대공황이었다. 이는 경기변동 및 완전고용 측면에서의 사회주의 우위론과도 관련된다. 즉 사회주의는 중앙계획으로 경기변동 요인을 없애고 모든 사람에게 일자리를 제공할 수 있다고 주장한 반면, 당시 자본주의는 심각한 경제위기와 매우 높은 수준의 실업 상태에 빠져들었다.

결과적으로 자본주의는 이러한 도전에 비교적 성공적으로 대응했다. 먼저 사회주의의 도전은 자본주의의 완벽한 승리로 끝났다. 소련 사회주의는 70여 년 지속하다가 붕괴했고, 동유럽 사회주의는 50년도 채 되지 못해 소련과 같은 운명을 걸었다. 반면 자본주의는 수백 년 이상 유지되고 있다. 자본주의가 근본적으로 불평등한 체제라는 사회주의의 도전은 자본주의가 취약점을 보완하게 만드는 자극이 되었다. 자본주의의 대응은 크게 세 가지 측면에서 이루어졌다. 첫째, 참정권의 범위를 넓혀 일인일표에 입각한 민주주의를 강화하였다. 이는 정치적 평등을 통해 경제의 불평등을 견제하는 제도적 장치를 만든 것으로 해석할 수 있다. 둘째, 중산층과 저소득층의 교육 접근성을 높였다. 의무교육제를 도입하고 대학을 증설해 더 넓은 범위의 계층들이 고등교육을 받는 기회를 제공했다. 셋째, 복지국가를 지향하는 자본주의 국가들이 늘어났다. "요람에서 무덤까지"라는 말로 자본주의와 복지국가를 결합하려는 영국의 노력이 대표적이다. 다음에서는 다른 자본주의 국가의 본이 되었던 영국을 중심으로 불평등을 완화하는 제도적 장치의 발전 과정을 추적한다.

자본주의 국가에서 참정권의 확대는 점진적으로 이루어졌다. 영국에서 모든 성인 남성에게 투표권이 주어진 때는 제3차 선거법 개정이 이루어졌던 1884년이었다. 이보다 앞서 1830년에 일어난 7월 혁명의 영향으로 프랑스는 1848년에 여성을 제외한 모든 성인 남성에게 투표권을 부여한 상황에서 세계 최초의 보통선거를 치렀다. 영국에서는 제1차와 제2차 선거법 개정이 1832년과 1867년에 이루어졌으며 각각 부르주아 시민층, 그리고 도시의 소시민과 대다수 도시 노동자 계층에게 새롭게 선거권을 부여하였다. 그러나 농촌의 소작인, 광산 노동자 등은 여기에 포함되지 못했다. 제3차 선거법 개정에서야 비로소 지역과 계층, 재산과 관계없이 모든 성인 남성에게 선거권이 주어진 것이다. 제1차 선거법 개정에는 1830년에 일어난 프랑스의 7월 혁명이 큰 영향을 미쳤다. 제2차 선거법 개정은 제1차 선거법의 한계를 지적하며 선거권 확대를 위해 정치 운동을 벌인 차티스트 운동Chartist Movement에 기인한 바 컸다. 제2차 선거법 개정이 이루어진 1867년에 마르크스의『자본론』이 영국에서 출간되었다. 이 자본론이 제3차 선거법 개정에 직접적인 영향을 준 것인지는 알 수 없다. 그러나 1776년 애덤 스미스의『국부론』출간 이후 90년이 지난 1867년『자본론』이 출간되었다는 사실은 정치·경제적 불평등이 초기 자본주의에서 얼마나 심각한 문제였는지를 잘 보여주고 있다. 다행히 1884년 선거권이 모든 성인 남성에게로 확대되고 1918년과 1928년 제4차와 제5차 선거법 개정을 통해 남녀 성인 모두에게 선거권이 주어졌다. 이때를 전후로 계층 및 성별과 관계없이 모든 성인이 선거권을 가지는 일인일표 민주주의 원칙은 다른 민주주의 국가에서도 확립되었다.

교육의 확대도 불평등 완화에 크게 기여했다. 자본주의가 나타나기 이전에도 영국은 옥스퍼드대, 케임브리지대, 그리고 퍼블릭스쿨로 대표되는 귀족 중심의 교육이 존재했었다. 18세기 자본주의가 등장하면서 상업과 산업, 기술이 발전함에 따라 노동자의 교육 수요가 증가하자 근로 서민을 위한 자선학교charity school가 세워지고 노동자 계층의 주도로 자조협회mutual-aid society가 만들어졌다. 여기서 읽기reading, 쓰기writing, 셈하기arithmetic를 의미하는 3R을 중심으로 노동자들을 교육하였다. 이를 통해 노동자 계층의 문해력이 제고되자 노동자들의 참정권 확대가 더 수월해졌다. 이후 국가가 주도, 제공하는 교육이 점차 의무교육으로 발전하다가 1944년에는 5세부터 16세까지의 교육이

의무화되었다. 고등교육의 기회도 확대되어, 중세에 설립된 옥스퍼드대와 케임브리지대 이외에 19세기 초반 중산계급의 자제를 주 대상으로 한 런던대의 여러 칼리지가 세워졌다. 그 이후 1960년대에는 워릭대, 에식스대, 요크대, 서식스대 등의 신흥 대학교new universities가 설립되면서 고등교육 기회는 더욱 확대되었다. 이들 대학은 반反 귀족정서, 반反 옥스브리지(옥스퍼드대와 케임브리지대) 정신이 강했으며 그런 면에서 계층 간 교육 기회의 평등과 교육을 통한 계층 이동에 기여했다.

참정권과 교육의 확대뿐 아니라 직접적으로 불평등을 완화하는 복지제도도 확충되었다. 이는 산업혁명과 자본주의의 도래 이후 복지 수요의 급증에 따른 정책적 대응의 결과였다. 영국은 교구parish마다 자체적으로 빈민을 구호하는 제도가 확립되어 있었지만 복지 수요의 급증을 쫓아가기에는 역부족이었다. 특히 부랑자를 특정 지역에 정주시킬 목적으로 1662년 제정된 정주법Settlement Act은 일자리를 찾아 지역 간 이동이 많아졌던 산업 및 상업의 필요에 부합하지 않았다. 버크셔의 스피넘랜드Speenhamland라는 마을은 영국에서 처음으로 이 필요를 충족시키고 근로자의 최저소득을 보장해 주려고 시도했다. 즉 1795년에 자체적으로 최저임금을 정하여 이에 미치지 못하는 임금을 받는 노동자에게 임금을 보조해 그 가족의 최저생계를 유지하도록 도와주는 정책을 도입했으며 이는 다른 지역으로 확산되었다. 그러나 이러한 정책의 결과 복지비용이 급증하고 도덕적 해이가 커지자 영국 정부는 1834년 신新구빈법을 도입해 복지 혜택을 극빈층으로 제한했다. 이는 영국경제가 발전하면서 일자리가 늘어난 상황을 반영하면서도 다른 한편으로 정부는 선택적 복지를 제공한다는 원칙에 입각한 것이었다. 하지만 차상위계층을 대상으로 하는 복지는 여전히 필요했으며 귀족계층과 중산층이 주도하는 다양한 자선단체 활동이 이 필요를 채우려고 노력했다.

"요람에서 무덤까지"라는 말로 요약되는 영국 복지국가의 결정판은 1946년에 나왔다. 이 제도의 토대가 된 것은 베버리지 Beveridge 보고서인데, 이 보고서는 궁핍과 질병, 무지와 불결 및 나태를 다섯 가지 악으로 규정하고 국가의 사회보장제도로써 이를 해결할 필요가 있다고 강조했다. 이에 따라 영국은 의료혜택, 실업보험, 연금 제도를 정비함으로써 포괄적 복지를 제공하였고, 이를 통해 불평등을 보다 적극적으로 완화하기 시작했다. 특히 국가의료서비스 National Health Service 는 자본주의 세계에서 한 국가가 일반 재정을 통해 모든 거주민을 대상으로 무상 의료를 제공하는 최초의 실험이 되었다. 다른 시각에서 본다면 사회주의에서 주장하는 무상교육, 무상의료를 자본주의가 벤치마킹한 것으로 간주할 수도 있다.

자본주의에 대한 두 번째 중요한 도전은 1920년대 말부터 1930년대까지 일어났던 '세계 대공황 Great Depression'이었다. 마르크스는 사회주의가 자본주의보다 더 나은 체제라는 이유로 "경제적 풍요", "소득 평등", "경기변동이 없으며 완전고용 유지 가능", "물가안정"이라는 네 가지를 들었다. 이 중에서 경기변동은 자본주의의 숙명과 같은 것으로서 사회주의를 통해서만 이를 근원적으로 없앨 수 있다고 주장했다. 경기 침체기에는 실업이란 고통을 주고 경기 과열기에는 인플레이션이라는 피해를 일으키는 자본주의는 중앙계획으로 경기변동을 근원적으로 없앨 수 있는 사회주의보다 열등한 체제라는 것이다.

이 주장이 타당하다는 것을 보여주기라도 하듯 세계 대공황은 자본주의를 패닉으로 몰고 갔다. 세계 대공황의 정점기에 실업률은 25%에 달했고 생산이 수요를 크게 초과하는 상태가 발생했다. 이런 상태에도 불구하고 당시 경제학은 적절한 정책 처방을 내놓을 수 없었다. 이때의 주류경제학이었던 고전학파에 따르면 총공급이 총수요를 초과하는 상태는 일시적인 현상으로 시간이 지나면 다시 균형으로 돌아온다. 그러나 문제는 "그 시간이 얼마냐"라는 점이었다. 감내하기 어려운 경제적 고통이 오랫동안 지속된다면 정치적, 사회적 혼란이 야기되고 이는 다시 경제적 고통을 배가할 수 있기 때문이다.

잘못된 정책도 경제적 고통을 가중하였다. 경기 침체기에는 통화승수가 하락하기 때문에 총통화량은 감소한다. 그런데도 미국의 연방준비제도이사회는 다른 나라로 돈이 빠져나가지 못하도록 이자율을 올렸다. 결과적으로 경제는 더욱 침체되었다. 또한 자국 중심의 보호무역주의는 국가 상호 간 '팃포탯tit for tat' 정책이 되어 경제 상황을 더 악화시켰다.

이런 혼란 가운데 1933년 미국 대통령으로 선출된 프랭클린 루스벨트는 '뉴딜New Deal' 정책을 통해 이전 정책의 반전을 시도했다. 루스벨트 대통령은 취임 초 100일 동안 "구호, 회복, 개혁Relief, Recovery, and Reform"이라는 정책 기조를 세우고 은행법, 글래스-스티걸법. 그리고 특히 연방 긴급구호법, 긴급 농지 모기지법, 테네시계곡 공사법 등 일련의 확장적 재정정책을 통해 경기변동에 대해 적극적으로 대처했다.[3] 이처럼 재정정책의 골자는 빈곤에 빠진 자들의 소득을 보전하고 실업자를 인프라 건설 사업에 고용하고 정부 재정으로 이들의 월급

---

3 글래스-스티걸법은 상업은행과 투자은행을 분리하고 은행예금을 보장하는 내용을 골자로 하는 법이다. 연방 긴급구호법은 정부와 도시의 구호 시설을 보조하는 법이며, 긴급 농지 모기지법은 빚에 허덕이는 농부들에게 긴급 대출을 시행하는 법이다. 그리고 테네시계곡 공사법은 테네시강 유역개발공사The Tennessee Valley Authority라는 정부 소유의 공기업에서 홍수를 막고 전력을 공급할 목적으로 막대한 노동력을 고용하는 대규모 공공사업을 추진하기 위한 법이다.

을 지급함으로써 총수요의 부족을 타개하려는 것이었다. 이런 뉴딜 정책에도 불구하고 경기는 대공황 이전으로 돌아가지는 못했지만, 전반적으로 학계는 뉴딜정책이 대공황 극복에 긍정적으로 기여했다고 평가한다.[4]

영국의 경제학자, 존 케인스John Keynes는 뉴딜 정책을 경제 이론적으로 뒷받침했다. 1936년 출간된 그의 대표적 저작,『고용, 이자 및 화폐의 일반이론』에서는 유효수요의 부족이 경기변동의 중요한 원인임을 지적하면서 정부의 확장적 재정정책으로 경기회복을 앞당길 수 있음을 설명했다. 이는 뉴딜정책의 타당성을 강화하는 동시에 애덤 스미스 이후 고전학파 경제학에서 주장했던 '소극적' 정부를 '적극적' 정부로 바꾸는데 기여했다. 그 이후 밀턴 프리드먼Milton Friedman을 대표로 하는 통화주의Monetarism가 1960~1980년대에 걸쳐 정교화되면서 자본주의 정부는 재정정책과 통화정책을 통해 경기변동을 조절할 수 있는 역량을 갖게 되었다.

정부의 적극적인 역할은 경기변동 조절자 역할에만 그치지 않았다. 시장의 독과점화를 막기 위해 경쟁법을 도입했고 중앙은행의 독립성을 강화하는 제도를 마련했다. 또한 앞에서 언급한 복지국가의 등장은 정부의 역할을 크게 강화했다. 비슷한 맥락에서 의무교육제도를 도입, 확대함으로써 성장뿐 아니라 사회적 불평등을 교정하는 데에도 정부는 적극적으로 나서기 시작했다. 그리고 이제 대부분의 선진국에서 정부는 애덤 스미스가 주장한 "국방, 치안, 경쟁제고, 기초 교육"에만 머물지 않고 "복지, 중고등교육, 경기변동의 조절"까지

---

4 뉴딜정책에도 불구하고 경기는 대공황 이전의 국민소득으로 돌아가지 못하였다가 제2차 세계대전 이후의 호황 덕분에 경기가 완전히 회복되었다.

확장되었다.[5] 이런 발전의 결과 현재의 자본주의는 애덤 스미스 당시나 세계 대공황 시기보다 경제와 사회의 문제를 보다 적극적으로, 그리고 효과적으로 해결할 수 있는 방법을 갖게 되었다.[6]

3. 21세기 자본주의에 대한 도전

21세기 자본주의에 대한 도전은 체제 내외에서 동시에 진행되고 있다. 체제 내적으로는 자본주의의 근간인 사적 소유권과 시장 기제를 각각 공유나 계획으로 대체할 수 있다는 주장이 대두하고 있다. 즉 21세기의 기술 발전 덕분에 인간은 자본주의보다 더 나은 경제체제로 옮아갈 수 있을 것으로 주장한다.

체제 외적인 도전도 있다. 대표적인 주장은 지속 가능성을 위해서 불평등과 자연환경 문제를 초래하는 자본주의를 대체하거나 이를 대폭 수정하는 것이 불가피하다는 생각이다. 많은 이들은 자본주의에서 성장의 동력으로 간주하는 사익 추구의 결과 자연환경이 파괴되고 불평등이 고조되는 경향이 생긴다고 믿는다. 체제 내외적 도전을 결합하면, 21세기 들어 자본주의의 문제점은 더욱 심각해지고 있으므로 자본주의의 대안 체제 모색이 필요하며, 기술의 발전은 이를 실

---

5 애덤 스미스가 정부의 역할을 제한한 이유를 그 당시의 배경에서 이해할 수 있다. 유럽에서는 중상주의적 시각에 따라 금은을 국부와 동일시하고 보호무역주의를 펼쳤다. 그러나 애덤 스미스에 따르면 이런 정책의 배경에는 보호무역을 통해 자신의 이익을 챙기는 중상주의자들의 음모가 있었다. 그의 『국부론』은 이런 정경유착을 막기 위해 정부의 과도한 경제개입을 경계하는 역작으로 이해할 수 있다.

6 정부가 '시장의 실패'를 효과적으로 막을 수 있는지에 관해서는 여전히 논쟁이 지속되고 있다. '정부의 실패'가 '시장의 실패'보다 더 클 수 있음을 지적하는 목소리도 있다.

현 가능하게 만든다는 논리를 펼 수 있다.

먼저 체제 내적인 도전으로서 자본주의 제도의 근간인 사유를 공유로 대체할 수 있다면 다른 체제가 탄생할 수 있다는 주장이 가능하다. 그리고 인공지능, 로봇, 실시간 기술의 발전은 시장이 아닌 다른 방식, 예를 들면 실시간 기술로 수요, 공급 현황을 파악하여 인공지능이 가격을 조정하거나 로봇에게 생산을 늘리거나 줄이라고 지시하여 경제를 운용할 수 있다면 자본주의의 근간인 가격 메커니즘이 필요 없을 수 있다.

자본주의에서는 불평등이 증가하고 자연환경 파괴가 빈발한다는 비판이 존재한다. 이 중 불평등은 자본주의를 반복적으로 괴롭혀 왔던 변수로, 이로 인한 체제 외적인 도전은 앞서 논의한 사회주의의 도전이 그 대표적 예다. 그동안 선진 자본주의 국가들은 불평등을 제어하고 감소시키는 다양한 정책을 펼쳐 왔다. 특히 19세기 이후 20세기까지 다수의 선진국에서는 정치적으로는 민주주의, 경제적으로는 자본주의가 결합하여 이 둘 사이의 견제와 균형으로 비교적 건강한 공동체를 유지해 왔다. 그러나 20세기 후반부터 급증하는 불평등은 이 두 제도의 결합에 심각한 균열을 내고 있다. 소수의 부자와 다수의 빈자를 만들어내는 자본주의는 일인일표라는 민주주의 앞에서 그 공정성을 심문당하게 된 것이다. 더욱이 한 나라의 정책으로 불평등을 수정하기가 이전보다 훨씬 어려워졌다. 기술 발전과 금융화financialization, 글로벌라이제이션이라는, 자본주의의 효율성에 기여하는 바로 그 요인이 불평등이라는 자본주의의 고질적 질환을 재소환했기 때문이다.

또 다른 체제 외적인 도전은 자연환경의 파괴이다. 환경 문제는 화석연료를 고갈시키고 지구 온난화를 일으키며 자연환경을 파괴하는 모든 경제체제가 마주해야 할 도전이다. 자본주의도 이에 예외가 아니다. 환경 문제에 대한 본격적인 문제 제기는 1972년 로마클럽에서 출간한 『성장의 한계』라는 보고서였다. 이 책은 인구 급증과 식량 부족, 환경오염, 자원 고갈 등으로 세계 경제성장은 100년 이내 멈출 것이라고 경고했다. 이 중 기후환경 분야는 유엔기후변화협약(1992년 채택), 교토의정서(1997년 채택, 2005년 발효), 파리협정(2015년 채택, 2016년 효력 발효)을 통해 지구 온난화를 막기 위한 온실가스 감축을 결정했다. 지구 온난화는 자본주의 체제 자체에 대한 도전은 아니지만 결과적으로 자본주의의 지속 가능성에 영향을 줄 수 있다. 특히 자본주의는 경제주체의 자기 이익 추구를 전제로 성립된 체제이기 때문에 환경 등의 공공재 관리에 취약하다는 평가가 있었다. 더욱이 2020년부터 지금까지 전 세계를 강타하고 있는 코로나19와 같은 인수人獸공통 감염병도 자연 파괴에 기인한 것이다. 따라서 자연환경에 미치는 자본주의의 영향에 대한 관심은 앞으로도 더욱 커질 전망이다.

1) 공유경제의 등장과 진화

흔히 '공유경제'로 번역되는 'sharing economy'는 자본주의의 소유 제도를 대체할 수 있는 새로운 소유 형태, 즉 공유의 등장을 의미하는 것으로 이해되기도 한다. 예를 들어 에어비앤비Airbnb는 스스로 호텔을 소유하여 영업하는 것이 아니다. 그렇지만 세계에서 가장 많이 이용되는 숙박업체이다. 공급자도 호텔 등 대형 숙박업체가 아니라 여유가 있는 방이나 집을 소유한 일반 개인이다. 택시를 소유하지 않으면서 가장 많은 승객에게 운송 서비스를 제공하는 우버도 마찬가지다. 아마존의 공급자와 수요자에는 기업 등이 포함되지만 스스로는 아무 재화를 생산하지 않는 업체라는 점에서 아마존은 에어비앤비, 우버와 유사하다. 이런 기업은 플랫폼 사업을 영위한다는 점에서 공통적이다. 인터넷이 발달하여 온라인으로 세계를 연결할 수 있게 되자 이런 인터넷 기반 플랫폼 사업이 가능해진 것이다.

그러나 공유경제는 자본주의의 사적소유를 대체하는 것이 아니라 사적 소유를 새로운 기술인 온라인 플랫폼과 결합한 사업이다. 에어비앤비, 우버, 아마존 모두 국가나 공공이 소유한 업체가 아니라 사유기업이다. 즉 사유기업이 수행하는 사업의 방식이 변화했을 뿐 사유기업 자체가 없어지거나 대체된 것은 아니다. 또 이 기업에 재화나 서비스를 공급하는 개인이나 기업도 공적 주체가 아니라 사적 주체이다. 집이나 자동차를 소유한 개인, 재화를 생산하는 기업이 그렇다. 따라서 공유경제가 자본주의를 대체할 수 있는 새로운 형태의 경제체제가 되기는 어렵다. 오히려 기술 발전으로 자본주의의 단점이 일부 보완될 가능성이 열린 것으로도 볼 수 있다.

공유경제는 사적소유 자산의 활용도를 제고할 수 있다. 에어비앤비 덕분에 여분의 방이 있는 개인이나 가족은 여행자에게 이를 빌려주는 사업을 할 수 있다. 자동차를 소유한 사람은 여가 동안 우버의 드라이버로 일하면서 소득을 올릴 수 있다. 이 모두 자산이나 자본의 활용도를 증가시켜 이를 보다 생산적으로 활용하는 데 기여한다. 더 나아가 플랫폼 사업은 수요자와 공급자를 온라인에서 연결함으로써 정보의 접근성을 높인다. 이 덕분에 수요자와 공급자는 더 많은 정보를 신속히 획득할 수 있다. 고객으로부터의 피드백 속도도 오프라인 사업에 비해 훨씬 빠르다. 또 이런 과정에서 더 치열한 경쟁이 유발됨으로써 자원의 효율적 배분이 촉진된다.

공유경제는 크라우드형 파이낸싱crowd-based financing과도 연관이 있다 (Sundararajan 2016). 기존의 금융기관은 전문성을 기초로 거액의 자금을 기업에 대출하거나 투자할 수 있다. 그러나 소규모 자본을 소유한 개인도 높은 수준의 전문성을 갖고 있지 않지만 선호하는 기업에 투자하고 싶을 수 있다. 또 자본이 없는 기업가라 하더라도 온라인에서 자신의 사업을 설명하고 다수의 개인으로부터 투자를 받아 창업할 수 있다. 기존 금융시장의 사각지대인 틈새형 금융시장이 생기는 것이다. 더욱이 이런 사람과 사람peer-to-peer의 직거래 형태의 금융거래는 복잡하고 위계적인 사회가 평등하고 개방적인 사회로 변모하도록 자극할 수 있다. 이는 사회적 신뢰의 제고뿐 아니라 민주주의 공고화에도 기여할 가능성이 있다.

그러나 공유경제가 자본주의와 민주주의를 위협할 수도 있다. 공유경제의 핵심인 온라인 사업은 진입과 퇴출이 활발하기도 하지만 다른 한편 시장 지배력이 큰 사업 중 하나이다. 더 나아가 플랫폼이 금융과 제조기업을 소유하는 형식으로 플랫폼 기반 독과점 자본주의가 생겨날 수도 있다. 개인에게 더 큰 이익을 돌려주려는 플랫폼 사업이 막대한 개인정보를 집적하고 가공함으로써 스스로 큰 이익을 챙기는 셈이다. 또한 거대 플랫폼 기업은 다수의 소비자와 생산자에게 영향을 미칠 수 있다. 제품의 노출 빈도와 진열 순서에 영향을 미침으로써 '보이지 않는 큰 손'의 역할을 할 수 있기 때문이다. 더욱이 이런 기업이 수집한 빅데이터는 정치 행위에 이용될 수도 있다. 이처럼 사유기업의 이익 추구 활동이 정치와 연관되면 왜곡이 발생할 수 있다. 빅데이터는 플랫폼 기업 소유자의 정치적 선호가 선거에 반영되게끔 이용될 가능성이 있으며, 특정 정치 집단에 판매될 가능성도 배제하기 어렵다. 심지어 국가가 이 데이터를 이용하여 개인에 대한 감시를 강화할 수도 있다. 이를 통해 민주주의가 훼손되면 자본주의에도 부정적 영향을 미칠 수 있다.

이처럼 공유경제는 자본주의를 대체한다기보다 자본주의에 영향을 미칠 중요한 요인으로 간주할 수 있다. 공유경제를 주장하는 이들은 그 긍정적 영향을 강조하지만 그렇지 못할 가능성도 존재한다.

2) 기술혁명과 시장 메커니즘

① 로봇경제와 인센티브

자본주의가 인간의 자기 이익 추구 동기에 기반한 체제라면 그런 동기 자체가 아예 없는 로봇이 인간 노동을 대체하면 자본주의는 사라질 것인가. 인간이 단지 로봇이 생산하는 재화나 서비스를 소비할 뿐 생산활동에는 참여하지 않는다면 어떤 경제체제가 생길 것인가. 로봇화가 인간을 생산 과정에서 완전히 배제할 정도로 진행된다면, 그래서 인간은 유토피아(?) 같은 사회에서 노동을 전혀 하지 않고 여가와 소비만 즐길 수 있다면 자본주의는 필요 없지 않겠는가. 로봇이 생산활동을 수행하기 때문에 인센티브가 생산활동에 영향을 미치지 않는다. 인센티브에 반응하는 인간과 달리 로봇은 인센티브 없이도 지시받은 대로 과업을 정확히 수행할 수 있다. 그렇다면 자본주의가 아닌 다른 체제가 등장할 수 있지 않을까.

그러나 로봇이 인간 노동을 전적으로 대체하는 완전한 로봇경제는 상상 속에만 존재할 뿐 현실이 되기는 어렵다. 누가 로봇을 만들고 부릴 것인가. 로봇이 로봇을 만들더라도 그 설계는 인간의 몫일 것이다. 인공지능을 갖춘 로봇이 기계적인 일을 수행하는 로봇에게 일을 할당하더라도 인공지능 로봇을 학습시키고 통제하는 일은 결국 인간이 맡을 것이다. 즉 실제 로봇화가 아무리 진전되더라도 인간이 수행하는 일의 종류가 달라질 뿐 인간이 아예 노동하지 않는 사회는 오지 않을 것이다. 더욱이 노동은 인간에게 삶의 보람과 의미를 가져다준다. 따라서 인간은 생산활동의 완전한 로봇화를 받아들이려 하지 않을 것이다.

자본주의는 로봇화에 큰 영향을 받지 않을 것이다. 신기술의 발전에 자본주의는 유연하게 적응해 왔다. 증기기관 등 동력 기계가 발명되고 기차 등 운송 수단이 발전되는 가운데서 자본주의가 형성, 발전된 역사를 본다면 로봇경제에도 자본주의는 잘 적응할 것이다. 만약 그렇지 못하다면 이는 사유와 시장 기제 자체의 문제라기보다 로봇경제가 도입된 결과 불평등이 크게 악화하거나 민주주의가 제대로 작동하지 못하는 문제가 발생하기 때문일 가능성이 크다.

② 기술 발전과 중앙계획의 가능성

중앙계획의 가장 큰 취약점 중 하나는 경제 상황은 실시간으로 변하는 반면 계획은 이 변화를 실시간으로 반영할 수 없다는 점이다. 즉 기업이 중앙계획에 따라 생산활동을 해야 하는 시점에는 계획 수립 시와 다른 경제 상황이 벌어질 수 있다. 또 사회주의는 일련의 공급망을 계획으로 연결하여 주는 체제다. 만약 공급망의 한 군데에서 균열이 발생하면 그 뒤의 생산활동에도 연쇄적인 지장을 준다. 시장 메커니즘은 다른 공급처를 찾아 시장 거래를 할 수 있지만 중앙계획 경제에서는 대안적 공급처란 애초 존재하지 않는다. 만약 대안적 공급처를 새롭게 만들려면 모든 중앙계획을 수정해야 한다. 마지막으로 경제가 복잡해질수록 일관된 중앙계획을 수립하기 어려워진다. 많은 데이터와 정보가 필요한 만큼 정보의 비대칭성이 커지며 생산자의 기회주의적 행동을 저지하기 힘들게 된다.

하지만 정보 및 디지털 기술의 발전은 경제 상황에 맞게끔 중앙계획을 실시간으로 수정할 수 있다. 만약 경제 상황을 즉각 탐지하고 이에 따라 생산활동을 실시간으로 조정할 수 있는 기술이 개발된다면 중앙계획이 시장보다 더 효율적이라는 주장도 가능하다. 예를 들어 중앙계획을 수립할 때와 다른 변화를 조기에 감지하는 기술은 사물인터넷으로 연결된 생산량 조정 기술로 연결되어 거의 실시간으로 생산량을 조정하는 것이다. 예를 들어 이상기온으로 수력 발전량이 계획 때 상정한 양을 밑돈다면 이를 화력 발전량 증가를 통해 실시간 보충한다. 이를 위해 화력발전에 필요한 투입자원인 석탄, 전기 등을 더 공급하며 이것이 전체 계획에 미치는 효과를 실시간으로 계산하여 중앙계획을 수정한다. 또 빅데이터는 중앙계획을 훨씬 더 정확하게 만들 수 있다. 이러한 중앙계획은 시장의 변덕과 탐욕, 시장의 실패로부터 경제를 보호할 수 있으며 더 나아가 자원이 낭비되지 않고 완전고용이 이루어지도록 만들 수 있다.

그러나 이상의 이론적 가능성이 현실화할 가능성은 크지 않다. 첫째, 기술이 아무리 발전하더라도 현실에서의 모든 변화를 실시간 반영하여 전체적인 중앙계획에 즉각 반영하기는 매우 어렵다. 이 경우에는 중앙계획이 1년이 아니라 1개월, 아니 매일 수정되는 상황이 발생할 수 있다. 이를 피하려면 어떤 변화는 계획의 수정으로 이어지고 어떤 변화는 기존 계획을 그대로 유지할지 판별이 필요하다. 이 판별에는 위험부담이 따른다. 특히 기존에 경험하지 못한 새로운 충격이 발생할 때는 더욱 그렇다. 둘째, 글로벌라이제이션으로 인해 생산활동이 전 세계를 대상으로 이루어지는 지금, 국가 단위의 중앙계획이 갖는 의미는 제한적이다. 전 세계를 대상으로 공급망이 펼쳐져 있을 때 한 나라에서 아무리 중앙계획을 완벽히 수립하더라도 외국의 공급자에게 이 계획을 따르도록 지시할 수는 없다. 국가라는 장벽을 넘어 전 세계를 대상으로 중앙계획을 수립하겠다는 생각은 유토피아에서나 가능할 것이다. 셋째, 인간의 개입 없이 완전히 자동화된 중앙계획의 수립과 실행은 어렵다. 컴퓨터는 양을 측정하고 통제하는 데는 유리하나 질을 측정하고 통제하는 데는 한계가 있다. 그리고 소비자가 제품을 구입해 사용한 다음 그 질을 평가하고 이들의 피드백이들어가 중앙계획이 수정되는 데는 시간이 소요된다. 따라서 이론적으로는 실시간 중앙계획이 가능하지만 현실적으로 질과 정성적인 부분까지 고려하여 중앙계획을 수정하는 데에는 시차가 존재한다.

3) 불평등의 증가와 정치체제

애덤 스미스가 『도덕감정론』과 『국부론』을 집필할 때의 세계는 단순했다. 가계 소비의 대부분은 식품, 의복 등의 생필품에 국한되었다. 애덤 스미스가 핀 제조 공장이라는 단순 제조업의 사례를 통해 분업이 생산성을 크게 향상시켰음을 설명한 데서도 드러나듯이 그는 당시 시작되고 있었던 산업혁명의 '혁명적' 결과를 충분히 예견하지 못했던 것 같다. 1756년 제임스 와트가 피스톤이 회전운동을 하는 증기기관을 발명한 직후인 1759년에 애덤 스미스는 『도덕감정론』의 초판을 발간했으며 1776년에는 『국부론』을 발행했다. 그는 그 시대의 주된 관심이었던 사익 추구와 공익의 조화, 즉 개인이 자기 이익을 추구한 결과 경제성장이라는 공익이 발생함을 논리적, 실증적으로 설명했지만 불평등 문제는 깊게 다루지 않았다. 부자와 가난한 자의 배의 크기가 다르지 않기 때문에 부자가 소비할 수 있는 재화의 한계가 분명하다는 논리였다. 나아가, 인간은 타인의 인정을 받기 위해서뿐만 아니라 동감sympathy의 원리에 따라 행동한다고 주장하여, 부자와 가난한 자의 소득 차이가 극단적으로 벌어질 가능성을 과소평가

했다.[7]

　마르크스의 자본주의 비판은 바로 애덤 스미스가 간과한 부분에 집중됐다. 마르크스가 한 주장의 핵심은 자본주의가 초래하는 계급, 즉 자본가와 프롤레타리아 간 불평등이었다. 노동가치설은 이를 논리적으로 설명하기 위해 동원된 것으로 볼 수 있다. 물론 실제 사회주의도 완전히 평등한 체제는 아니었다. 마르크스는 경제라는 하부구조가 변화한 사회주의에서는 인간성도 따라 변하기 때문에 사람을 더 열심히 일하도록 유인하는 물적 동기부여가 필요하지 않다고 주장했다. 그러나 1917년 소련 사회주의 혁명 이후에도 마르크스가 그린 이상적인 사회주의 인간은 존재하지 않았다. 레닌 등 사회주의 혁명가들은 물적 동기부여의 불가피성을 시간이 지날수록 더 깊이 깨닫게 되었다.

　〈표 1-1〉은 소련의 소득불평등을 여러 자본주의 국가와 비교하고 있다. 이 표에 따르면 1970년대 초 소련의 소득불평등은 자본주의 국가 중 북유럽 수준에 가까웠다. 비교 기준에 차이가 존재하기 때문에 소련과 자본주의 국가의 소득불평등 정도를 정확하게 비교하기는 어렵다. 소련 데이터는 비농업 혹은 도시가계에 국한된 반면 자본주의 국가들은 모든 가계를 포함하여 계산한 분위별 소득 비중과 지니계수가 존재한다. 이 표에 따르면 지니계수로 본 소련의 소득불평등 추정치의 단순평균은 0.259로서 자본주의 국가 중 소득불평등도가 가

---

7 동감은 상황에 대한 정보를 충분히 갖고 있고 불편부당한 관찰자well-informed and impartial spectator가 다른 사람의 행동을 인정하는 경우에 느끼는 감정을 의미한다. 만약 부자가 부정한 방법으로 축재한다면 이는 타인의 동감을 얻지 못할 수 없다. 이를 확대하면 부자와 가난한 자의 생활 수준이 지나치게 벌어질 경우 부자는 가난한 자의 동감을 얻기 어렵다는 뜻으로 해석할 수도 있을 것이다.

표 1-1 사회주의 소련과 자본주의 국가들의 소득불평등 비교

(단위: %)

국가	기준, 연도, 비중	전체 소득 중 특정 분위의 소득 비중				지니계수
		최하위 10%	하위 20%	상위 20%	최상위 10%	
소련	비농업가계(세전), 1967	4.4	10.4	33.8	19.9	0.229
	도시가계(세후), 1972-1974	3.4	8.7	38.5	24.1	0.288
미국	모든 가계(세전), 1972	1.8	5.5	44.4	28.6	0.376
영국	모든 가계(세전), 1973	3.5	8.3	39.9	23.9	0.308
프랑스	모든 가계(세전), 1970	2.0	5.8	47.2	31.8	0.398
스웨덴	모든 가계(세후), 1972	3.5	9.3	35.2	20.5	0.254
노르웨이	모든 가계(세전), 1970	3.5	8.2	39.0	23.5	0.306

출처: Bergson(1984: 1070)

장 낮은 스웨덴과 유사하다. 그러나 일반적으로 세전 소득보다 세후 소득 기준 불평등도가 더 낮을 뿐 아니라 소련의 농업 가계 소득은 상위 보다 하위 분위에 속할 가능성이 높다. 따라서 소련의 실제 불평등 정도는 이 평균보다 높을 가능성이 크다.

즉 일반적으로 사회주의는 분배 측면에서 자본주의보다 우월한 체제라고 알려져 있지만 이는 반드시 사실과 일치하는 것은 아니다. 사회주의에서도 상당한 정도의 불평등이 존재했다. 더욱이, 사회주의의 상류층이 누렸던 비물질적 혜택을 화폐소득 기준으로 고려한다면 사회주의가 소득불평등을 낮추는 데 크게 성공했다고 보기는 어렵다.[8]

8 예를 들어 희소한 재화를 보다 쉽게 획득할 수 있거나 서양 제품을 수입해서 판매하는 달러 상점을 이용할 권리가 주어지는 비물질적 혜택을 포함한다면 사회주의의 불평등 정도는 더 높게 추정될 수 있다.

1970년대 들어 많은 선진 자본주의 국가에서 불평등도가 지속적으로 높아지는 경향을 보인다. 미국의 경우 1970년대에 소득 상위 1%에 속하는 부자의 소득은 전체 소득 중 10% 미만을 차지했지만 2013년에는 20%에 육박했다(Atkinson 2015). 상위 1%가 전체 소득에서 차지하는 비중으로 평가했을 때 2013년의 수준은 1910년대의 수준과 비슷하다. 영국에서도 소득불평등이 악화되는 추세가 관찰된다. 2017년 상위 1%에 속하는 영국인의 소득은 전체 소득의 17%를 차지하였다(Guardian 2020). 이는 1803년의 수준과 비교했을 때도 낮지 않다. 1803년에는 상위 1.4%의 영국인의 소득이 전체 영국인 소득의 15.7%를 차지했다(Royle 1997). 그러나 1803년의 정치체제는 성인 남자의 6%만이 선거권이 있었던 귀족 정치의 시대였다. 지금은 민주주의다. 민주주의 정치제도에서 귀족 정치 시대의 소득불평등이 일어나고 있다는 사실은 그만큼 민주주의와 자본주의의 분열 가능성이 커졌음을 시사한다.

　피케티(Piketty 2013)는 1910년부터 2010년까지 미국의 소득 상위 10%의 가계가 전체 미국 가계 소득에서 차지하는 비중을 보여준다. 이에 따르면 1910년 40%를 약간 상회하던 이 수치는 1928년 대공황 직전 50%에 근접했다. 그러나 대공황 이후 급락해서 45%대로 떨어졌고 제2차 세계대전으로 더 떨어져 35%대가 되었다. 이 수준이 1970년대 말까지 지속되었지만 그 이후에는 계속 상승해 2008년 금융위기 직전에는 50%에 달했다. 이러한 불평등의 수준은 미국이 영국의 식민지였던 1774년과 비교해도 과도하게 높다. 1774년 소득 상위 10%의 가계는 전체 소득의 30.8%를 차지했다(Lindert and Williamson 2012). 금융위기 직후에는 이 수치가 약간 하락했지만 2010년에는 다시 상위 10%의 소득 비중이 오르기 시작했다.

불평등이 자본주의에 미치는 효과는 비단선적non-monotonic이다. 경제학자 쿠즈네츠에 따르면 후진국과 선진국은 소득불평등도가 낮은 반면 중진국은 소득불평등도가 높다. 횡단면 데이터를 이용한 이러한 발견은 이른바 쿠즈네츠 가설로 이어졌다. 즉 한 나라가 후진국, 중진국, 선진국으로 발전함에 따라 소득불평등도는 '역逆 U자'를 보인다는 것이다. 이는 다음과 같이 설명될 수 있다. 후진국에서는 저축과 투자의 유인이 적기 때문에 경제성장률도 낮은 대신 소득불평등도도 낮다. 반면 중진국에서는 본격적인 경제성장이 시작된다. 이때 높은 소득불평등은 경제성장에 기여할 수 있다. 부자들의 저축성향은 가난한 사람들에 비해 높기 때문이다. 따라서 소득이 불평등하게 분배되어 있을 경우 저축을 통한 자본축적이 일어나기 쉽다. 또 불완전한 자본시장을 고려할 때 부가 집중되어 있을수록 투자가 증가한다. 즉 여러 사람에게 부가 분산되어 있을 때보다 소수에게 부가 집중되어 있을 때 투자가 더 크게 증가한다. 따라서 상대적으로 높은 저축과 투자를 기반으로 경제가 성장할 수 있다. 이제 선진국에 진입하면 소득불평등을 완화하는 정부 정책 역량이 증가한다. 또 자본시장도 발달한다. 따라서 투자자본이 부족하더라도 자본시장에서 조달할 수 있고 소규모라도 다수가 투자하여 큰 자본을 만들 수 있다. 이에 따라 선진국에서는 소득불평등도가 낮아지는 결과를 보인다.

불평등도가 높을수록 성장이 저해된다는 연구 결과도 많다. 불평등한 분배 때문에 가난한 자나 그의 자손은 인적 자본에 충분히 투자할 수 없다. 즉 빈부격차가 심한 사회에서는 개인이 재능을 갖고 있다고 하더라도 교육에 사용할 재원이 부족하다. 그 결과 사회 전체적으로는 그 역량에 비해 충분한 교육을 받지 못하는 사람들이 생기게 되고 그로 인해 경제성장도 느려진다는 주장이다. 비슷한 맥락에서 사업에 수완이 있다 하더라도 가난한 사람들은 자본을 조달하기 어려워 창업을 포기할 수 있다. 이러한 경향은 선진국보다는 저개발국이나 중진국, 즉 자본시장이 발달되어 있지 않기 때문에 돈을 차입하기 어려운 나라에서 더 자주 발견된다.

불평등한 분배는 세율을 올리라는 정치적 압력을 낳기 때문에 성장이 저해되기도 한다. 알레시나와 로드릭(Alesina and Rodrik 1994), 그리고 페르손과 타벨리니(Persson and Tabellini 1994)는 불평등도가 심한 국가일수록 성장률이 하락한다는 사실을 발견했다. 이들은 그 이유로 소득불평등도가 심할수록 상대적으로 가난한 사람들이 중위투표자$_{median\ voter}$가 되고 이들은 높은 세율 부과를 통해 정부로부터 이전소득$_{transfer\ payments}$을 더 받기 원한다. 그리고 세율이 오를수록 성장률은 하락하는 경향이 있기 때문에 결과적으로 불평등은 성장률에 부정적인 영향을 미친다는 것이다. 김과 퍼틸라(Kim and Pirttilä 2006)는 사회주의에서 자본주의로 체제를 이행하는 국가들을 대상으로 또 다른 정치적 경로를 통해 불평등이 성장률을 낮출 수 있음을 발견했다. 즉 불평등이 심할수록 체제이행에 대한 사회적 합의를 만들기 어려워 실제 이행이 더디게 진행되고 그에 따라 경제성장도 느려진다는 것이다.

불평등은 경제성장을 넘어서 정치제도에도 영향을 미칠 수 있다. 위에서 김과 퍼틸라의 연구는 불평등 증가와 사회적 합의의 어려움을 연결하고 있다. 즉 국가 전체의 후생을 증가시킬 수 있는 정책에 대해 국민이 쉽게 합의할 수 있다면 경제가 성장할 수 있다. 그러나 많은 정책이 사회 전체적으로는 후생을 증가시키지만 그 결과 분배가 적어도 일시적으로는 악화되거나 악화될 것으로 인식한다. 이 경우에도 사회적 합의를 이루기가 쉽다면 추가적인 파이를 나누어 패자를 보상해 주는 협상이 가능할 것이다. 그러나 승자와 패자의 합의가 어려운 나라, 특히 이 두 그룹 간 불신이 클 경우에는 합의를 이루기 어렵다. 따라서 사회 전체적으로는 유익한 개혁이라고 하더라도 승자와 패자 사이 합의를 이루기 어려워 이 개혁이 도입되지 않는 문제가 발생한다. 한 예로서 한국은 1997년 외환위기에 직면했을 때 많은 국민이 '금 모으기' 등을 통해 국난 극복에 동참했다. 그러나 그 이후 소득불평등이 심해져 승자와 패자로 나뉘게 되었고 정치가 사회적 갈등을 줄이기보다 오히려 증폭시키면서 경제나 사회개혁이 매우 힘들어졌다. 이는 한국의 성장률 하락에 기여했을 가능성이 크다.

심각한 수준의 불평등은 자본주의와 민주주의를 이별시킨다. 불평등의 심화는 사회가 불공정하다는 인식을 확산시킨다. 경제적 불평등 때문에 민주주의 사회의 기본 원칙인 '기회의 평등'이 무너진다고 생각하게 된다. 이러한 인식은 민주주의 제도에서 선거에 영향을 미친다. 다수의 가난한 자의 표를 결집하여 정치권력을 잡으려는 포퓰리스트가 등장하기도 한다. 이에 맞서 부자들은 경제력을 정치적 영향력의 원천으로 삼아 자신들을 지지하고 보호할 수 있는 정치인을 권력자로 내세우려 한다. 그 결과 사회는 더욱 분열되고 상호 불신은 증가한다. 민주주의가 불안정해지는 것이다. 이처럼 불평등은 자본주의와 민주주의의 결합에 균열을 내는 핵심 요인이 될 수 있다.

소득불평등으로 인해 민주주의가 위협받은 사례는 많다. 산유국으로서 소득불평등이 심했던 베네수엘라가 한 예이다. 우고 차베스는 다수 빈민의 불만을 이용하여 1998년 대통령에 당선되었다. 그는 민주적 정당성뿐 아니라 빈민의 압도적 지지를 바탕으로 제헌의회를 구성한 2003년 이후 권위주의적 정치행태를 본격적으로 보이기 시작했다. 자신을 반대하는 청원에 서명한 사람들을 블랙리스트에 올려

탄압하고, 한 방송국을 폐쇄했으며 반대파 정치인을 투옥하였다.

러시아의 블라디미르 푸틴이 대통령으로 통치하는 기간 동안 일어난 권위주의의 발흥도 러시아의 높은 소득불평등과 무관하지 않다. 소득 기준으로 사회주의 소련의 소득불평등 정도는 북유럽의 경우와 유사했다(〈표 1-1〉 참조). 그러나 자본주의로의 체제이행 기간 소득불평등이 급증하여 남미 수준에 이르렀다. 체제이행의 경제충격이 소득이 낮은 계층에 집중되었을 뿐 아니라 국유재산의 사유화 과정에서 막대한 부를 누린 계층이 출현했기 때문이다. 특히 이들의 부패는 많은 국민의 실망과 분노를 불러일으켰다. 그럴수록 다수 러시아 국민은 강력한 힘을 가진 정치인이 탄생해 부패를 청산하고 자신의 삶을 개선해 주기를 희망했다. 푸틴은 이를 정치적으로 활용했다.

트럼피즘의 등장 배경도 미국의 높아진 소득불평등 때문이다. 현재의 미국 소득불평등도는 1928년 대공황 직전이나 제2차 세계대전 직전과 유사한 수준이다. 글로벌라이제이션으로 일자리를 잃거나 임금이 오르지 않은 블루칼라 노동자들은 중국과의 불공정한 경쟁이 그 원인이라고 믿기 쉽다. 반면 전 세계적인 금융화, 그리고 플랫폼 기업의 등장으로 이전보다 더 큰 부를 누리는 계층도 존재한다. 이 경제적 양극화는 러스트 벨트라고 불리는 지역의 유권자들이 2016년 미국 대선에서 트럼프에 표를 몰아준 배경으로 작용했다. 그리고 미국의 대통령이 된 트럼프는 자신의 대중적 영향력을 활용하여 극단적 진영 대결을 벌이고 민주주의적 제도적 기반을 침식하는 정치 행동을 보이기도 했다. 이처럼 경제 양극화는 정치 양극화를 초래하기 쉽다.

〈그림 1-2〉는 미국의 전문가들이 사회경제적 지위에 따른 권력의 배분을 어떻게 인식하는지의 추이를 V-Dem 자료를 이용하여 보여

그림 1-2 미국의 정치적 불평등에 대한 전문가 인식

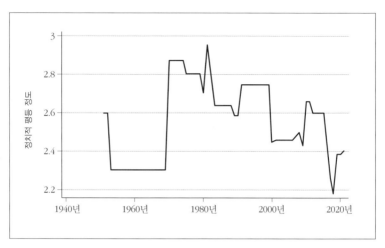

출처: V-dem dataset(https://www.v-dem.net/data/the-v-dem-dataset/)

준다.[9] 보다 구체적으로, "정치 권력은 사회경제적 지위에 따라 배분되는가?"라는 질문에 대해 응답자가 0에서 4까지의 보기 중에서 선택하도록 했다. "0"은 "부자는 정치 권력에 대해 독점적 지위를 갖고 있다, 보통의 사람이나 가난한 사람은 거의 영향력을 행사하지 못한다"이며 "1"은 "부자는 정치 권력에 대해 압도적 지위를 갖고 있다. 보통의 사람은 큰 영향력을 행사하지 못하며 가난한 사람은 거의 영향력을 행사하지 못한다"이다. 그리고 "2"는 "부자는 매우 강한 정치 권력을 갖고 있으며 보통이나 가난한 사람은 부자에게 큰 문제가 아닌 주제에 관해 어느 정도의 영향력을 행사할 수 있다"를 의미하며, "3"은 부자는 다른 계층에 비해 더 큰 정치 권력을 갖고 있지만 보통

---

9 V-Dem은 Varieties of Democracy를 뜻하는 것으로서 각 국가의 민주주의 관련 변수를 3,700명에 달하는 전문가들이 평가한 지표를 집계한 자료이다. 자세한 설명은 다음을 참조할 수 있다. https://www.v-dem.net/about/v-dem-project/

의 사람도 부자와 거의 유사한 정치 권력을 누리며 가난한 사람은 그에는 미치지 못하지만 상당한 정치 권력을 갖고 있다"를 뜻한다. 권력이 평등하게 배분된 상태를 뜻하는 "4"는 부자나 보통의 사람, 가난한 사람이 갖는 정치 권력은 비슷하다. 정치 권력은 경제적 계층에 골고루 배분되어 있다"이다. 미국인의 정치 권력 배분에 대한 인식은 1980년대 초 이후 계속 하락하는 양상을 보인다. 즉 1970년대 전반에는 거의 3에 가까운 수준에서 1980년대 중반에는 2.5~2.6으로 하락했다. 이후 1990년대에는 약간 반등했으나 2000년대 이르러 2.5 이하로 하락했다가 이후 등락을 반복했으나 2017년 이후는 2에 근접한 수준으로 떨어졌다. 특히 2018년은 1960년 이후 가장 낮은 수준인 2.179를 기록했다. 즉 미국 전문가들은 정치 권력이 부자 중심으로 매우 불평등하게 배분되어 있다고 인식함으로써 미국 민주주의의 질에 대해 심각한 의문을 표시하고 있다.

소득불평등만이 민주주의의 권위주의로의 퇴락에 기여한 변수는 아닐 것이다. 역사적 환경, 사회규범, 교육과 언론의 역할, 사법부 등의 다른 제도도 정치제도의 수립과 운영에 큰 영향을 미칠 것이다. 그러나 소득불평등은 이런 요인과 서로 영향을 주고받으면서 민주주의와 자본주의에 영향을 미치는 중요한 변수임에는 틀림없다.

1970년대 이후 소득불평등이 증가한 주 이유는 글로벌라이제이션, 금융화, 기술 발전 등이다. 글로벌라이제이션은 인적 자본에 따른 불평등의 차이를 심화한다. 즉 고숙련, 고학력 근로자는 전 세계를 대상으로 경제활동을 펼칠 수 있게 됨에 따라 소득이 증가한다. 반면 선진국에 거주한다 해도 저숙련, 저학력 근로자는 중진국이나 개발도상국의 근로자와 경쟁해야하기 때문에 소득이 정체 상태에 머물거나 일자리를 잃어버릴 가능성이 증가한다. 금융화는 규모의 경제에 따라 소득이 소수에게 집중되도록 만든다. 이처럼 글로벌라이제이션과 금융화는 경제의 효율성을 증가시켜 경제성장에 기여하지만 다른 한편으로는 소득불평등을 악화시키는 중요한 원인이 되고 있다. 숙련편향적 기술진보도 소득불평등을 심화하는 경향이 있다. 지식과 기술이 집적된 첨단 제품을 생산하기 위해서는 많이 교육받은 근로자, 지식수준이 높은 근로자가 필요하다. 또 이들의 동기부여를 위해서는 높은 임금을 지급해야 한다. 반면 전통적이며 일반적인 제품을 생산하는 근로자의 임금은 생산성의 상대적 정체와 풍부한 노동력의 존재로 인해 크게 오를 수 없다.

소득불평등은 악화 추세를 보이지만 이를 반전시킬 수단이 제한되어 있다는 점은 자본주의의 안정성 면에서 더 큰 문제다. 무엇보다 글로벌라이제이션으로 인해 소득재분배 정책의 효과가 크게 떨어졌다. 글로벌라이제이션 이전에는 소득이 높은 계층에게 세금을 부과해 이를 저소득층에게 지출하는 정책을 펼 수 있었다. 한 국가에서 부자의 경제활동이 다른 계층의 소득을 증가시키는 이른바 낙수효과trickle-down effect도 컸다. 그러나 글로벌라이제이션은 공급망이 글로벌하게 펼쳐짐에 따라 낙수효과를 떨어뜨릴 뿐 아니라 정부의 강력한 소득재분배 정책의 역효과를 높였다. 만약 정부가 부자나 대기업에 부과하는 세금을 올리면 이들은 세금이 상대적으로 낮은 나라로 옮겨가기 쉬워졌다. 이를 막기 위해서는 여러 나라가 조율하여 공동으로 세율을 정해야 하지만 이는 실제로 현실화되기 어렵다. 따라서 소득불평등의 원인으로 작용했던 글로벌라이제이션이나 금융화, 기술 발전 등에서의 큰 변화가 없다면 한 나라의 정부 정책으로써는 불평등 악화의 추세를 반전시키기 힘들다는 것이 큰 문제로 대두되었다. 따라서 우리는 앞으로도 "높은 소득불평등이 일으키는 정치적 압력을 민주주의가 과연 견딜 수 있을까?" "민주주의가 권위주의로 후퇴하면 과연 자본주의는 안전할까"라는 의문을 품을 수밖에 없을 듯하다.[10]

그렇다고 해서 소득불평등 문제에 손을 놓고 있을 수는 없다. 특히 자본주의를 지키기 위해 각 나라로 개별 약진하는 것이 불가피한 상황에서 우리는 다음의 영역에서의 불평등을 낮추는 노력이 필요하다. 첫째, 생계 수준 이상의 소득을 보장하는 것이다. 현실적으로 기본소득 등의 보편적 복지를 실행할 재원은 충분하지 않다. 이 경우 보편적 복지보다 생계 수준 이하의 계층을 선별적으로 지원하는 것이 훨씬 나은 선택이다. 둘째, 저소득 계층의 주거, 교육과 의료의 접근성을 높여야 한다. 주거, 교육과 의료는 인간 삶에 가장 필요한 서비스다. 만약 이러한 기본 서비스에 접근하기 어려운 계층이 증가한다면 자본주의는 더욱 불안정해질 것이다.

4) 자연환경의 파괴와 경제체제

자연환경이 파괴되는 이유를 가장 잘 설명하는 이론은 "공유지의 비극"이다. 공기, 삼림, 어류 등과 같은 공유자원을 사익을 추구하는 경제주체에게 맡기면 서로 더 많은 자원을 획득하려고 경쟁하기 때문에 결국에는 자원이 고갈되어 모든 이들이 피해를 보게 된다는 것

---

10 여기서 권위주의 정치체제와 자본주의 경제체제의 조합이 얼마나 견고할까에 관한 의문이 제기된다. 중국과 같이 정치적 권위주의와 경제적 자본주의 혹은 준(準)자본주의가 결합한 제도가 지속 가능한지는 더 오랜 시간의 검증이 필요하다. 권위주의라는 수직적 위계질서와 자본주의라는 수평적이며 분권화된 질서는 대조된다. 이런 점에서 이 제도는 정합성 측면에서 취약하며 이로 인해 정치제도와 경제제도가 심하게 충돌할 가능성이 충분하다. 이 책의 제2장 「민주주의와 자본주의의 상호관계와 균형적 공존」에서 이 문제를 집중적으로 논의하고 있다.

이다. "공유지의 비극"은 경제발전이 사익 추구의 결과라는 애덤 스미스 테제를 무너뜨릴 수 있는 강력한 반격이다.[11]

코스의 정리Coase Theorem는 시장경제가 자원 남용을 초래했다는 비판에 대한 경제학의 재반격이다. 이 정리는 정부의 개입이 없다고 하더라도 자원의 소유권을 명확히 한 상태에서 민간의 경제주체들끼리 협상을 한다면 공유지의 비극을 막을 수 있다는 주장이다. 그러나 현실적으로 민간의 협상에는 거래비용transaction cost이 따른다. 특히 대기오염물질 배출과 같은 환경 파괴에는 관여하는 경제주체가 다수인 경우가 많다. 이런 경우에는 거래비용이 더 높아질뿐더러 부정적 외부효과negative externalities의 파급 대상을 특정하기도 어렵기 때문에 코스의 정리를 적용하기 힘들다.

기후 환경 문제에 대한 시각은 다양하다. 낙관적인 시각은 환경에 대한 수요를 소득의 함수로 이해한다. 즉 소득이 낮은 단계에서는 환경을 적게 파괴하지만 경제 개발이 활발한 중진국이 되면 소득 증가와 아울러 환경 훼손이 심해진다. 하지만 고소득 단계에 진입하면 청정 환경에 대한 수요가 증가하기 때문에 환경이 복원되기 시작한다. 이런 시각에 따르면 장기적으로 전 세계 소득이 증가할 것이므로 환경 문제도 자동적으로 해결된다는 논리다. 반면 비관적인 시각에 따르면 국제간 수출 경쟁 때문에 기업은 생산비가 저렴한 곳, 즉 환경 규제가 상대적으로 느슨한 국가로 공장을 옮기게 된다. 그 결과 환경 규제가 엄격한 국가의 경제는 높은 생산비로 인해 침체하지만 환경규제가 느슨한 국가의 경제는 발전한다. 이는 "밑바닥을 향한 경주race to

---

11 앞에서 설명한 것처럼 애덤 스미스도 시장 만능을 주장하지는 않았다. 그는 치안, 국방 등의 공공재는 정부가 공급해야 한다고 주장하였다.

the bottom"처럼 환경규제를 경쟁적으로 낮추는 결과를 초래한다.

이상의 주장과 다른 시각도 존재한다. 환경 파괴를 공유지의 비극the tragedy of the commons, 즉 시장의 부재로 인한 결과로 이해하고 시장을 만들어 환경 파괴를 줄일 수 있다는 것이다. 예를 들어 목동이 공유지의 풀을 가축에게 먹일 때 시장을 이용해 그 비용을 완전히 지불하도록 한다면 공유지의 황폐화를 막을 수 있다는 주장이다. 어류의 남획을 방지하고 어부의 소득을 보호하기 위해 만든 개인별양도상한제Individual Transferable Quotas, ITQ가 그 예이다. 샌프란시스코만의 어류를 보호하기 위해 이 제도를 도입한 이후 어류 남획이 크게 줄었다. 과학자들이 어류 보호를 위해 물고기를 잡을 수 있는 총량을 추정한 후 이를 기존의 어부의 수로 나누어 개인별 상한량을 정했다. 만약 상한량을 다 채우지 못할 경우 남은 상한량을 시장에서 판매할 수 있게 한 것이다. 또 상한량 이상으로 물고기를 잡으려 할 경우 그 권한을 시장에서 구매할 수 있도록 했다. 이 제도를 지키는 어부들은 위반하는 어부들을 감시하고 처벌하려는 인센티브를 가지고 있기 때문에 제도를 집행하기도 수월하다. 전반적인 평가에 따르면 이 제도는 공유지의 비극을 막고 어류를 보호하는 데 효과적이었다. 그러나 제도의 감시 기제가 적절히 작동하지 않거나 ITQ가 너무 높게 책정된 경우, 그리고 불공정하게 배분된 경우에는 제도의 효율성이 낮았다.[12]

이상의 논의는 시장 메커니즘을 활용하여 기후와 생태환경을 개선할 가능성을 제시한다. 1997년 교토의정서는 선진국 중심으로 1990년의 95% 수준으로 탄소배출을 줄이기로 결정했지만 중국, 인도, 미

---

[12] 프리드먼은 이를 "시장이 도덕과 결혼"하여 효과적으로 문제를 해결한 사례로 들고 있다(Friedman 2008).

국이 참여하지 않아 그 실효성에 한계가 있었다. 그러나 유럽 국가들이 중심이 되어 교토의정서에서 결정한 대로 탄소배출권 시장을 개설해 탄소배출량을 줄이려 하였다. 이런 상황에서 대기업들도 탄소배출을 줄이는 신기술을 개발하고 풍력, 태양력 등 자연발생적으로 에너지를 생산하는 방법을 적극적으로 도입하기 시작했다.

탄소배출권 거래 시장 등을 활용해 기후환경을 개선하는 데 있어 문제도 있다. 지구 전체적으로 목표를 세운 다음 이를 실행하기 위해서는 국가별로 탄소배출 상한선을 정해야 하지만 국가 간 이해관계가 달라 이를 조정하기 어렵다. 선진국과 비선진국 사이의 갈등이 그 예다. 선진국은 과거의 경제발전 과정에서 탄소를 많이 배출했지만 지금은 상대적으로 탄소배출량이 적다. 즉 국가별 탄소배출 목표를 정할 때 이를 현시점을 기준으로 할지 아니면 과거 탄소배출량을 고려해서 정할지에 대해 논란이 존재한다. 탄소배출 목표를 달성하지 못한 국가에 대한 처벌의 실효성 문제도 있다. 국가별 탄소배출 목표는 일종의 신사협정으로 이를 달성하지 못했다고 해서 처벌을 할 수 있는 기제는 아직 없다. 또 후진국일수록 탄소배출을 측정하고 강제할 물리적, 법적 인프라가 부족하다. 탄소배출 목표를 효과적으로 달성하려면 지역, 기관, 기업, 건물별로 보다 세분화하여 탄소배출량을 측정할 수 있어야 한다. 그러나 이러한 인프라를 갖추는 데는 비용이 많이 들 뿐 아니라 정치적 반대가 클 수 있다. 따라서 정치인들은 이를 강제하는 법을 도입하기 꺼리게 된다. 예상하지 못한 지정학적 사건이 탄소배출 목표 달성을 어렵게 만들기도 한다. 2022년 2월 러시아의 우크라이나 침공이 대표적인 예다. 전쟁으로 인해 자연생태계가 파괴되고 탄소배출이 급격히 증가했음은 물론 우크라이나를 지원하는 유럽국과 미국의 재정 상태가 악화되어 기후환경 개선에 지출할 재원이 부족해졌다.

자본주의 체제로써는 기후환경 문제 해결이 불가능하기 때문에 아예 체제를 바꿔야 한다는 주장도 있다. 최근에 주목받는 연구로는 사이토의 연구(Saito 2017)가 있다. 그렇다면 사회주의 체제가 자본주의보다 기후환경 문제를 더 효과적으로 해결할 수 있을까. 사회주의의 경험을 보면 그렇지 않았다. 사회주의도 경제성장을 목표로 삼았을 뿐 아니라 오히려 환경을 더 파괴하는 방식의 성장정책을 추진했다. 자본주의를 앞서기 위해 압축적 방식으로 성장하려 했기 때문에 기후환경에 대한 관심이 적었다. 산업구조로 볼 때도 탄소배출을 더 많이 하는 중화학공업의 비중이 높았다.

이론적으로는 사회주의가 자본주의나 민주주의에서보다 기후환경을 더 효과적으로 개선할 가능성도 있다. 자본주의에서는 이윤 창출을 중심으로 기업이 움직인다. 그리고 민주주의에서는 기후환경 개선을 위해 다수의 이해관계를 조정해야 한다. 반면 사회주의에서는 기후환경 개선을 중요한 목표로 정해서 중앙계획을 만들고 이를 기업이 달성하도록 강제할 수 있다. 따라서 자본주의와 민주주의에 맡겨놓으면 해결 불가능한 기후환경 문제를 사회주의를 도입하면 단번에 개선 가능하다는 주장이다. 그러나 사이토가 주장하는 체제는 국유와 중앙계획에 기반한 사회주의라기보다 환경 문제 해결을 위해 성장을 포기할 만큼의 급진적 정책을 도입할 수 있는 제도에 가깝다.[13] 구체적으로 그가 제시한 정책은 "주 4일 근무

---

13 사이토는 마르크스가 환경에 관심을 많이 보였고 자본주의로써는 환경 문제 해결이 어렵다고 생각했음에 주목한다(Saito 2017). 그러나 국유와 중앙계획이라는 사회주의 제도가 얼마나 효율적으로 환경 문제를 해결할 수 있을지에 관해서는 큰 관심을 보이지 않는다.

제 도입, 일요일 사업체 개장 시간 규제, 개인 제트기와 단거리 비행기 운항 금지, 최고 및 최저 소득제 도입, 비행飛行세, 육류세, 사치세 도입, 광고 규제" 등이 있다.

"기후환경 문제를 해결하기 위해 사회주의로 가자"라는 주장은 말이 마부를 몰게 하는 것처럼 처방이 잘못되었다. 만약 이상의 정책을 민주주의적으로 결정하지 않고 정치 권력이 임의로 결정하여 강제적으로 운용한다면 "말이 마부를 다스리는 것"이다. 사회주의의 가장 중요한 폐해는 개인 자유를 박탈한 것이다. 아무리 기후환경이 중요한 가치라고 해도 인간 자유보다 중요하지는 않을 것이다. 따라서 기후환경도 자유를 지키는 제도를 유지하면서 해결하는 것이 정상이다. 더욱이 사회주의의 강제력으로 기후환경을 개선하자는 주장은 현실적으로 이루어지기 어렵다. 사회주의 권력자가 기후환경 개선을 최고의 목표로 삼을 인센티브는 무엇인가. 그도 다른 사람처럼 N분의 1의 공기를 마신다. 그런데 왜 대기오염 방지를 국가적 목표로 삼으려 할까. 더 나아가 그는 원한다면 좋은 공기, 좋은 자연환경을 마음껏 누릴 수 있다. 권력과 부도 있고 무엇보다 민주주의에서처럼 이를 비판하는 야당도, 언론도 없다. 오히려 기후환경은 모든 이들에게 영향을 미치기 때문에 민주주의가 이들의 목소리를 담아 기후환경을 개선하기에 더 적절한 체제라고 할 수 있다.

사회주의도 기후환경 문제의 핵심인 무임승차자free riders를 해결하기 어렵다. 한 나라만 기후환경 개선에 적극적이라면 비용은 그 국가가 다 지불하지만 혜택은 모든 나라가 누린다. 따라서 다른 나라가 기후환경 개선에 더 적극적으로 나서주기를 바란다. 이와 같은 국가 간 조율 문제는 사회주의도 자본주의와 마찬가지로 해결하기 어렵다. 이 지구에 한 국가가 아니라 다수의 국가가 존재하고 국가 사이에 이해관계를 조정하기 힘든 것이 기후환경 문제를 풀기 어려운 이유다. 더욱이 기후환경이 악화될 경우 가장 큰 비용을 치르게 되는 미래세대의 이익을 대변할 기제가 존재하지 않는다. 현세대는 경제 성장의 혜택을 누리면서 기후환경의 악화에 따른 비용은 적게 부담하는 반면 미래세대는 그 부담을 더 크게 져야 한다. 그런데 세대 간 이익과 비용을 결정하는 주체는 현세대이기 때문에 현세대에 유리한 방향으로 결정되기 쉽다.

　이상의 논의는 다음과 같은 함의를 준다. 첫째, 환경 문제를 해결하는 핵심은 국가 간 조율이다. 둘째, 미래세대의 이익을 대변할 기제가 필요하다. 민주주의에서 이는 결국 시민의식으로 귀결된다. 시민이 환경 문제의 심각성을 알고 이를 정치 행위에 반영해야 한다는 것이다. 즉 국가의 처벌이 어려울수록 그 국가 내 시민에 의한 정치 처벌이 실효적으로 이루어져야 하고 그럴수록 정치인들이 환경 개선에 더욱 적극적으로 나설 것이다. 또 시민들이 탄소배출 목표 달성에 계속 실패하는 국가의 제품을 불매하는 방법도 있다. 그리고 이름을 거명하여 망신을 주는 이른바 "공개적으로 망신주기name and shame"도 동원할 수 있다. 무엇보다 환경을 악화시키지 않는 생활방식의 정착이 필요하다. 위에서부터의 강제력을 동원해 한 번에 해결하자는 "황금 탄환식" 접근보다는 다양한 방식의 접근을 결합하여 시너지를 만들되 가능한 자유에 기반하고 민주적인 방식을 사용하는 방식을 택해야 할 것이다.

　민주적 방식 중 하나는 미래세대에 환경 문제에 관해 더 많은 대표권을 부여하는 것이다. 현재의 관점이 아니라 미래의 관점에서 환경 문제를 이해하고 대응 방안을 설계할 수 있도록 하기 위해서는, 청소년뿐 아니라 태어나지 않은 후손을 대표하여 환경 문제에 대해 발언

하고 대표권을 행사할 수 있는 보다 구체적인 민주적 기제의 설계가 필요하다. 예를 들면 기후환경 관련 법안의 제정과 개정을 위한 공청회 등에 청년 등 미래세대의 참여를 의무화하는 방안을 고려할 수 있다. 이를 통해 미래세대는 환경 문제에 더욱 큰 관심을 가질 수 있다. 좀 더 급진적 방안으로는 지방선거부터 점진적으로 시작해서 일인 일표제 대신 청년과 미래세대의 투표에 가중치를 부여하는 방안을 생각해 볼 수 있다. 이는 지방자치단체나 국회가 더욱 환경을 중시하도록 유도하는 기제가 될 수 있다.

너지nudge를 활용하는 방식도 필요하다. 즉 강제력을 동원하지 않고 시민들이 탄소배출을 적게 하는 삶을 살도록 부드럽게 개입하는 것이다. 현재 한국 대부분의 아파트는 자기 집의 전기소비량을 그 아파트 단지의 평균 소비량과 비교하는 정보를 제공한다. 이를 통해 아파트 거주자들이 자발적으로 전기소비량을 줄일 수 있도록 유도하는 것이다. 이도 환경문제에 관한 너지의 예다. 이를 확장하여 자신의 활동량과 이용한 운송 수단 등을 추적하는 앱을 통해 자신의 탄소배출량과 타인의 배출량을 비교하는 정보를 제공하는 것도 고려할 수 있다.

앞에서 다룬 소득불평등과 기후환경 중에서 자본주의의 미래에 더욱 위협적인 것은 무엇일까? 다음의 세 이유로 인해 소득불평등이 기후환경 문제에 비해 더욱 위협적일 것으로 판단된다. 첫째, 환경 문제는 거의 모든 사람들에게 영향을 주지만 불평등 문제는 그렇지 않다. 기후환경 문제가 더욱 심각해져 대기오염이 심해지고 글로벌 팬데믹이 빈발하며 지구 생태계가 교란된다면 이 영향에서 자유로운 사람은 많지 않다. 따라서 이 문제를 해결해야 한다는 사회적, 정치적 동기부여가 강력해진다. 반면 불평등 문제는 소득이 상대적으로 높은 사람들에게는 직접적으로 영향을 주지 않는다. 소득불평등으로 인해 범죄가 증가하고 사회 질서가 무너지거나 더 심각한 경우 혁명의 조짐까지 느껴진다면 부자들도 이 문제를 해결해야 한다는 압박감을 가질 것이다. 그러나 이 경우에도 민주주의를 유지하면서 소득불평등을 완화하기보다 정치 권력을 장악하거나 이와의 결탁을 통한 비민주적인 방법으로 자신의 이익을 보호하려 할 수도 있다. 이 경우 민주주의가 후퇴하고 격렬한 정치적 혼란이 야기될 수도 있다. 이로 인해 자본주의도 충격을 받을 수 있다.

둘째, 환경 문제는 대부분의 사람들로 하여금 문제를 해결해야 한다는 생각을 갖게 하지만, 불평등 문제는 이를 정치적으로 이용하여 증폭시키려는 의도를 갖게 할 수 있다. 후자의 대표적인 예가 포퓰리스트 정치인일 것이다. 즉 포퓰리스트 정치인은 다수 서민의 표를 얻기 위해 소수의 부자를 공격함으로써 선거에 승리할 수 있다는 유인을 가질 것이다. 그러나 포퓰리스트 정치인의 경제정책은 소득불평등 완화에 실패하기 일쑤다. 성장과 분배의 조화가 필요할 때 후자를 지나치게 강조하여 급진적인 정책을 펼 경우 오히려 분배가 악화하는 경우가 많다.

셋째, 기후환경 문제는 정책의 효과 측면에서 불평등 완화 정책보다 실효성이 높다. 한꺼번에 환경 문제를 해결할 수 있는 정책은 없거나 실패할 가능성이 크겠지만 기술 발전과 시장을 활용한 개입, 너지 등 다양한 방식을 결합하여 그 실효성을 증가시킬 수 있다. 또한 환경 영역은 정부뿐 아니라 민간의 참여가 활발히 일어날 수 있는 분야이며 효과를 거둘 가능성도 크다. 대조적으로 글로벌라이제이션 아래에서는 불평등을 완화하려는 정책 개입 효과가 이전보다 훨씬 줄었다. 게다가 민간이 기부와 자선 등의 방법으로 참여한다고 해도 효과는 제한적이다. 예를 들어 전 세계에서 기부와 자선이 가장 활발한 미국의 경우에도 기부액이 총국민소득에서 차지하는 비중은 1.44%에 불과하다(The Trustees of the Charities Aid Foundation 2016). 그 뒤를 이어 뉴질랜드, 캐나다, 영국, 한국이 2위에서 5위를 차지해 각각 0.79%, 0.77%, 0.54%, 0.50%를 기부하지만, 미국과의 격차가 크다.

4. 결론: 환경문제와 불평등을 개선하는 자본주의의 모색

이 글에서는 먼저 경제체제로서의 자본주의를 설명, 평가하고 그 동안의 변화와 성과를 검토했다. 이어서 21세기 자본주의에 대한 체제 내외적인 도전을 분석하고 이 도전이 자본주의 미래에 어떤 영향을 미칠지 논의했다. 보다 구체적으로 체제 내적인 도전으로서 기술의 발전이 사유를 공유로, 시장을 계획으로 대체할 수 있을지 다루었다. 또한 대표적인 체제 외적 도전으로서 불평등과 자연환경 훼손의 문제를 검토함으로써 이 요인이 향후 자본주의 발전에 주는 함의를 논했다.

이 글은 기술의 발전으로 인해 자본주의가 다른 경제체제로 변모하지는 않을 것으로 평가하고 있다. 기술 발전 그 자체가 자본주의의 동력에서 비롯된 것일 뿐만 아니라 기술 발전 및 사유권과 시장은 서로 보완되어 서로를 강화할 가능성이 크다고 평가한다. 이런 면에서 환경문제와 불평등이 자본주의에 더 큰 도전임을 지적한다. 특히 다양한 방식의 해결 수단이 존재하는 기후환경 문제와 달리 글로벌라이제이션 아래에서의 불평등은 국가별로 집행되는 정책의 효과가 제한적이다. 더욱이 불평등은 '너'와 '나'를 갈라놓음으로써 민주주의를 질식시키거나 오염시킬 가능성이 크다. 즉 민주주의와 자본주의를 이탈시키고 전자의 쇠퇴가 후자에도 부정적인 영향을 미칠 수 있다.

그러나 자본주의의 미래를 반드시 비관할 필요는 없다. 자본주의가 수백 년 지속되는 까닭은 그 유래가 자연에서 왔기 때문이다. 즉 자본주의는 자연적 진화의 결과이므로 매우 유연하고 적응력이 빠르다. 또한 그동안 인류사회는 자본주의의 문제점을 지각할 때마다 이를 잘 보수補修해 왔다. 또한 민주주의와 자본주의의 결합은 공고하다. 모두 자유라는 인간 본성에 기초해 있기 때문이다. 그리고 그동안 사람 간, 계층 간의 반복 게임으로 자유롭게 행동하는 이기적 인간 사이에서도 타협과 관용이 가능함을 보여주었다.

자본주의 이외의 다른 체제가 출현하거나 자본주의의 대안 체제를 모색하더라도 이에 대해서는 종합적 관점에서 판단하는 것이 필요하다. 자본주의의 약점과 불완전성에만 주목하여 이를 극복할 수 있을 것으로 보이는 체제를 구상하고 이를 실행에 옮긴다면 예전의 사회주의와 유사한 결과를 빚을 수 있다. 자본주의의 현실과 다른 체제의 이상을 비교하는 것은 금물이다. 체제 내적이며 외적인 문제를 동시에 고려해야 할 뿐 아니라 인간과 사회의 가능성과 한계를 함께 이해할 수 있어야 한다. 일반적으로 인간의 설계는 자연의 진화가 가져다준 완성도에 훨씬 미치지 못한다. 이런 겸손함을 품는 동시에 자본주의를 개선하려는 의식적이며 집중적인 노력이 21세기 경제체제의 도전에 직면한 우리에게 매우 절실하다.

제2장

민주주의와 자본주의의
상호관계와 균형적 공존

김선혁(고려대학교 행정학과)

1. 서론: 정치체제와 경제체제의 상호관계

민주주의는 현시대 전 세계에서 가장 대표적인 정치체제이다. 그리고 자본주의는 현시대 전 세계에서 가장 지배적인 경제체제이다. 정치체제를 민주주의로, 경제체제를 자본주의로 치환하는 것은 제유법synecdoche이다. 따라서 민주주의와 자본주의 간의 관계를 본다는 것은 '현재'라는 특정한 시기에 초점을 맞추어 정치와 경제 간의 상호관계를 본다는 것과 동의어가 된다.

한 걸음 더 나아가 정치와 경제가 인간의 사회적 삶에서 차지하는 비중을 고려해볼 때 정치와 경제 간의 상호관계를 살펴본다는 것은 '사회적 동물'인 인간의 역사와 현재 상황 전체를 살펴본다는 것과 크게 다르지 않다. 이는 대단히 광범위하고 어려운 작업이다. 사회체제social system, SS는 정치체제political system, PS와 경제체제economic system, ES를 구성요소로 포함하지만, 이들 외에도 여러 가지 다른 요소들(예: 문화)을 광범위하게 포함하는 '종합체제'라고 할 수 있다. 아울러 각각의 체제는 상당수의 부분레짐들partial regimes의 합이기도 하다. 예를 들면 정치체제는 헌정레짐, 정당레짐, 선거레짐, 이익대표레짐 등의 합이라고 할 수 있다. 사회체제가 정치체제와 경제체제 등을 포함하는 종합체제라는 점을 도식화하면 아래와 같이 간략하게 나타낼 수 있을 것이다. 여기에서 숫자는 시점을 나타낸다.

$$\Sigma(\text{PS1, ES1}\cdots) = \text{SS1}$$
$$\Sigma(\text{PS2, ES2}\cdots) = \text{SS2}$$

정치와 경제가 별 관계를 맺지 않는다는 견해도 있다. 일종의 '정경분리론'이라고 할 수 있는 이 논리를 따른다면 극단적으로는 특정한 정치체제와 특정한 경제체제가 순전히 우연만으로 일대일 공존할 수도 있다. 정치는 경제로부터 꽤 높은 자율성을 가지고 별도로 존재하는 영역으로서, 독립적으로 존재하는 인간의 자유의지, 공동체의 상상력에 의해 획기적으로 변화하고 새로이 창조될 수 있는 여지가 상당하고, 따라서 경제체제의 구체적인 소여所與에 크게 구애받지 않고 독자적인 생성, 발전 논리를 따른다는 견해가 일례이다. '정경분리론'에 의하면 자본주의의 문제는 오로지 경제적인 문제이고, 민주주의의 문제는 오로지 정치적인 문제이다. 두 문제 간에는 별 관련이 없다. 한 걸음 더 나아가 자본주의에 위기가 닥친다면 그것은 오로지 경제적인 위기이고, 민주주의의 위기 또한 오로지 정치적인 위기이다. 두 위기 간에는 별 상관이 없다. 자본주의의 문제와 자본주의의 위기에 대해서는 '경제적인' 해법을 제시하면 될 것이요, 민주주의의 문제와 민주주의의 위기에 대해서도 '정치적인' 해법을 제시하면 그만이다.

경제현상을 경제 영역에만 국한된 것으로 보고, 정치현상을 정치 영역에만 국한된 것으로 보는 이와 같은 '정경분리론'은 다소 근시안 적이고 편협하다는 인상을 주지만 통상적인 논증과 분석에서 의외로 흔히 찾아볼 수 있는 논리이다. 식자들이 분석의 '편의'를 위해 흔히 채택하는 입장이기도 하다. 예를 든다면, 자본주의가 당면한 다양한 도전들을 논하면서 국내외 정치·사회·문화적 변수들을 전혀 고려하지 않는다든지, 민주주의가 처한 위기를 논하면서 정당·선거 등 순전히 '정치적인' 변수들만을 분석의 대상으로 삼는다든지 하는 것이 그에 해당할 것이다.

하지만 현대 사회과학에서 정치와 경제의 상호연관성은 거의 상식으로 확립되었다고 해도 과언이 아니다. 정치와 경제는 불가분의 관계에 있고 서로 상당한 영향을 주고받으면서 역동적으로 변화해 나간다. 현대 사회과학에서 경제와 완전히 분리된 자율적인 공간으로서 정치의 영역을 기술하는 일은 드물고, 반대로 정치와 완전히 절연된 '객관적인' 경제법칙이 적용되는 시장을 이야기하는 일도 흔치 않고 또 타당성을 갖기도 힘들다.

정치와 경제가 상호 분리되어 있고 심지어 무관하다는 입장을 '정경분리론'으로 부른다면, 그와 달리 양자가 상호 밀접하게 관련되어 있다는 입장은 '정경상관론'으로 부를 수 있을 것이다. 정치와 경제가 서로 관련되어 관계를 맺고 있다는 것이다. '상관성correlationality'에서 한 걸음 더 나아간 것이 '상호인과성mutual causality'이므로 정경상관론의 좀 더 강한 버전은 '정경상호규정론mutual determination of politics and economy'이다. 인과성은 양자 간 시간적 선후temporal sequence, 즉 역사성historicity과도 밀접하게 관련되어 있다. 특정한 정치체제가 특정한 경제체제에 선행하여 후자를 초래하거나, 특정한 경제체제가 특정한 정치체제에 선행하여 후자를 초래한다면 시간적으로 먼저 등장한 체제가 원인이고 나중에 등장한 체제는 결과이며 양자 간 인과관계가 역사적으로 실증된 셈이기 때문이다. '정경상호규정론'에서 한 걸음 더 나가면 '정경조응론'에 이른다. 이는 특정한 정치체제와 경제체제 간에 일정한 조응성$_{correspondence}$[1]이 존재한다는 것이다. 즉, 특정한 정치체제와 특정한 경제체제의 병존은 우연적이거나 무작위적인 것이 아니고, 특정한 정치체제에 어울리는 경제체제가 있고, 역으로 특정한 경제체제에 어울리는 정치체제가 있다는 것이다.

시간적으로 연속되고 나아가 인과적으로 연계된 '정치체제−경제체제'의 '체제쌍$_{a\ systemic\ pair}$'은 일정한 내구성과 안정성을 가지고 상당 기간 유지된다. 만약 정치체제와 경제체제 간에 '조응성'이라는 개념이 성립하고, 이것이 시간적 연속 혹은 인과적 관계로 요약된다면 바로 그러한 조응성은 위에서 '사회체제$_{SS}$'라고 표기한 특정한 체제묶음$_{a\ systemic\ cluster}$이 가지는 정합성 및 안정성의 바탕이 된다. 다시 말해 체제 간 조응성이 높은 경우 전체 사회체제의 안정성이 높아지고, 그 반대의 경우 불안정성이 높아진다. 그리고 불안정성이 역치$_{threshold}$를 넘어서면 새로운 체제의 출현, 그리고 신체제에 의한 구체제의 대체라는 극적인 현상이 발생할 가능성이 커진다. 정치체제와 경제체제 간 부조응으로 인해 유발된 불안정성은 새로운 정치체제 혹은 경제체제의 출현과 발전을 통해 해소되고 새로운 체제묶음이 안착하여 상당 시간이 경과하면 새로운 균형점에 도달하게 된다.

특정한 시기에 특정한 정치체제와 경제체제가 조응하는 것을 $\cong$로,

---

1 correspondence 대신 match 또는 fit이라고도 할 수 있을 것이다.

부조응하는 것을 ≢로 표현해 본다면 아래와 같이 정리해 볼 수 있을 것이다.

$$PS1 \cong ES1$$
$$PS1 \not\equiv ES2$$
$$PS2 \cong ES2$$

내부적으로 구성 체제 간 고도의 조응성을 가지고 있던 체제묶음이 기존의 조응성을 잃고 균형을 소실하는 이유는 일반적으로 그러한 체제묶음 내 어느 한 하위 체제 내에서의 문제 혹은 문제군이 악화하여 다른 체제(들)에까지 부정적인 영향을 주고 여러 체제에서 동시다발하는 문제가 사회체제 전체의 위기로까지 비화하기 때문이다. 경제체제 내에서 발생한 문제가 악화하여 정치체제에까지 영향을 미치는 경우 이는 정치체제와 경제체제의 조응성에도 상당한 영향을 미치지 않을 수 없다. 그 결과 악화한 경제체제와 그 영향을 받은 정치체제 간에 조응성이 사라지고 오히려 상충성이 발생하게 된다면 이는 체제묶음의 어느 한쪽 체제의 약화, 심지어 붕괴에 이르게 된다. 그렇지만 이러한 약화와 붕괴의 과정이 반드시 '자연 발생적'인 것만은 아니다. 하나의 체제묶음이 이룬 균형의 붕괴는 보통 체제 간 긴장과 갈등, 상충에 예민한 문제의식을 가진 사회적 주체들의 의식적이고 조직적인 활동이라는 중요한 매개변수를 통해 '인위적으로' 발생하기도 한다. 이런 식으로 체제 간 부조응은 새로운 체제의 등장과 낡은 체제의 대체로 이어진다.

한 하위 체제(예: 경제체제) 안에서 일어난 변화의 정도, 그리고 그것이 다른 체제(예: 정치체제)에 미치는 영향의 크기를 중심으로 발생

가능한 시나리오를 도식적으로 구분해 본다면 아래와 같이 표시할 수 있다.

최초: ES1 ≅ PS1

1. ΔES1가 미미, PS1에의 영향도 미미

   ES1′ ≅ PS1′

2. ΔES1가 미미, PS1에의 영향은 상당

   ES1′ ≇ PS2

3. ΔES1가 상당, PS1에의 영향은 미미

   ES2 ≇ PS1′

4. ΔES1가 상당, PS1에의 영향도 상당

   ES2 ≅ PS2

이를 설명하자면, 최초 시점에서 경제체제(ES1)와 정치체제(PS1) 간에 상당한 조응성이 존재해 균형이 유지된다. 하지만 경제체제에서 일어난 변화(ΔES)로 인해 정치체제에도 그 영향이 파급되고 경제체제와 정치체제 간의 조응성에도 변동이 초래된다. 경제체제에 일어난 변화의 정도가 미미하고 영향도 미미하다면 단지 미미하게만 변화한 양 체제 간의 조응성은 큰 문제 없이 유지될 공산이 크다(시나리오 1). 하지만 변화의 정도나 다른 체제에 미치는 영향 중 어느 한 가지가 상당하다면 양 체제 간의 조응성이 약화되거나 붕괴되고 이는 변화에의 전조가 될 수 있다. 그리고 궁극적으로 경제체제와 정치체제 간 부조응(≇)은 상당한 긴장과 변화에의 압력을 유발할 것이다(시나리오 2와 3). 마지막으로 변화도 크고 영향도 큰 경우 경제체제와 정치체제는 각각 종적種的으로 상이한 체제로 진화 혹은 변이하고 이렇게 새로 등장한 경제체제와 정치체제 간에 형성되는 조응성은 새로운 균형점을 이루게 될 것이다(시나리오 4).

이상은 양 체제 간 조응성의 실증적 증감에 따른 균형의 유지·붕괴에 초점을 맞춘 논의이다. 하지만 약간 다른 관점에서 양 체제의 상호관계를 바라볼 수도 있다. 예컨대 규범적·처방적인 관점에서 본다면 어떤 시점에 한 체제의 특정한 변화를 의도 혹은 지향할 경우 다른 체제의 어떤 (필요조건적인) 변화가 있어야만 원하는 변화를 불러일으킬 수 있을 것인가라는 질문을 제기할 수 있다. 이는 한 체제의 변화가 불러일으키는 파급·확산 효과에 관한 질문이기도 하다. 이런 규범적·처방적 관점에서 우리가 특별히 관심을 가져야 할 시나리오는 2와 4로 보인다. 시나리오 2와 시나리오 4에서처럼 경제체제 내의 변화로 인해 정치체제에 상당한 영향을 줄 수 있다면 경제 영역에서 시행되는 소폭의 개혁 혹은 단행되는 대폭의 변혁이 지렛대로 작용하여 정치 영역에서도 상당한 변화를 일으킬 공산이 크기 때문이다. 즉, 이는 경제 영역에서 발생하는 한계 변화marginal change의 효과성efficacy 혹은 승수효과multiplier effect가 상대적으로 큰 경우라고 말할 수 있다.

2. 민주주의와 자본주의: 일반론적 검토

민주주의와 자본주의 간의 관계에 관해 지금까지 진행된 논의는 대체로 구미 여러 나라들의 역사적 경험에 기초한 것이다. 하지만 그러한 경험이 구미의 특정한 나라들에만 국한된 것은 아니다. 다른 지역의 나라들도 유사한 역사적 경로를 밟은 경우가 많기 때문이다. 따라서 그러한 경험에서 드러난 민주주의와 자본주의의 관계를 '일반론적 검토'라는 표제하에 몇 가지로 구분해 살펴보기로 하자.

1) 고전적 논의

우선 정치경제학의 고전적인 논의에서는 '자본주의 발전의 결과로 등장한 민주주의'라는 명제가 지배적인 위치를 점하고 있다. 즉, 민주주의는 자본주의라는 경제체제의 등장과 발전이라는 역사적 사건에 대응하여, 그리고 그에 시간적으로 후행하여 등장, 발전한 정치체제라는 것이다. 자본주의 이전의 경제체제에는 봉건적이고 전근대적인 정치체제가 대응하고 있었다. 하지만 자본주의적 발전의 결과 자산계급, 즉 부르주아 계급의 위상이 제고되면서 이들 신흥 자산계급은 왕과 귀족 등 기존의 지배계급에 도전하였고, 정치권을 주장하여 마침내 획득하게 되었다. 이는 결국 과거 군주제의 심대한 변화를 가져왔고 민주주의는 그러한 반反왕정, 반反귀족정의 대표적인 정치체제로 등장하여 발전하게 되었다. 이는 민주주의라는 근·현대 정치체제가 부르주아 계급이 주도한 자본주의 발전이라는 특정한 역사적 배경 속에서 등장한 것이라는 의미와 함께 그것이 자본주의 경제체제에 최적화되어 맞추어진 정치체제라는 것을 의미한다. 경제체제의 역사적인 변화가 계급관계의 변화를 통해 새로운 정치체제의 등장을 유발했고, 그렇게 새로이 등장한 정치체제가 민주주의였다. 다시 말해 민주주의라는 정치체제는 자본주의라는 경제체제에 단순히 대응하거나 시간적으로 후행한 것이 아니고 자본주의로 인해 인과적으로 초래되었다. 구체적으로는 자본주의의 발전이 계급구조의 변동을 초래했고, 변화한 계급구조는 새로운 정치체제를 요구하게 되었던 것이다(Moore 1966; Rueschemeyer et al. 1992). 한마디로 민주주의 정치체제는 자본주의 경제체제의 인과적 귀결이었다. 이를 도식적으로 표현하면 아래와 같다.

$$ES0 \cong PS0$$
$$ES0 \rightarrow ES1$$
$$ES1 \ncong PS0$$
$$PS0 \rightarrow PS1$$
$$ES1 \cong PS1$$

자본주의 이전의 경제체제(ES0)와 자본주의 이전의 정치체제(PS0) 간에 일정한 조응성이 확보되어 균형이 유지되다가, 자본주의의 발전으로 변화한 경제체제(ES1)와 기존의 정치체제(PS0) 간에 부조응 현상이 발생하고 이는 결국 정치체제의 변화로까지 이어져 새로운 양 체제 간의 새로운 조응성, 즉 새로운 균형이 달성된 것이다.

2) 현대적 논의

자본주의의 발전이 민주주의의 출현으로 귀결되었다는 점, 좀 더 구체적으로 자본주의적 경제발전의 인과적 결과가 정치적 민주주의의 등장이었다는 테제는 단지 역사학적인 관심사만은 아니다. 민주주의와 자본주의 간의 관계에 관한 비교적 현대적인 논의는 1950년대 말 이래 구미 정치학계와 사회학계에서 뜨거운 논쟁을 불러일으킨, 시모어 마틴 립셋Seymour Martin Lipset 등이 주창한 근대화 이론modernization theory이다(Lipset 1959; Lipset 1960: 특히 Chapter 2). 근대화 이론이 제시하는 핵심적인 명제는 "더 잘 사는 나라일수록 민주주의를 지속할 가능성이 커진다는 것The more well-to-do a nation, the greater the chances that it will sustain democracy"이다(Lipset 1959: 75). 다시 말해 근대화 이론은 (주로 자본주의적) 경제발전이 민주주의 정치체제의 내구성 있는durable 지속과 상당한 상관관계를 가진다는 점을 조명했고, 이는 다양한 후속 정량적, 정성적 연구를 통해 구체적으로 논증되었다(Diamond 1992). 이러한 논의를 통해 경제발전은 민주주의의 지속에 대해 일종의 인과적 선결조건prerequisite으로서의 지위를 획득하기에 이르렀다.

여러 정량적, 정성적 연구를 통해 실증적으로 확인된 근대화 이론은 이후 민주화의 '기회의 창' 이론으로도 발전했다. 민주화의 '기회의 창' 가설에 따르면 민주주의로의 이행 가능성이 극대화되는 특정한 범위range의 경제발전 수준(예: 1인당 국민소득)이 존재하는데, 그것을 민주화의 기회의 창이라고 부를 수 있다는 것이다. 한 나라가 일정 수준 이상의 경제발전을 이루게 되면 민주주의가 등장, 안착, 발전할 확률이 그만큼 높아진다는 주장인 셈이다. 1980년대에 들어서서 새뮤얼 헌팅턴Samuel P. Huntington 등 정치학자들은 일정 수준 이상의 경제발전이 민주주의라는 정치체제로의 이행 가능성을 높인다는 가설을 비롯하여 민주화의 사회경제적 '선결조건'을 강조하는 일단의 이론들이 지나치게 '경제결정론적' 입장을 취함으로써 행위자들의 행위능력agency와 선택을 경시한다는 비판을 제기하기도 했다(Huntington 1984).

앞에서 살펴본 바 있는 자본주의-민주주의 간 상관관계에 관한 '고전적' 혹은 '역사적' 논의의 핵심은 자본주의적 경제발전을 통해 계급 간 상대적인 힘의 배분, 즉 계급관계에 변화가 초래되고, 그러한 변화가 신흥 자산계급이 좀 더 효과적으로 자신의 이해를 관철할 수 있는 새로운 정치체제의 등장을 요구하게 되어 그것이 민주주의의 등장과 발전에까지 인과적으로 연결된다는 것이었다. 한편, 근대화 이론으로 대표되는 자본주의−민주주의 간 상관관계에 관한 '현대적' 논의에서는 시대의 변화에도 불구하고 자본주의적 경제발전이 민주주의의 등장, 발전, 지속을 인과적으로 초래한다는 것은 비교적 명백한데, 과연 그 인과성의 구체적인 구성요소들이 무엇이냐는 것을 재차 질문하게 된다. 즉, 경제발전과 민주주의 간에 존재하는, 실증적으로 확인된 꽤 분명한 상관관계correlation에 내포된 '인과성causality'의 구체적인 내용과 작동 기제가 무엇이냐이다. 이와 관련하여 다양한 학자들은 교육수준의 향상, 정치문화의 변화, 중산층의 성장, 시민사회의 활성화, 사회운동의 발흥 등을 매개변수로 전개되는 정치권 요구 목적의 집단행동이 민주주의로의 이행과 신생 민주주의의 유지를 촉진한다는 견해를 제시해 왔다(Diamond 1992). 다시 말해 자본주의적 경제발전은 그것이 유일한 독립변수로서 민주주의의 등장과 발전을 획일적, 직접적으로 초래한다기보다는 각 사례(나라)의 구체적인 맥락에 독특하게 존재하는 매개변수들을 통해 민주주의의 등장을 상황적, 간접적으로 촉진한다는 잠정적인 결론이 도출된 것이다. 그리고 이와 같은 결론을 통해 자본주의적 경제발전이 민주주의의 등장과 발전에 미치는 인과적인 경로 혹은 기제가 교육, 문화, 계급, 정치, 운동 등 좀 더 다양한 차원과 다수의 분야에서 조명되는 성과가 이루어졌다.

하지만 정치학을 포함한 사회과학 분야에서 도출, 정립된 많은 결론이 그렇듯이 자본주의적 경제체제와 민주주의적 정치체제 간의 상관관계 혹은 인과관계 또한 절대적인 법칙으로서의 지위를 누리지는 못한다. 모든 자본주의적 경제발전이 언제나 민주주의적 정치 발전을 초래하는 것이 아니고 현실적인 예외가 존재하기 때문이다. 이는 다시 말해 자본주의와 민주주의의 대응 관계가 쌍방향 유일한biunique 것은 아니라는 의미이다. 자본주의라는 경제체제는 민주주의 외에 다른 정치체제와도 대응한다. 예컨대 한국에서 1970~1980년대 자본주의적 경제발전은 권위주의 정치체제와 상당 기간 공존했다. 자본주의적 경제발전이 민주화를 초래한 것이 아니라 오히려 자본주의적 경제발전을 위해 권위주의적 정치체제의 필요성이 강변되고 자본주의적 경제발전의 성과는 권위주의적 정치체제의 당위성을 보강하기도 했다. 유사한 현상이 라틴아메리카에서도 발생하여 1970년대 초에는 근대화 이론을 정면으로 반박하는 관료적 권위주의Bureaucratic Authoritarianism 이론이 등장하여 주목받기도 했다. 기예르모 오도넬Guillermo O'Donnell 등이 주도했던 관료적 권위주의 이론에 따르면 아르헨티나 등 라틴아메리카 국가들에서 자본주의적 경제발전, 고도의 산업화는 근대화 이론에서 상정하고 있는 '경제발전 → 민주주의'의 인과관계보다는 오히려 '경제발전 → 관료적 권위주의 체제의 등장과 강화'라는 인과관계로 귀결된다는 것이다. 그러므로 관료적 권위주의의 주창자들은 근대화 이론이 입증한 바 있는 '경제발전 → 민주주의' 테제를 '낙관주의적 등식optimistic equation'이라고 비판하였다(O' Donnell 1979).

그러나 한국과 라틴아메리카의 대다수 국가들의 경우 1980년대 들어서서 결국 정치적 민주화로의 길을 걸었기 때문에 장기적인 관점에서 본다면 근대화 이론이 실증되었다고 할 수 있다. 비단 동아시아와 라틴아메리카뿐 아니라 전 지구적으로도 대대적인 민주화의 물결이 일었다(Huntington 1991). 이러한 역사적 경험을 회고해 본다면, 한국과 라틴아메리카의 많은 국가들의 경우 자본주의 경제체제와 권위주의 정치체제 간의 단기적 병존은 안정적이고 내구적인 조응 혹은 균형이었다기보다는 불안정한 부조응 혹은 불균형이었고, 장기적으로는 결국 자본주의-민주주의 간 조응과 균형이 귀결되고 말았다는 결론을 잠정적으로 내려 볼 수 있겠다.

3) 자본주의와 권위주의

하지만 이러한 '단기 부조응/불균형, 장기 조응/균형'의 논리 또한 일부 예외적인 사례에는 적용하기 힘들다. 싱가포르가 그 대표적인 예이다. 싱가포르에서 자본주의적 경제발전과 번영은 정치적 권위주의와 상당 기간 병존해 왔고 지금도 건재하고 있는 듯이 보인다. 물론 한국 사례의 경우에도 권위주의의 기간이 거의 30여 년에 이르기 때문에 싱가포르 건국(1965년) 이래 현재까지의 50여 년 정도의 기간을 '장기'로 단정하기는 다소 애매하다. '장기'로 볼 것인지 아니면 '단기'로 볼 것인지 불명확하다. 장차 싱가포르도 근대화 이론이 입증한 경제체제-정치체제 '장기 조응/균형'의 길로 전환할 가능성이 아직 남아 있기 때문이다.

이론적으로 싱가포르보다 훨씬 더 도전적인 사례는 중국이다. 역사적으로 사적 소유권과 시장의 작동을 중심으로 경제 문제를 해결하는 '시장경제'와 사적 소유권을 인정하지 않고 계획의 시행을 중심으로 경제 문제를 해결하는 '계획경제'의 실존적인 경쟁과 대립이 엄존했던 냉전 시기에 사회주의 경제체제를 가진 국가들은 애초에 '근대화 이론'의 적용에서 논외論外였다. 왜냐하면 근대화 이론은 자본주의 경제체제의 존재를 전제하고 그러한 경제체제 자체가 혹은 그러한 경제체제의 산물인 경제발전 혹은 성장이 특정한 정치체제, 즉 민주주의의 발전과 지속을 인과적으로 초래한다는 가설의 검증에 관한 이론이기 때문에 비자본주의인 '사회주의'가 끼어들 여지는 없었다. 민주주의의 유무와 시장의 유무에 따라 경제성장과 사회지표의 개선 혹은 개악을 분류한 바그와티의 논의(Bhagwati 1997)를 2×2 표로 정리한 이정우에게는 민주주의도 시장도 없는 '사회주의'의 칸$_{cell}$은 경제성장도 제 사회지표의 개선도 일어날 수 없는, 따라서 실질적으로 무의미하고 무가치한 범주에 불과하다(이정우 2009: 21). 결과적으로 개혁개방 이전의 중국 또한 근대화 이론의 반례로 보기는 힘들다. 하지만 1980년대 말 이래 탈냉전 시기의 도래는 자본주의와 사회주의의 전 세계적 차원의 체제적$_{systemic}$ 경쟁과 대립을 그 내용으로 했던 '경제체제의 다양성$_{varieties\ of\ economic\ system}$' 또한 종언을 고하게 했다. 현존 사회주의 체제의 붕괴와 함께 개막한 탈냉전 시대에 경제체제는 자본주의로 일원적으로 수렴하였다. 종전 '사회주의'를 자처하던 국가들도 속속 자본주의체제를 채택하고 시장경제를 운용하였다. 이는 종국에 프랜시스 후쿠야마$_{Francis\ Fukuyama}$의 '역사의 종언' 선포(Fukuyama 1992)와 시장경제−자유민주주의 체제쌍의 전 세계적 승리의 도취$_{triumphalism}$로도 이어졌다.

탈냉전 시대와 함께 경제체제가 자본주의로 일원화되었다. 따라서 이제 중국도 자본주의와 민주주의 간의 조응성 혹은 인과성에 관한 논의의 일부로 편입될 수밖에 없다. 하지만 중국은 기존의 고전적, 현대적 논의를 반박하는 반례인 것으로 보인다. 왜냐하면 중국의 경우에는 자본주의적 경제발전이 적어도 우리가 알고 있는 민주주의로의 이행과 인과적으로 연결된 것으로 보이지 않기 때문이다. 자본주의적 경제발전이 민주화를 초래하기는커녕 자본주의적 경제발전에도 불구하고 권위주의는 더욱 강력해지고 앞으로도 상당 기간 안정적으로 유지될 것으로 보인다. 물론 중국의 경우 개혁·개방이 개시된 것이 1970년대 말이라고 본다면 자본주의−권위주의의 동거 기간이 40여 년에 불과하고 이는 한국보다는 길지만 싱가포르보다는 아직 짧다. 만약 이 기간을 짧다고 본다면 '장기간'에 걸친 근대화 이론의 관철 여부는 아직 실증이 끝나지 않은 셈이다.

중국과 같이 국제정치경제에 큰 영향력을 가진 국가가 현재 자본주의-민주주의 간 양의 상관관계와 긍정적 인과관계에 명백한 반례로 건재한다는 사실은 근대화 이론과 비교민주화론의 관점에서는 꽤 불편한 일이고 기존 이론의 타당성에 대해 심대한 도전인 것도 부인하기 힘들다. 하지만 중국 사례가 근본적이고 항구적인 반례인지는 속단하기 섣부르다. 고전적 명제이든 현대적 명제이든 자본주의-민주주의 조응론에서 상정하고 있는 체제 간 조응의 달성 기간이 얼마나 긴지가 불명확하기 때문이다. 역사의 아주 긴 관점에서 본다면 싱가포르도, 중국도 장래 언젠가는 경제체제-정치체제 조응, 즉 자본주의-민주주의 조응의 대열에 동참하게 될지 알 수 없는 일이다.

앞에서 경제체제와 정치체제의 상관성, 상호규정성, 조응성과 관련하여 분석적 차원과 규범적·처방적 차원을 구별한 바 있다. 중국에서의 자본주의와 권위주의 병존이 현실 분석적으로는 상당한 불편과 도전을 제기하는 것이 사실이다. 그러나 규범적·처방적 차원에서 본다면 중국이 제기하는 문제는 생각보다 크지 않아 보인다. 즉 정치체제 면에서의 바람직한 바desideratum를 사전에 상정하고, 그러한 바람직한 바를 유도하기 위해 경제체제 면에서 어떠한 변화가 이루어져야 하는가, 그리고 그러한 변화를 어떻게 만들어낼 수 있는가라는 관점에서 본다면 문제는 좀 더 간단해진다. 왜냐하면 전 세계 많은 나라들에서 '권위주의'를 모델로 삼는 국가들은 거의 없으며 대놓고 '민주주의'를 기각하는 나라들도 거의 없기 때문이다. 전 세계 대부분의 나라에서 정치적으로 볼 때 '민주주의'는 규범적 이상이자 기준으로 작동하고 있다. 중국조차도 자국이 공공연히 '권위주의'라고 불리

는 것을 선호하지 않으며 '망가진' 구미식 '자유민주주의'와 대비되면
서 그것보다 나은 '중국식 민주주의' 모델로 불리기를 바라고 있다.
'중국식 민주주의' 모델이 기대고 있는 논리는 다음과 같다. 첫째, 정
치제도는 선거와 같은 '투입'보다는 국가안보, 경제성장, 정치발전 등
국가의 제 목적을 얼마나 효과적으로 달성해 내느냐, 즉 '산출'로 평
가받아야 한다. 둘째, '투입'의 질을 평가하는 기준도 자유민주주의
국가들에서 강조하는 대표성representativeness보다는 유능하고 탁월한 인
재들을 발굴, 등용할 수 있는 제도적 역량으로 평가받아야 한다. 셋
째, 인재의 발굴, 등용을 위해 '투표'는 적절치 않으며 중국식의 당
내 경쟁, 지방정부 봉직 경력 등이 더 효과적인 지표이다. 한마디로
'중국식 민주주의'의 근간은 엄격한 공적주의meritocracy에 입각한 인재
의 발굴, 양성, 충원, 그리고 그렇게 구성된 국가엘리트가 지속적으
로 산출해내는 고품질의 정책 성과라는 것이다. 이것을 축약하는 정
치체제인 '중국식 공적주의' 혹은 '공적功績 민주주의meritocratic democracy'는
구미식 대의민주주의보다 우월하다는 주장이다(Bell 2006; Bell 2015).

　이렇게 중국도 스스로의 정치체제를 '민주주의'로 포장 또는 표방
하고 있는 현시대에 공공연히 '권위주의'를 지향하거나 자처하는 국
가는 찾아보기 힘들고 대다수 국가가 모종의 '민주주의'를 지향하는
것으로 보인다. 그러므로 중국의 현실이 표상하는 '자본주의와 권위
주의의 안정적 동거' 모델이 제공하는 규범적·처방적 함의는 그리 위
협적일 수 없다. 다시 말해 어떤 이유로든 '권위주의로의 전환과 권위
주의의 안정적 유지'를 위해 중국 모델이 주는 '함의'를 공공연히 참
고하고 연구하고 모방하는 나라들은 그리 많지 않으리라고 추정된
다. 설사 그런 나라들이 있다고 해도 그 함의의 내용이라는 것은 사
실상 별반 심오한 것이 아니다. 중국이 자본주의와 권위주의의 병존

을 지속시키는 방법은 경제와 정치의 철저한 분리와 절연_絕緣이 그 본질이기 때문이다. 경제의 영역과 정치의 영역을 철저히 분리하고 자본주의적 경제발전이 교육, 문화, 계급, 정치, 운동 등의 다양한 매개변수를 통해 정치에 미치는 여러 파급효과와 영향들을 사전에 차단하고 예방하는 것이 바로 병존의 '비결'이다. 한편으로는 자본주의적 경제발전이 여러 매개변수로 이어지는 것을 막고, 다른 한편으로는 다양한 매개변수들의 효과가 정치적 다원주의/다원화, 정치적 민주주의/민주화로 이어지는 것을 막는 두 갈래 전략을 구사함으로써 근대화 이론의 대표적인 반증 사례로서의 지위를 고수하고 있는 것이다. 중국이 다양한 매개변수들이 가지는 일종의 '전후방 효과'를 차단하고 방지하는 핵심 수단은 물론 (적어도 지금까지는) 완벽에 가까운 언론 검열과 여론 통제, 시민 상호 감시와 특이 동향 고발이다. 철저한 검열, 통제, 감시, 고발은 구미식 민주주의의 한계와 단점, '중국식 민주주의'의 우월과 장점, 중국식 정경분리 체제의 정당성에 대한 거국적 합의와 불문_不問을 지탱하는 버팀목으로 작용하고 있다. 그러나 세계 어느 나라도 중국식 권위주의로의 이행을 진지하게 지향하기 힘들고, 설사 그럴 의향이 있다고 해도 중국식의 효과적인 체제간 절연을 실현해 내기에는 역부족이기 때문에 중국 모델이 모방 가능한 효과적인 '모델'로 작용하기는 힘들다. 여러 차례의 헌정위기를 슬기롭게 해결하고 극복한, 그리고 세계에서 대표적인 공고화된 민주주의_consolidated democracy 중 하나인 우리나라에서 장래 민주주의 체제가 붕괴되고 '중국식 민주주의'로의 변이 혹은 퇴행이 이루어질까 걱정하는 것은 기우에 불과해 보인다.

이상의 논의에서 경제체제와 정치체제가 서로 밀접하게 관련되어 있고, 경제체제의 양적, 질적 변화가 그간 오랫동안 연구되었으나 아직 완벽하게 규명되지는 못한 다양한 중간 매개과정을 통해 인과적으로 정치체제의 변화를 초래한다는 사실을 살펴보았다. 더 구체적으로는 자본주의의 발전과 성장이 민주주의로의 이행과 신생 민주주의의 지속과 밀접한 양의 상관관계를 가지고 있음을 살펴보았다. 중국과 같이 자본주의적 발전이 민주주의의 출현과 지속에 긍정적인 영향을 미치지 못하고 오히려 정치적 권위주의와 공존·병존하고 있는 사례들은 주로 경제체제의 인과적 영향이 정치체제에 미치지 못하도록 차단하거나 통제하고 있는데, 그러한 사례들이 경험적으로 실재한다는 것은 부인할 수 없으나 규범적·처방적으로는 별다른 잠재력을 가지지 못한다는 것을 지적했다. 즉 이른바 '중국 모델'은 자본주의와 민주주의 간의 상보성 혹은 조응성에 대한 고전적 혹은 현대적 명제에 대해 전일적holistic인 반례counter-example나 대안alternative이라고 보기는 힘들고 일국─國 차원의 정경분리 거버넌스 전략에 힘입은 단기적인 이상 현상으로 보아야 한다. 그리고 그러한 기형적·병리적 모델이 세계 많은 국가들에게 매력적인 대안이 되어 확산·전파될 가능성은 적어도 당장 혹은 단기적으로는 꽤 희박해 보인다. 나아가 권위주의의 강화를 위해 검열, 통제, 감시, 고발을 강화하고 있는 최근 중국의 여러 가지 제도적, 정책적, 정세적 변화를 보면 장기적으로도 중국이 대안적 모델로 부상할 가능성은 낮아 보인다(Stephens 2022).

4) 불평등과 민주주의

이제 좀 다른 문제로 논의를 전환해 보기로 하자. 지금까지는 경제체제와 정치체제의 밀접한 상호의존성과 인과적 상호연관성을 고려하면서 경제체제의 긍정적인 변화, 즉 주로 경제발전이 정치체제의 긍정적인 변화, 즉 민주주의로의 이행과 민주주의 체제의 지속에 인과적 영향을 미치는 것에 초점을 맞추었다. 하지만 이와는 달리 경제체제의 부정적인 변화 또한 정치체제의 부정적인 변화에 인과적인 영향을 미칠 수 있다. 예를 들면 반복되는 경기 순환은 정치과정에 상당한 영향을 미치고 때로 정치적 행위자들을 혼란에 빠뜨리거나 그들의 선택을 왜곡·굴절시키기도 한다.

하지만 경기 순환보다 훨씬 더 중요한 문제는 불평등이다. 경제체제 내에서 발생하는 문제, 특히 그중에서도 사회경제적 불평등은 정치체제에 심대한 영향을 미친다는 것이 전문가들의 평가이다. 무엇보다도 사회경제적 불평등은 그러한 불평등을 체감하는 계층 혹은 계급이 사회체제 전체에 대한 불만을 바탕으로 과격하고 근본주의적인 활동에 참여하기 쉽게, 나아가 그러한 극단주의적 활동을 스스로 조직하고 주도하게 만들 수 있다. 불평등의 심화는 사회가 불공정하다는 인식, 민주주의 사회의 기본 원칙인 '기회의 평등'이 허구라는 인식을 확산시킨다. 이러한 인식이 커지고, 나아가 구체적인 활동으로 집단화되면 사회불안의 요소가 될 수 있고, 사회체제의 급격한 변화도 초래할 수 있다. 다수 빈자들의 표를 결집하기 위해 포퓰리스트가 등장할 수도 있고, 소수의 부자들은 부자대로 자신들의 기득권을 보호해 줄 인물을 선출하게 된다. 빈부 간 격차, 불신, 대립은 증가하고 그 결과 민주주의는 불안정해지기 쉽다. 따라서 사회경제적 불평등은 자본주의와 민주주의의 상호관련성, 상호규정성, 상호조응성에 균열을 내는 핵심 요인이다. 요컨대 "심각한 수준의 불평등은 자본주의와 민주주의를 이별시킨다"(김병연 2023: 48).

따라서 이러한 혁명적인 분위기의 고조를 미연에 방지하는 변화와 개혁이 체제의 유지와 보존을 위해 절대적으로 필요하다. 그런데 경제체제 내의 주체들에 의해 그 같은 변화와 개혁이 이루어지기는 힘들고 결국 그 계기는 정치체제 내의 주체들에 의해 제공될 가능성이 크다. 이것이 정치학, 특히 비교정치학에서 다양한 '민주주의의 위기' 논의가 진행된 이유이다. 민주주의의 위기는 근본적으로 자본주의의 문제, 즉 사회경제적 불평등에서 비롯되기 때문에 자본주의의 문제를 잘 관리하고 나아가 적절히 해결하지 않고서는 극복될 수 없다. 그리고 그 해법으로는 자본주의의 '민주화'가 제시된다. 자본주의의 '민주화' 논의에서는 민주주의의 논리를 자본주의의 영역에 적용하여 자본주의를 이루는 다양한 주체들 간의 불평등을 감소시키고 주체들 간의 정의로운 공존과 상생을 지향하는 문제의식이 주로 드러난다. 그리고 이와 같은 논의는 결국 '경제민주주의', '경제민주화' 논의와 맞닿는다. 민주주의론에서 사회경제적 불평등의 완화와 해결을 위해 경제민주주의, 경제민주화를 지향하는 민주주의는 절차적 민주주의procedural democracy와 구별되어 '실질적' 민주주의substantive democracy라고 불린다. 또 실질적 민주주의를 구현하는 과정은 한 정체political regime의 민주주의로의 여정에서 초기 단계인 자유화liberalization, 민주화democratization에 이어 민주주의의 '사회화socialization'라고 일컬어지기도 한다(O'Donnell and Schmitter 1986).[2] 때로 그것은 민주주의의 '심화deepening'로 불리기도 한다. 한국 민주주의의 현 단계 또한 민주주의의 심화와 관련하여 논의와 평가가 이루어지고 있다(손병권 외 2010). 이 모든 논의의 핵심은 자본주의가 배태하는 사회경제적 불평등이 일정 정도를 넘어설 경우 이는 단순히 경제 영역의 문제일 뿐 아니라 경제 영역을 넘어 정치의 영역까지 일출溢出하여 정치체제의 심각한

---

2 여기서 '사회화'는 사회학에서의 '사회화'와는 전혀 다른 의미로 쓰이는 용어이다. 사회학에서는 일반적으로 사회의 지배적인 규범이나 가치가 개인 안에서 내면화internalization 되는 과정을 '사회화'라고 칭한다.

위기로까지 이어질 수 있기 때문에 반드시 해결이 필요하다는 것이다. 그리고 해결의 중요한 준칙은 '민주주의'이다.

민주주의를 정치 영역을 넘어서서 경제 영역에까지 적용되는 것으로 이해하고 넓게 정의하려는 관점은 민주주의를 보통선거권의 부여, 주기적인 선거, 다당 간 경쟁을 통한 정부의 구성 등으로 좁게 이해해 온 민주주의의 최소주의적minimalist, 절차주의적proceduralist 정의와는 거리가 있다. 광의의 민주주의는 민주주의를 구성하는 '최소의' 요건들에 초점을 맞추기보다 민주주의를 가능케 해주는 사회적 기반social foundations에 주목한다. 왜냐하면 민주주의는 정치체제이기 이전에 사회의 상태를 의미하기 때문이다(임혜란 2018: 351).

5) 점진주의적 접근

사회경제적 불평등과 같은 자본주의의 문제점들이 민주주의를 심각하게 위협하는 상황을 타개하는 것과 관련하여 크게 두 가지 접근법이 존재한다. 하나는 점진주의적인 접근법이고 다른 하나는 급진주의적인 접근법이다. 양자는 무엇을 개선할 것인가(문제의 본질), 무엇을 '먼저' 개선할 것인가(우선순위), 어떻게 개선할 것인가(방법론), 누가 개선할 것인가(주체), 예상되는 결과는 무엇인가(기대효과) 등에서 상당한 차이를 보인다.

우선 점진주의적 접근법은 이미 언급한 '실질적 민주주의' 혹은 '사회화된 민주주의'라는 관점에 따라 민주주의 원칙으로 통제되는 민주국가를 자본주의의 문제 혹은 폐해를 교정하고 개선하는 주체로 강조한다. 민주주의 국가는 자본주의의 부정적 변화가 민주주의에 미칠 부정적 영향을 미연에 방지하고 또 그에 대비하기 위해 대응적·반응적 전략 혹은 해결책을 고안한다. 민주 국가는 자본주의의 작고 큰 문제들을 통제, 해결하기 위해 나서게 된다. 이러한 관점은 일종의 '민주주의 주도론' 혹은 '민주주의 우위론'의 입장이기도 하다. 그리고 이러한 민주 국가 주도의 자본주의 '관리'는 궁극적으로 자본주의의 보존과 존속을 지향하고, 반反자본주의적 조류와 운동을 약화(혹은 체제 내로 흡수)하는 것을 주요한 목표로 삼기 때문에 자본주의를 근본적으로 혁파하려는 것이라기보다는 자본주의의 한계와 단점을 수정하여 그것이 더 잘 운영되고 민주주의에 부정적이고 파괴적인 영향을 미치지 않도록 하는 데에 그 근본 의도가 있다고 볼 수 있다. 이런 면에서 민주주의 국가가 주도하는 자본주의 관리 프로젝트는 기본적으로 수정주의적이고 현상유지적(혹은 '보수적')이다.

이렇게 민주 국가가 불평등이 민주주의에 미치는 부정적 여파를 차단하고자 예방적 차원에서 행하는 개혁, 즉 민주주의적 자본주의 개혁의 제도적 귀결은 우리가 통상적으로 '사회민주주의social democracy' 또는 사민주의라고 부르는 사회체제이다. 사회민주주의는 자본주의적 발전과정에서 필연적으로 증대되는 사회경제적 불평등을 다양한 제도적 장치를 통해 저감하고, 예방하고, 방지하여 폭발적 '혁명'의 가능성을 차단하고 다소 수정된 경제체제와 다소 수정된 정치체제 간에 새로운 균형을 달성하여 자본주의와 민주주의 양 체제 모두의 존속을 꾀하게 된다. 폴 콜리어Paul Collier는 자본주의의 현재를 진단하고 미래를 처방하는 저작에서 본인의 세대가 1945~1970년 동안에 "공동체 지향의 사회민주주의를 끌고 갈 엔진으로서 장착된 자본주의가 승승장구하는 성취를 경험했다"라고 회고하면서(콜리어 2020: 34), 협동조합 운동에서 비롯된 사민주의가 자본주의를 "무찔러야 할 적이 아니라 관리해야 할 대상"으로 보고 시대의 시급한 불안에 "촘촘한 호혜적 의무의 관계망을 구축"하고 "연대와 결속"의 이야기narrative에 의지하여 대처했다고 평가하고 있다(콜리어 2020: 337-338).

불평등이 민주주의에 미치는 부정적 영향을 예방, 차단하고자 이렇게 일정하게 '수정된' 경제체제는 자본주의의 다양성 Varieties of Capitalism 논의에서(Hall and Soskice 2001) '조정시장경제coordinated market economy'라고 불리는 경제체제이기도 하다. 관련하여, 조정시장경제와 특정한 민주주의의 하위 형태(예컨대 다수제 민주주의majoritarian democracy와 대비되는 합의제 민주주의consensus democracy) 간의 친화성 또는 상보성을 조명하는 논의도 많다(최태욱 2013). 이는 경제체제와 정치체제 간의 상호작용과 관련하여 상당히 흥미로운 순환 관계를 드러낸다. 최초 자본주의의 문제를 해결하기 위해 민주주의 국가가 주도하여 자본주의에 일정한 수정을 가하고, 이는 자본주의의 문제를 완화하여 민주주의에 대한 위협의 정도를 약화하는 동시에 민주주의 자체에 대해서도 일정한 변경(합의제의 발전)을 유발함으로써 민주주의의 일정한 수정으로 연결되기 때문이다. 이러한 일련의 상호작용의 결과 달성되는 새로운 사회민주주의적 경제체제-정치체제 균형은 조정시장경제와 합의제 민주주의 간 균형이다. 이 새로운 균형은 어디까지나 '수정된' 자본주의와 '수정된' 민주주의 간 균형이기 때문에 이 같은 균형점 이동이 '혁명적'이라고 보기는 힘들다. 즉 다른 종genre의 경제체제와 다른 종의 정치체제로 각각 이전했다고 말하기 힘들다. 후술하게 될 좀더 근본적인 체제 개혁이 지향하는 바와 달리 이 첫 번째 시나리오에서 상정되는 균형점 이동은 점진적인 '수정'과 부분적인 '수선'을 통한 변화라고 볼 수 있다.

위에서 소개한 실질적 민주주의(혹은 '사회화'된 민주주의)와 사민주의에서 공통적으로 강조되는 것은 자본주의가 초래한 불평등을 통제하기 위한 중립적이고 공정한 심판umpire으로서의 국가의 역할이다.

또한 그러한 자본주의 관리 역할을 효과적으로 수행하기 위해 적절한 정치연합을 형성하고 개혁을 설계, 추동하는 것이 대단히 중요해진다. 민주주의의 원리를 경제체제에 적용해 경제체제의 상당한 수정을 가하고 이를 통해 체제묶음 내 국지적 위기를 극복하여 새로운 균형점을 이루는 과정을 도식화해 보면 아래와 같다.

$$ES1 \cong PS1$$
$$PS1 \downarrow$$
$$\Delta ES1 \rightarrow \Delta PS1\ (\Delta PS1)$$
$$ES1' \cong PS1'\ (ES1 \cong PS1')$$

즉, 최초 체제쌍 균형에서 출발하여 시간이 경과하면서 정치체제 내에서 문제가 발생하고 민주주의의 질이 저하된다. 그런데 그러한 정치 영역의 문제는 근본적으로 정치체제-경제체제의 상호연관성, 상호규정성을 고려할 때 경제체제 내의 다양한 사회경제적 불평등에 기인한 것으로 분석된다. 따라서 경제체제의 일정한 변화를 추구하게 되고 이는 정치체제에도 영향을 미쳐 민주주의 위기를 극복할 수 있도록 만든다. 다시 말해 근본적으로 경제체제 내에서 문제가 발원하여 정치체제의 질이 저하되면 정치체제 행위자들의 주도로 경제체제의 수정이 이루어지고 이러한 경제체제의 수정은 정치체제의 수정을 촉발한다.

한편, 자본주의의 문제를 해결하는 데에 민주주의의 원리를 적용하자는 논리와 정반대로 민주주의의 문제를 해결하는 데에 시장의 원리를 적용하자는 논리도 존재한다. 정치 영역의 불투명성, 비효율, 부패, 무책임 등의 문제를 해결하기 위해 시장의 원리를 공공

부문에 도입, 적용하자는 취지의 신자유주의적 신공공관리New Public Management로부터 근대 민주주의의 핵심 기제인 일인일표제 선거제도의 문제점을 극복하기 위해 '2차투표제quadratic voting'를 도입하여 근본적으로 변혁된 민주주의radical democracy를 시도하자는 주장에(Posner and Weyl 2018) 이르기까지 다양한 정치개혁 논리, 민주주의 개혁 논리가 시장의 원리에 착근하고 있다.

이러한 논리들은 위에서 언급한 민주주의 주도론 혹은 민주주의 우위론과 대비하여 '자본주의 주도론' 혹은 '자본주의 우위론'이라고 부를 수 있을 것이다. 통상적으로 이러한 논의에서는 민주주의를 위협하고 훼손하는 자본주의의 변질을 경시하는 경향이 있다. 자본주의의 변질은 간과하고 민주주의의 개혁 필요성만을 강조하면서 기존의 민주주의를 '효율적' 민주주의로 '발전'시켜야 한다는 주장이다. 또 민주주의 주도론 혹은 민주주의 우위론이 자본주의의 일부 문제를 해결하기 위해 민주주의 원리를 적용해야 한다고 주장하는 것과는 달리 자본주의 주도론 혹은 자본주의 우위론에서는 시장이 가지는 장점들virtues을 정치의 영역에까지 확장하여 전일적으로holistically 적용해야 한다고 보는 경향이 강하다. 이런 면에서 이는 경제와 정치의 영역을 하나의 원리가 작동하는 장으로 만들려는 일체화unification 지향적인 시각이라고도 볼 수 있다.

이와 같이 정치체제의 문제를 시장의 원리로 풀어보려는 시도는 위 도식에서 괄호 안에 추가로 표시한 것과 같이 ΔES1은 부재한 상태로 ΔPS1만 있게 되는데 그 경우, 최종 균형의 모양(즉 체제쌍의 종류)만 달라진다. 즉 괄호 안에 표시된 것처럼 경제체제의 변화 없이 정치체제만 개혁 즉 수정이 이루어지고, 경제체제는 변화한 정치체제와 새로운 균형을 이루게 된다.

6) 급진주의적 접근

이상의 논의는 경제체제에서 발생한 문제들이 정치체제에 해악적 영향을 미쳐 초래되는 위기가 적절한 수준과 속도의 '수정'과 '개혁'으로 극복 가능하다고 믿는 점진주의적 접근법이라고 볼 수 있다. 그에 비해 이제부터 살펴볼 논의는 경제체제의 점진적 혹은 부분적 수정이 아니라 근본적인 혁파를 지지하는 견해이다. 민주주의의 위기는 자본주의의 본질적인 특성들에 기인한 것으로, 경제체제가 자본주의의 형태에 머물러 있는 한 민주주의는 주기적이고 고질적이며 항구적인 위기에 봉착할 수밖에 없다는 진단이다.

이 견해는 사회경제적 불평등, 양극화의 심화 등 자본주의의 문제점들이 자본주의만을 변질시키는 것이 아니고 민주주의 또한 대단히 심각하게 변질시킨다는 점을 부각한다. 특히 자본주의 경제체제에서 승리한 강자들이 자신들의 사익 추구를 위해 민주주의적 정치 규칙과 제도들을 임의로 변경한다는 점을 조명한다. 이는 위에서 살펴본 수정주의적 접근법에서 전제하고 있는 중립적이고 공정한 국가의 역할을 무력화하는 현상이다. 이 점과 관련해 급진주의적 접근법은 고전적 좌파 정치경제학의 진단을 연상시킨다. 즉, '부르주아' 민주주의 국가는 그 태생적 속성과 존재적 편향 때문에 자본주의의 폐해를 교정할 능력도, 의지도 모두 갖추지 못하고 있다는 비판 말이다. 민주주의는 지배계급의 재생산 기제에 불과하며, 전 세계적 차원의 정치경제구조 또한 소수 권력엘리트에 의한 현존 경제체제−정치체제 체제쌍의 독점화 경향을 강화, 심화할 뿐이라는 것이다.

민주주의가 '(자본주의에) 포획된 민주주의captured democracy'(Acemoglu and Robinson 2008: 283), 즉 일종의 금권정치plutocracy(Freeland 2012)로 변질했고, 자본에 포획된 정치 엘리트들은 자신의 사익 추구를 위해 자본주의 경제체제의 다양한 규칙들을 변경하고 변질시켜 자본주의를 정치화politicization하여 '정치적 자본주의political capitalism'(Krieger and Meierrieks 2016; Holcombe 2018)를 구축, 공고화해 버린다는 진단이 이상의 논의와 궤를 같이한다.

급진적 관점은 경제체제나 정치체제의 소폭 변화가 아니라 대폭 변혁을 제안하고 추구한다. 자본주의가 아닌 다른 형태의 경제체제, 그리고 그에 걸맞은 새로운 정치체제를 상상하고 설계하게 된다. 그렇지 않고서는 민주주의의 위기도 효과적으로 극복될 수 없다는 판단이다. 예컨대 데이비드 하비David Harvey는 "세계를 지배하는 신자유주의와 신파시스트의 동맹"을 막기 위한 "민중의 거대한 저항 운동"을 촉구한다(하비 2020: 88). 그러한 저항 운동은 사회적 불평등의 폭증으로 초래된 노동자들의 노예화와 환경문제의 악화를 타개하기 위해 '소외'라는 개념을 재점화하고 재활성함으로써 전개하는 자본주의 반대 운동이 그 본질이다(하비 2020: 264). 그리고 그런 운동이 지향하는 바는 "자본축적과 자본구조에 함몰된 사회질서에서 벗어나, 훨씬 더 사회적이고 협동적이며 급속한 자본축적에 휘말리지 않는 사회로의 전환"(하비 2020: 228)이라는 것이다. "지금이 바로 대안적인 사회주의 사회를 건설할 동력과 가능성에 대해 진지하게 생각해볼 수 있는 흥미로운 순간"이라는 그의 결론으로 미루어보아(하비 2020: 330), 결국 반자본주의 운동이 상정 및 지향하는 대안적인 체제가 사회주의라는 점에는 의문의 여지가 별로 없다(야페 2021).

이상을 도식화해 보면 아래와 같이 표현할 수 있을 것이다. 정치체제의 위기에 맞닥뜨려 경제체제와 정치체제의 동시적 변혁(↔)이 처방으로 제시되고 이에 대해 정치인들과 일반 대중의 합의가 형성된다면 이는 체제의 근본적인 변화로 이어지고 마침내 새로운 경제체제(ES2)와 새로운 정치체제(PS2)의 도래로 연결되어 새로운 균형이 이루어진다.

$$ES1 \cong PS1$$
$$PS1 \downarrow$$
$$\Delta ES1 \leftrightarrow \Delta PS1$$
$$ES2 \cong PS2$$

하지만 근본적인 변화에 대해 정치인들과 대중의 거국적·대승적 합의가 이루어지기 위해서는 정치체제-경제체제의 체제쌍에만 국한된 위기로는 다소 불충분할 수 있다. 때로는 정치-경제 체제쌍, 심지어 사회체제라는 체제묶음을 넘어서는 외부적이고 전면적인 위기(예: 기후위기)가 불러일으키는 비상한 절박감만이 제도와 체제의 근본적인 성찰을 촉구해 실로 혁명적이고 문명전환적인 해결책을 탐구하고 모색하게 만들기 때문이다.

만약 양 체제, 즉 경제체제와 정치체제가 겪는 변화가 심대하여 그 변화의 이후에 등장하는 체제가 종적種的으로 다른 범주의 것이라면 이는 새로운 경제체제 유형과 정치체제 유형의 체제쌍을 일부 구성요소로 하는 새로운 체제묶음이 등장했다는 의미가 된다. 그리고 이 체제묶음은 결국 새로운 균형점을 대표하게 된다.

3. 민주주의와 자본주의: 한국의 사례

1) 발전국가와 발전행정

이제 한국에서 민주주의와 자본주의의 관계가 어떻게 인식·이해되어 왔는지, 그리고 그와 관련된 실천적 전략은 어떻게 변천해 왔는지를 몇 가지 사례들을 중심으로 살펴볼 차례이다. 우선 기억해야할 점은 한국에서 민주주의와 자본주의의 관계는 발전국가developmental state의 역사와 따로 떼어 논의·분석할 수 없다는 것이다. 한국에서는 상당 기간 권위주의적 정치체제하에서 경제발전을 최우선시하는 발전국가가 자본주의의 유지와 발전, 그리고 번영을 이끌어 왔다. 시기로 보면 1961년부터 1987년까지 거의 30년 가까이 되는 기간으로 이동안 한국은 민주주의와 자본주의 간의 상관관계, 상호규정성, 상호조응성을 논하기에 좋은 사례라기보다는 현재 중국의 사례와 상당히 비슷하게 권위주의와 자본주의, 권위주의와 경제발전 간의 상관관계, 상호규정성, 상호조응성을 논하기 적합한 사례를 대표하고 있었다고 보는 것이 옳다.

한국 권위주의 시기에 집권 세력이 '한국적 민주주의'라는 이름으로 적어도 표면적으로는 '민주주의'를 표방한 적도 있다. 하지만 당시 정치체제를 실제 민주주의라고 볼 수는 없다. 발전국가의 핵심적인 특징 중 하나로 거론되는 정치적 절연성political insulation은 최고 통치자의 직간접적 통솔을 받아 경제발전이라는 일의적一義的 목표를 향해 일사불란하게 임무를 수행하는 국가 관료제가 사회적 관심concerns, 불평grievances, 압력pressure, 이익interest 등으로부터 분리되어 '보호'받고 상당한 수준의 자율성을 부여받는 상황을 의미하는데, 그러한 정치적 절연성은 자연스럽게, 자발적으로 형성된 것이라기보다는 권위주

정체가 가용한 공권력을 최대한 동원하여 사회를 통제하고 반대세력을 억압하며 기본 인권을 무시하는 강권통치에 의해 가능해진 것이었기 때문이다. 따라서 '정치적 절연성'이라는 것은 민주주의의 관점에서 본다면 결코 양해 혹은 용인할 수 없는 무리하고 부적절한 미화법euphemism에 불과하다고 할 것이다.

그 구체적인 방식과 기제가 어떠했든 현실적으로 한국에서 권위주의와 자본주의가 상당 기간 안정적으로 공존했기 때문에 민주화 이전 한국에서 정치체제와 경제체제 간 상호규정성에 대한 인식은 구미 모델과 학계에서 회자되었던 자본주의적 발전의 결과로서의 민주주의, 경제성장으로 초래되는 민주화 등 테제의 확증과는 거리가 있었다. 고전적인 의미에서든 아니면 현대적인 의미에서든 구미의 자본주의-민주주의 관계 모델과 비교하여 상당히 비정형적인atypical 관계가 확립, 고착화되다 보니 일각에서는 이러한 모델이 대안으로 인식되어 통치 이데올로기로서 대중적 영향력을 발휘하였고, 반대쪽에서는 경제성장에 몰두하는 권위주의, 경제성장을 이끄는 개발독재라는 '비정상적' 현실을 어떻게 타개·극복할 것인가 하는 데에 논쟁과 운동이 집중되었다.

한국에서 이루어진 정치적 권위주의와 자본주의 경제발전의 꽤 안정적인 결합과 지속은 이른바 '발전행정development administration'의 모범사례이기도 했다. 발전행정은 정부, 행정, 혹은 국가가 일국의 경제적, 사회적 발전을 기획하고 주도할 수 있다는 주장을 배경으로 전후 냉전시대에 미국의 행정 모델과 기법을 세계 여러 개발도상국에 수출, 전수, 이식하려는 일단의 미국 학계의 이론적, 처방적 움직임을 일컫는다. 전 세계적인 차원에서 '발전행정' 운동의 성적은 그리 좋은 편이 아니다. 1950년대 중반부터 약 10년간 활발하게 전개되었던 다양한 활동은 1960년대 중반 이래 퇴조의 길로 접어들었다. 하지만 한국은 '발전행정'의 드문 성공 사례로 꼽힌다. 1960년대 이래 정부, 행정, 국가 주도의 사회경제적 발전이 성공적으로 이룩되었기 때문이다. 만약 한국에서 1987년에 민주주의로의 이행이 이루어지지 않고 정치적 권위주의와 자본주의 발전의 공존 또는 상호규정 관계가 오랫동안, 심지어 현재까지 지속되었다면 한국은 중국과 함께 자본주의–권위주의 체제쌍을 대표하는 대단히 중요한 사례critical case가 되었을지도 모른다. 그리고 그렇게 되었다면 구미의 자본주의–민주주의 상호조응론에 상당한 도전과 위협을 제기하는 '아시아적인' 자본주의–권위주의 상호조응론이 주목을 받고 유행했을지도 모를 일이다.

한국 사례가 대단히 독특한 이유는 '발전국가'와 '발전행정'으로 요약되는 민주화의 전사前史에서는 위에 언급한 자본주의–권위주의 공존론, 상보론이 지배적이었지만 이것이 결코 전사全史가 아니기 때문이다. 발전국가 주도의 경제성장과 번영에 후속하여 민주화라는 또 하나의 중요한 사건이 발생했던 것이다. 1960~1980년대 국가 주도의 자본주의적 경제발전에 뒤이어 민주주의로의 이행이 이루어짐으로써 한국 사례, 특히 발전국가 시기의 한국이 대표하는 비정형적(혹은 비정상적) 모델의 영향력과 파급력이 어느 정도 진정되고, 어떤 의미에서 한국 모델도 정형화(혹은 정상화)되었다고 볼 수 있다. 다시 말해, 민주화 이후 한국 사례는 구미의 다수 사례들에 기초한 고전적 의미의 자본주의 발전에 따른 민주주의의 등장이나 현대적 의미의 경제발전 이후 민주화라는 도식에 맞는 전형적이고 모범적인 사례로 재탄생했다. 근대화 이론의 경제발전 → ■ → 민주화라는 순차적 역사 발전론에서 대체로 '블랙박스'로 상정해 두었던 중간 매개 과정에 들어갈 것으로는 다양한 요소들이 지적되어 왔다. 예컨대 중산층의 성장, 교육 수준의 향상, 시민사회의 성장, 사회운동의 발흥, 시민의식의 함양, 기본권에 관한 인식 변화와 요구의 점증 등이 그것이다. 어떤 의미에서 한국의 민주화 과정은 경제적으로 낙후한 국가가 국가 주도로 경제발전을 이루고, 이렇게 이루어진 경제발전이 민주화로 이어진다는 것을 하나의 연쇄sequence 형태로 보여줌으로써 거시적·전반적·장기적으로 봐서는 고전적, 현대적 자본주의–민주주의 관계를 가장 효과적으로 잘 드러내고 확인해주는 사례가 되었다고 볼 수도 있다.

요약하면, 한국의 최근 수십 년의 역사는 단기적으로는(즉 초기에는) 자본주의와 민주주의의 상호조응성을 반박하고 오히려 자본주의와 권위주의 간의 친화성과 상보성을 증명해 주는 사례였으나, 장기적으로는(즉 종국에는) 자본주의와 민주주의의 상관성, 상호규정성, 상호조응성을 상당히 확실하게 입증해 주는 사례가 되었다고 볼 수 있다. 대한민국의 국민이 자본주의–권위주의, 자본주의–민주주의라는 두 가지 상이한 체제쌍과 관련하여 다양하고 다채로운 역사적 경험을 공유하고 있다는 사실은 중의적bisemous이다. 한편으로는 '자본주의와 민주주의 간 관계'라는 주제와 관련하여 한국 사례가 가지는 이론적, 실증적 가치가 상당히 크고, 그 때문에 한국이 자본주의와 민주주의의 미래와 관련해서도 잠재적으로 상당히 의미 있는 시사점을 제공할 가능성이 크다는 점을 부인하기 힘들다. 하지만 다른 한편으로는 한국 국민이 민주주의에 대해 가지는 감정이 복잡다단할 수 있다는 현실 또한 인정하지 않을 수 없다. 비교민주화론적 관점에서 보았을 때 한국에서 권위주의적 향수authoritarian nostalgia가 더 크거나 심각하다고 주장할 실증적 근거는 없다. 현재 일부 국가들에서는 과거 독재의 역사적 경험이 잊히거나 왜곡, 미화되어 심지어 독재자의 후손들이 고위 공직에 선출되는 일이 벌어지고 있지만, 상대적으로 한국에서는 권위주의에 대한 향수가 과거에 비해 약화한 것으로 보인다. 개발독재의 상징이었던 권력자의 딸이 집권했던 시기가 있었으나 해당 대통령이 탄핵이라는 극단적인 절차에 의해 파면된 이후 권위주의의 과거가 민주화 이후의 현재보다 더 좋았었다는, 일종의 "좋았던 날들good old days"의 착시적 정서는 많이 약화된 듯하다. 적어도 담론만 놓고 본다면 현재 한국에서 민주 정부는 민주 정부끼리 비교되는 상황, 즉 '민주주의 대 민주주의'의 지형이지, 민주 정부가 민주화 이전의 과거 권위주의 정부와 비교되는, 다시 말해 '민주주의 대 권위주의'의 지형은 아닌 셈이다. 이 점에서 한국의 민주주의는 새로운, 좀 더 성숙한 단계로 진입했다고 보아도 무방할 것이다. 왜냐하면 민주주의의 공고화와 심화에서 민주주의가 정치의 "유일무이한 규칙the only game in town"으로 인정되고 확인되는 것은 극히 중요하기 때문이다 (Linz and Stepan 1996: 5).

경제-정치와 관련한 이와 같은 한국의 독특한 역사를 배경으로 삼아 이제는 자본주의와 민주주의의 관련성에 대해 국내에서 진행된 주요한 논의의 사례들을 살펴보도록 하자. 전 절에서 자본주의-민주주의 관계와 관련된 일반적 논의를 살펴볼 때와 마찬가지로 한국에서의 논의도 크게 점진주의적 논의와 급진주의적 논의로 대별해 볼 수 있다.

2) 점진주의적 접근: 경제민주화론

자본주의-민주주의 관계에 대한 점진주의적 인식과 접근법의 가장 대표적인 예는 민주화 이후 본격적으로 등장하여 2012년 대선 과정에서 절정에 이르렀던 경제민주화, 경제민주주 관련 논의를 들 수 있을 것이다. '경제'를 '민주화' 혹은 '민주주의'와 결합하여 쓰는 것은 비교민주화적 관점에서 보더라도 다소 독특한 편인데, 한국의 경우 민주화 직후 시기부터 민주화의 상호불가분한 양면으로 정치민주화와 경제민주화를 둘 다 강조해 왔다. 국민이 정치와 경제 양 영역에서 모두 '민주화'를 강력히 열망하고 있기 때문에 정치민주화와 경제민주화는 민주화라는 "동전의 양면"이고 민주화 이후 역대 정권 모두에게 경제민주화는 정치민주화 만큼 중요한 "사활적 과제"였다는 것이다(임유진·이연호 2020: 224). 후일 국민의 정부에서 한국은행 총재를 지냈던 한 인사는 민주화 직후 "이제 민주화 대장정의 서막이 올랐으므로 반민주 세력의 부상을 저지하면서 정치, 경제, 사회, 문화의 구석구석에까지 민주주의가 전파되어야 할 것이다. 앞으로의 민주화 과제는 정치에 한정되지 않고, 행정·경제·사회 등 모든 부문에 적용되어야 한다"라고 공언했다(김병권 2013: 135에서 재인용).

정치학자, 경제학자 등 전문가들은 '경제조직의 민주화'를 '부패하지 않는 선거 정도의 수준'을 넘어서는 '실체적 민주주의'와 동일시했고 이는 위에서 언급한 '실질적 민주주의substantive democracy'와 동일한 개념이다. "실체적 민주주의"가 이루어져야만 경제발전도 지속될 수 있다는 주장도 개진되었다(이정우 2009: 45). 이러한 맥락에서 민주주의의 외연과 내포가 '경제민주주의'로 확대되고 민주주의가 대체로 "경제생활상의 민주주의를 포함하는 것으로 적극적으로 이해"되어야 한다는 주장 또한 힘을 얻었다(김윤자 2012: 128).

'경제민주주의' 혹은 '경제민주화'는 일반적으로 두 가지 차원을 가지는 것으로 이해된다. 첫째는 시장에서 재벌이 가진 독점적인 경제적 지배력을 약화 또는 해체하여 공정한 경쟁이 가능하게 만드는 것이고, 둘째는 민주화 이전 경제정책의 결정과정에서 배제되었던 노동자들을 포함하여 다양한 주체들의 참여를 증진시키는 것이다(임유진·이연호 2020: 227). 발전국가가 주도했던 경제성장 시기에 재벌은 권위주의 정부의 지원 속에 성장의 역군으로 등장했다. 민주화 이전 권위주의 정부와 재벌이 대체로 공생적 협력관계를 가졌기 때문에 권위주의 정부에 대항한 반독재 민주화운동은 재벌에 대한 반감 또한 상당 부분 포함할 수밖에 없었다. 재벌은 권위주의 정권 시기 경제 부처 및 정보부와 같은 국가기구의 비호 아래 노동을 규율했고 장시간, 저임금 노동을 강제할 수 있었다(김경필 2019: 141-142). 정치·경제 엘리트들이 주도한 국가의 의사결정과정에서 노동은 철저히 배제되었다. 이같이 민주화는 대중적 차원에서 반독재와 반재벌을 동시에 포함하고 있었고 반독재와 반재벌은 상호 밀접하게 연관되어 상호 강화적인mutually reinforcing 관계를 유지했다. 결과적으로 권위주의 시기에 군사독재로 표상되는 '정치적 독재'와 재벌지배로 표상되는 '경제적 독점'은 둘 다 '민주화'되어야 할 대상이라는 인식이 형성되었다. 다시 말해 "강고했던 군사정권에 균열이 생기고, 민주화의 국면이 펼쳐지면서 많은 이들이 기존 체제와 재벌의 자본축적이 만들어놓은 모순에 문제를 제기했고, 대통령 직선제에 버금가는 형태의 민주화를 경제영역에도 요구하기" 시작했던 것이다(김경필 2019: 138).

국민의 경제민주화에 대한 열망은 민주화 이후 제정된 새로운 헌법에 경제민주화 조항이 들어가게 하였다. 1987년에 채택된 현행 헌법은 경제민주화와 관련하여 제119조 2항에서 "국가는 균형있는 국민경제의 성장 및 안정과 적정한 소득의 분배를 유지하고, 시장의 지배와 경제력의 남용을 방지하며, 경제주체간의 조화를 통한 경제의 민주화를 위하여 경제에 관한 규제와 조정을 할 수 있다"라고 규정하고 있다. 이에서 드러나듯이 우리 헌법은 '경제민주화'를 대체로 "시장의 지배와 경제력의 남용을 방지하며 경제주체 간의 조화"를 이루는 것으로 보고 있다. 위에서 이미 언급했듯이 '경제민주화'가 일반적으로는 재벌개혁뿐 아니라 노동의 참여와 기업민주주의까지 포함하는 것이지만 우리 헌법에서는 대체로 전자만을 강조하고 있고, 이는 민주화 이후 '경제민주화'가 재벌개혁과 재벌 기업과 중소기업 간 '상생발전'이라는 프레임에 다소 좁게 갇혀 추진되어 온 계기로 작용했다(임혜란 2018: 367).

민주화 이후 한국의 거의 모든 정부는 해당 헌법 조항에 근거하여 경제민주화를 강조했고 다양한 정책으로 추진했다(임혜란 2018: 364). 노태우 정부는 경제민주화의 열망을 제도 정치의 장으로 가져와 경제민주화의 방향을 "정부 주도에서 민간 주도로의 이행을 통한 자유와 투명성의 증진 및 경제력 집중 해소"로 잡았다(김경필 2019: 147). 김영삼, 김대중, 노무현 정부 모두 집권 초기에는 재벌개혁을 공언했었다. '비즈니스 프렌들리'로 유명했던 이명박 대통령도 재계가 경제민주화를 부정적으로만 생각해서는 안 된다고 훈계했다(김경필 2019: 151). 특히 경제민주화는 2012년 총선과 대선에서 가장 중요한 이슈로 부상했다. 많은 전문가들이 2012년 대선에서 박근혜 후보가 승리한 이유가 경제민주화 이슈를 선점했기 때문이라고 지적하기도 했다(김경필 2019: 138). 2012년 선거 국면에서는 보수 정치인들조차도 경제민주화의 중요성에 동의하면서 "재벌개혁은 경제민주화를 위한 선결 조건"이라고 주장했던 것이다(김병권 2013: 132).

하지만 역대 정부의 경제민주화 노력은 별로 가시적인 성과를 내지 못했다. 대부분 정권 초기에는 재벌개혁을 강조했지만 후반부로 가면서 '글로벌 경쟁력'과 '성장'을 다시 전면에 내세우면서 탈규제 또는 규제혁신이 정책의 주안점이 되곤 했다. 전문가들은 "모든 정부에서의 경제민주화는 유보되거나 실패했으며, 경제민주화의 결과는 양극화였다(임유진·이연호 2020: 224)"라거나 "매 정부마다 …… 용두사미 격으로 되어 실질적 개혁이 이뤄지지 못했다. …… 오늘날 사회세력 기반의 와해 현상을 악화시켰다(임혜란 2018: 364)"는 혹평만을 내놓고 있다. 실패의 원인으로는 경제민주화가 선거공학적 관점에서 의제화되어 구체적인 정책들로 조작화operationalization 되지 못했던 점과 관-민, 공-사를 막론하고 한국 사회 곳곳에 전반적으로 팽배한 '성장주의'가 지적되고 있다(임유진·이연호 2020: 241).

민주화 이후 한국에서 경제민주화 이슈가 급부상하여 상당 기간 그 생명력을 유지한 이유는 위에서도 지적했듯이 권위주의 기간에 '민주화'가 경제 영역을 포함하는 것으로 이해하는 관점이 광범위하게 확산한 까닭이 크다. 이는 권위주의적인 정권과 유사하게 1인 지배적인 조직적 특성을 가진 재벌 기업들, 그리고 시장에서의 재벌의 압도적인 지배력과 그에 기반한 대마불사형 경영 방식에 대한 반감이기도 했다. 하지만 더 중요하게는 1997~1998년 경제위기, 2008년 글로벌 금융위기 이후 악화된 경제적 불안정과 불평등이 그 원인이라고 할 수 있다. '글로벌 기업'들의 계속되는 선전에도 불구하고 과거 개발주의 시대와는 달리 중소기업, 자영업, 비정규직에 종사하는 대다수 서민들은 실업, 장시간의 근로시간, 저임금과 임금격차, 비정규직화와 고용불안정에 취약할 수밖에 없었고, 이는 경제민주화에 대한 거국적인 요구로 이어졌던 것이다. 특히 경제민주화가 절정에 달한 2012년의 여론조사를 보면 절대 다수의 국민이 경제민주화를 지지하고 있었다(김경필 2019: 153).

'경제민주화'와 관련된 정치적 동력political momentum 은 2012년 대선 이후 점차 약화되었다. 그 결과 최근에 들어서서는 '경제민주화'라는 용어를 접하기 힘들어졌다. 비록 정치적 동력은 상당히 약해졌지만 한국에서 경제민주화, 경제민주주의 논의가 완전히 사라졌다고 보기는 힘들다. 지금도 경제적 불평등이 가져오는 사회적, 정치적, 문화적 (악)영향들에 관한 논의가 지속되고 있기 때문이다. 최근 청년들을 중심으로 전개되어 온 '헬조선론', '수저론', '세대갈등론', '능력주의meritocracy' 논쟁 등은 경제민주화, 경제민주주의 논의에서 제기되었던 문제의식들이 여전히 유효하다는 것을 보여주고 있다.

경제적 불평등은 사회문화적 양극화를 가져와 공동체의식의 형성과 함양을 저해한다. 또 불평등은 사회적 신뢰를 떨어뜨려 협력을 힘들게 하고 사회자본을 잠식한다. 무엇보다도 경제적 불평등은 민주주의에 해악을 미치고 민주주의 위기를 촉발하는 원인이 된다. 경제적 불평등이 클 때 평등한 정치참여는 현실적으로 불가능하다. 하층계급의 인구가 투표에 참여할 삶의 여유를 갖기 힘들 때에는 정치참여의 평등 원리 자체가 공염불에 그치기 쉽다(임혜란 2018: 355). 나아가 불평등이 팽배한 현실 속에서 "사회가 공정하지 않다고 하는 인식이 증대할수록 국민들의 정치에 대한 무관심과 비관이 증대하고, 1인1표라는 정치민주주의의 실현 자체는 어렵게 된다. 사회적 이동이 어렵다고 보는 인식이 증대할수록 민주주의는 더욱 어렵다"(임혜란 2018: 366). 전 절의 일반론에서 이미 살펴봤듯이 비교정치학의 한 하위 분과인 비교민주화론에서는 불평등이 민주주의에 미치는 악영향을 심각하게 우려하고 민주주의의 유지와 원활한 작동을 위해 그러한 불평등의 예방과 완화를 중시한다. 한국에서 민주화 이후 상당 기간 전개되었던 경제민주화론도 그 내용을 살펴보면 경제적 불평등이 초래하는 사회적, 정치적, 문화적 악영향을 주로 재벌개혁을 통해 예방하고 완화해 보자는 것에 그 주된 취지가 있었다. 다시 말해 한국에서도 경제민주화, 경제민주주의의 기원은 "자본주의 시장경제 하에서 불거진 경제적 불평등의 심화가 정치적 민주주의까지 위협하는데"에서 찾을 수 있는데, 이는 "사회적 약자를 포함하여 모든 국민의 인간다운 경제생활이 보장될 때 비로소 정치적 민주주의도 본래의 의미를 가질 수 있"기 때문이다(김윤자 2012: 128).

만약 경제민주화에 상당한 진척이 있어 '경제'의 민주화도 '정치'의 민주화에 뒤처지지 않게 진전되었다면, 그래서 "경제주체 간의 조화"가 이루어지고 오늘날 불평등의 문제가 민주주의의 위기를 초래하는 형국에 이르지 않았더라면 한국에서 민주화 직후에 설정되었던 '정치'와 '경제'의 '동시 민주화simultaneous democratization'라는 문제의식은 무서울 정도로 선지적이고 예견적이었을 뿐 아니라 선제적이고 예방적이었다고 평가할 수 있을 것이다. 하지만 불행히도 민주화 이후 역대 정부의 경제민주화 성적표는 그리 좋지 않았고, 전반적으로 경제민주화는 실패했다고 평가할 수밖에 없다. 따라서 한국에서 경제적 불평등이 정치의 영역에까지 일출하여 민주주의 위기를 초래할 수 있는 위험이 사전적으로 제거·방지되었다고 보기는 힘들 것이다. 정부는 친親대기업정책을 지속해 왔고 오히려 신자유주의적 경제개혁을 추진해왔다. 결과적으로 경제개혁의 실패는 민주주의의 위기 가능성을 높였다(임혜란 2018: 369). 이는 "1990년대부터 시작되고 외환위기 후 급진전된 시장자유주의는 복지체제가 채 구축되지 않은 한국의 민주주의를 위기로 몰아넣었다. 정치적 민주주의를 허구화시킬 뿐만 아니라 사회경제적 민주주의를 후퇴시킴으로써 정치적 민주주의의 기반을 위태롭게 하고 있다"는 평가마저 낳았다(장상환 2005: 64).

3) 급진주의적 접근 1: 사회구성체론

한편 자본주의-민주주의 관계에 대한 급진주의적 인식과 접근법의 가장 대표적인 예로는 민주화 이전 1980년대를 풍미했던 사회구성체론(이하 사구체론), 그리고 민주화 이후 주로 2000년대에 치열하게 제기되었던 반反세계화anti-globalization론을 들 수 있다.

이미 지적했듯이 민주화 이전 발전국가가 주도한 경제발전 모델은 정치와 경제가 불가분의 관계를 가지고 있다는 사실을 드러내는 일종의 국민교육적 효과가 있었다. 개발독재가 활용할 수 있는 정치적 정통성과 정당성의 가장 큰 담보는 지속적인 자본주의적 경제발전을 통해 제공되었고, 자본주의적 경제발전은 개발독재라는 비민주의·반민주주의 정치체제를 지속시켜 주는 자양분의 역할을 수행했기 때문이다. 결과적으로 민주화 이전 '반독재' 혹은 '민주화'의 문제는 이론적으로나 실천적으로나 필연적으로 당시 독재정권이 신봉해 마지않았던 한국 자본주의의 발전 모델, 즉 수출주도형 경제성장 모델의 비판적인 고찰과 연결되었다. 이는 한국에서 민주주의를 회복하고 제대로 된 민주화를 이루기 위해서는 경제발전의 모델, 즉 자본주의의 운용 모델이 근본적으로 혁파되지 않으면 안 된다는 논의로까지 발전하게 된다. 이에는 토대가 되는 경제구조를 변경하지 않고는 상부구조인 민주주의도 개혁할 수 없다는 다분히 기계적인 유물론도 작용하고 있었다.

1980년 광주 민주화운동 이후 학생운동이 급진화되고 노동운동이 정치화되면서 반독재 민주화 운동은 본격적으로 반자본주의 및 반제국주의 운동과 본격적으로 결합하게 된다. 광주 민주화운동 이전만 해도 한국에서 반미주의, 반미운동이라는 것은 전혀 존재하지 않았다 해도 과장이 아니다. 1980년대 이전에 한국에서 "기성세대나 운동권은 대체로 미국을 해방 후 남한이 소련의 지배를 면하게 해주고 북괴의 남침과 공산화의 위협에서 해방시켜준 존재, 반군사독재 민주화를 지원해줄 자유민주주의의 성지, 북한의 남침 위협으로부터 나라를 지켜주는 보호막 등으로 인식하고 있었다"(정성기 2005: 49). 광주에서의 항쟁 진압 과정에서 미국의 역할이 무엇이었는지에 관한 의문은 한국전쟁 이후 '반미' 구호가 최초로 공개적으로 등장하게 했고 학생운동 진영에서 반제 계급운동으로서의 민중주의가 정교화되는 계기를 제공했다. 미국이 전두환 군사독재의 배후 지지자이고 광주 학살의 '방조자' 또는 '공범'이기 때문에 미국 세력의 제거 없이는 한국의 민주화가 불가능한 것으로 여겨졌다. 이는 이후 미국을 반대하고 주한미군과 주한 핵무기의 철수를 요구하는 반미운동으로 발전하였다(이강로 2004: 252). 마침내 반미주의는 1980년대 중반 학생운동 부문에 지배적인 이념으로 확고히 자리 잡았다(조대엽 2005: 194). 특히 1980년대 한국의 학생운동은 '관념의 민중주의'의 특성을 가졌기 때문에 근본적인 사회변혁을 추구하는 급진성이 더욱 두드러졌다(조대엽 2005: 206, 199).

학생운동의 급진화, 그리고 반미주의의 급부상이라는 시대적 배경 속에서 사구체 논쟁이 등장했다. 사구체 논쟁은 크게 세 가지 문제를 제기했다. 첫째는 한국사회가 당면한 문제의 본질과 성격이 무엇인가, 둘째는 당면 문제를 해결할 변혁 주체가 누구인가, 그리고 마지막으로 사회변혁의 구체적인 방법론을 어디에서 찾아야 하는가였다. 이들 문제에 관해 후일 'CNP 논쟁'으로 알려진 1983~1984년경 학생운동 팸플릿 논쟁에서 두드러진 입장은 크게 세 가지였다. 하나는 시민적 민주변혁Civil Democratic Revolution, CD론으로서 이는 한국의 사구체를 '주변부 자본주의'로 보고, 변혁 주체를 진보 지식인, 진보정치인 등 중간계층으로 상정하며, 기층민중은 부차적 역량을 가진 것으로 간주했다. 현실 정치세력 면에서 이 입장은 우파적 '민주통일국민회의'로 대표되었다. 둘째는 민족민주변혁National Democratic Revolution, ND론으로서 이는 한국의 사구체를 '신식민지 국가독점자본주의'로 규정하고, 변혁주체로는 노동자·농민·빈민 등 민중세력이 주도역량을 가진 것으로, 진보적 청년·학생을 선도세력으로, 그리고 중소자본가와 자유주의 정치인 등을 연대제휴세력으로 보았다. 구체적인 변혁의 방법론은 반제반파쇼투쟁론이었다. 마지막으로 민중민주변혁People's Democratic Revolution, PD론은 한국의 사구체를 '국가독점자본주의'로 보고 노동자 등 기층민중을 변혁역량으로 상정하고 중간층은 무시하는 경향을 보였다. 그리고 변혁의 방법론으로는 (반제)반파쇼투쟁론을 제시했다(정성기 2005: 50-51).

학생운동권의 전략·전술 논쟁은 학문의 영역에서도 논쟁을 가져왔는데, (한국)경제사학자와 재야 경제학자들을 중심으로 전개된 사구체론의 학문적 논쟁이 그것이다. 예컨대 안병직은 제국주의하 식민지 조선을 '식민지 반‡봉건사구체'라는 특수한 체제로 규정하였다. 이대근은 일제하 식민지반봉건사구체가 해방 후 주변부 자본주의로 이행했다는 관점을 제시했다. 박현채는 안병직과 이대근 양자를 모두 비판하며 (국가)독점자본주의론(국독자론)을 주장하였다. 한편 주체사상파(주사파)는 사구체론을 '사대주의'라고 부르면서 '미제국주의와 그 괴뢰정권' 아래서 한국 자본주의는 서구와 같은 고전적 발전이 애초에 불가하고 '식민지반봉건적 성격의 자본주의'에 매여 있을 수밖에 없으므로 '미제'를 '주요 타격방향'으로 하는 반제반봉건혁명투쟁을 전개해야 한다는 입장을 보였다. 물론 투쟁은 남한의 독자적 전위보다는 혁명전통을 가진 북한 '민주기지'의 지도하에 전개되어야 한다는 처방을 잊지 않았다(정성기 2005: 56).

사구체론은 이후 식민지 반≠자본주의론, 신식민지 국독자론, 중진자본주의론 등의 경합으로 이어졌다(이재회 1990: 235-237). 이 논쟁에서 핵심 쟁점은 한국 자본주의의 종속성인데, 식민지 반자본주의론은 제국주의가 한국 내 자본축적을 직접 장악 주도하므로 토착자본이라는 것이 존재하지 않는다고 보았고, 신식민지 국독자론은 토착자본의 주도성 및 상대적 독자성을 인정하면서도 토착자본의 독점 강화 과정은 종속성의 심화 과정이라고 보았으며, 중진자본주의론은 종속성은 내재적·구조적 특성이 아니고 한국 자본주의 발전에 따라 자립성이 점차 강화될 것이라고 보았다. 또 다른 중요한 쟁점은 이 세 이론이 각각 제시했던 정치체제에 대한 견해인데 식민지 반자본주의론이 한국 정치체제를 미제국주의의 대리정권으로 본 것에 비해, 신식민지 국독자론은 한국 국가권력의 계급적 기반이 토착 독점자본으로 제국주의에 대해 상대적인 자율성을 가졌다고 보았으며(신식민지 파시즘론), 중진자본주의론은 국가권력이 대외적인 독자성을 가졌을 뿐 아니라 대내적으로도 뚜렷한 계급 기반이 없어 상대적인 자율성을 가진다고 보았다. 이상에서 자명하듯이 당시 운동권에서 별 영향력을 가지지 못했던(하지만 돌이켜 보면 가장 타당했던) 중진자본주의론을 제외하고 나머지 훨씬 더 지배적이었던 두 이론은 한국 사회의 변혁전략으로 사회주의로의 이행을 궁극적으로 상정하고 있었다. 식민지 반자본주의론은 반제·반봉건 변혁을 강조했고 신식민지 국독자론은 반제·반독점 변혁을 강조했다는 차이만 있을 뿐이었다.

1980년 광주 민주화운동을 계기로 급부상한 반미주의와 학생운동의 급진화, 그리고 그에 뒤이은 한국 사구체 논쟁은 대체로 좌파 경제학에 입각하여 한국의 정치체제가 경제와 무관한 것이 아니라 경제적 토대, 다시 말해 한국 자본주의의 발전 단계에 따른 고유한 특성에 지배적인 영향을 받는 것으로 상정하였다. 그리고 그 특성은 때로는 반半봉건성으로 때로는 종속성으로 요약되어 계급운동과 반미·반제운동이 강조되었다. 그리고 무엇보다도 사구체론 전반의 배경으로 작용했던 것은 반反자본주의, 그리고 그 '현실적' 대안으로서의 사회주의였다. 즉, 당시 한국 사회가 자본주의-권위주의의 조응성에만 매몰되어 식민지성과 종속성을 벗어나지 못하고 있던 것을 비판하고, 경제 영역의 급진적 변혁을 통해 새로운 사회주의를 이룩하고 이를 통해 (프롤레타리아) 민주주의를 꾀하는 급진적이고 혁명적인 대안을 추구함으로써 사회주의-'민주주의'라는 새로운 체제쌍으로 이행하자는 나름의 비전을 상정, 제시하고 있었던 셈이다.

1980년대 말 동유럽 현존 사회주의의 붕괴와 함께 한국의 사구체론도 종적을 감추었다. 당시 사구체론을 학문적으로 정리한 한 연구자는 아래와 같이 자성하고 있다. "그 치열한 논쟁 당시 좌파 동료들과 학생·민중들에게 현존 사회주의의 문제의 심각성을 정확하게, 구체적으로, 용기있게 폭로했던 사람은 아무도 없었다. 사회주의로 가자고 말하면서도, 기존 사회주의가 어디서 어디로 가고 있는지에 대해, '사회주의 생산양식'과 사회주의 현실에 대해, 유럽 등에서와 달리 단 한 번의 논쟁도 이루어지지 않았다. …… 눈을 뜨고도 이 땅의 현실을 보지 못하는 장님이었고, 남의 이론 속의 현실을 제 눈으로 보는 현실이라 착각했기 때문이다. …… 제 나라의 역사와 사회현실이라는 '교과서'는 제대로 보지 않고, 남의 나라 '참고서'만 보고서 한국사회 특수성을 논하고, 변혁을 하려 했으니, 민주화와 자주의 성과가 없지는 않으나, 그 대가는 너무나 크다"(정성기 2005: 60-61).

4) 급진주의적 접근 2: 반세계화론

1987년 민주화와 1980년대 말 사회주의권의 몰락 이후 한국에서 경제체제와 정치체제의 상호관련성에 관한 논의는 '경제민주주의'와 '경제민주화'를 중심으로 한 점진주의·수정주의적 논의가 지배적이었다. 하지만 그렇다고 급진주의적인 분석과 처방이 완전히 사라진 것은 아니다. 세계화가 중요한 화두가 된 이후 등장하여 전개된 반反세계화론은 과거 민주화 이전의 한국 사구체론과 같이 반자본주의적 성격을 띠는 논의라고 할 수 있다. 왜냐하면 반세계화론은 세계화를 기존 자본주의 경제체제 내의 문제를 온존 및 증폭시키는 주범으로 비판하면서 자본주의의 대안적 체제의 모색을 촉구하는 주장으로 차츰 진화해 갔기 때문이다.

여러 논쟁과 회의에도 불구하고 1990년대는 대체로 세계화의 긍정적인 흐름이 계속되던 10년decade이었다. 하지만 1999년 11월 미국 시애틀에서 일어난 WTO 각료회담 반대 운동은 신자유주의적 세계화에 저항하는 큰 움직임의 태동을 알리는 중요한 사건이었다. 그 뒤 세계 각지에서 IMF, WB, WTO 같은 국제기구들에 대항하는 시위와 저항이 일어났고, 주류 언론들은 '반자본주의'라는 표현을 사용하기 시작했다. 반세계화 운동의 핵심은 "이윤보다 인간이 먼저다!" 등의 슬로건에서 보는 바와 같이 세계가 당면한 문제의 근원을 자본주의에서 찾는 것이다(정성진 2001: 239). 이 점에 관해 한 분석자는 "1970~80년대 한국에서 반자본주의를 목적으로 하는 정파도 반자본주의를 슬로건으로 내걸지는 않았다. 반자본주의도 반제라든지 반파쇼라는 매개고리를 통해서 접근해야 한다고 생각했던 것이 당시의 통념이었다. …… 당시 사회에서 자본주의 모순이 반자본주의를 운동의 슬로건으로 내걸 수 있을 정도로 성숙하지는 않았기 때문이다"

(정성진 2001: 240)라고 하면서 반자본주의적 반세계화 운동이야말로 "1960년대 이후 좌파에 열린 최대의 기회"라고 흥분하고 있다(정성진 2001: 242).

한국에서는 반세계화 운동이 종종 '대안세계화운동'이라고 불렸다. '대안세계화'는 '아래로부터의 세계화'로도 불리는데, 신자유주의적 세계화의 폐해와 '자본주의 이외 대안부재론There Is No Alternative, TINA' 에 맞서 새로운 '탈자본주의' 대안 사회를 적극적으로 추구하는 개혁적·진보적 사회운동이다(김의동 2010: 372-373). 기실 반세계화 운동은 민주화 이후, 사회주의 붕괴 이후 향후 진로를 치열하게 고민하던 시민사회 운동단체들에게 중요한 반전의 계기를 제공해 주었다. 민주화 이후 어떻게 하면 '절차적 민주주의'를 넘어서서 '실질적 민주주의'로 나아갈 수 있을까, 어떻게 하면 '정치민주화'를 넘어 '경제민주화'를 달성할 수 있을까를 고민하던 시민사회단체들은 신자유주의적인 세계화의 결과 세계자본의 시장 지배가 확대되고, 그 결과 경제적 불평등이 심화한 점에 주목했다. 그들의 진단에 따르면 1990년대 초반 우루과이 라운드UR의 추진과 WTO 출범, 1997년 경제위기 등을 겪으면서 한국 사회에서 신자유주의적 세계화 정책의 영향이 거세게 불어 닥쳤고(김의동 2010: 376), 그 결과 국내에 사회경제적 불평등이 초래되었다는 것이다. 따라서 불평등을 제거하기 위해 국제적으로 대안을 모색하고 유사한 문제의식을 가진 해외 주체들과 협력하는 것이 한국의 신생 민주주의를 실질적 민주주의로 업그레이드하는 첩경이라는 것이다.

한국에서 반세계화운동은 2000년 10월 서울 ASEM 정상회담 반대 운동을 필두로 2003년 멕시코 칸쿤 WTO 각료회담 반대 시위, 2005년 11월 부산 APEC 반대 운동, 노무현 정부 시기 한미 FTA 저지 운동, 2008년 촛불 시위 때 신자유주의 반대 등으로 이어졌다(이정구 2011: 49-51). 한국의 반세계화운동에는 여러 유형·분파가 존재하는데 지역주의·생태주의와 급진주의로 대별된다. 한 연구자는 전자의 경우 자본주의가 이룩한 발전을 부인하고 운동의 주체가 불분명하다는 면에서 비현실적이라고 비판한다(이정구 2011: 60). 그에 비해 후자는 "자본주의 체제 내에서 이뤄지는 점진적 개혁들은 착취와 억압을 끝장내지 못한다. 자본주의는 폐지돼야 한다"거나 "자본주의 국가기관들은 중립적으로 운용되는 것이 아니라 피억압자들의 투쟁으로부터 지배계급의 이익을 보호하기 위해 사용된다. 노동계급에게는 완전히 다른 종류의 국가가 필요하다"라고 밝혀 정치조직들 중에서 가장 선명한 사회변혁의 입장을 보이고 있다고 평가하고 있다(이정구 2011: 69).

전 세계적 차원이든 한국적 차원이든 반세계화 운동은 반자본주의적 성격을 강하게 드러내 온 운동이라고 볼 수 있다. 1990년대 초부터 한국에서 전개되어 온 대안세계화운동은 신자유주의적 세계화가 자본주의의 구조적 모순과 직결되어 있다는 인식을 대중들 사이에 확산시켜 왔다(김의동 2010: 380). 그리고 대안세계화가 추구하는 '대안'은 다름 아니라 결국 "자본주의 체제의 전복"을 통해 성취 가능한(이정구 2011: 71) 것으로 받아들여진다. 이는 세계화가 자본주의적 모순을 격화시켜 오히려 사회주의의 실현 가능성과 필요성을 그 어느 때보다 고조시키고 있다는 희망 섞인 진단과도 일맥상통한다(정성진 2001: 246).

세계화를 근본적으로 반대하는 '전면적 비판' 진영의 부상浮上은 민주화 이후 지속적인 세력의 약화를 겪고 있던 노동·농민운동 등과 반세계화 국제연대운동 단체들의 결합을 통해 민중운동이 부활하였다는 것을 알리는 상징적인 사건이기도 했다. 민중운동 세력은 세계화의 신자유주의적 성격 및 모순을 인지하고 적극적으로 반세계화 투쟁 영역을 자기 것으로 만들기 위해 노력했다(조희연·서복원 2003: 84). 그들은 세계화로 인한 민중생존권 및 민족주권의 악화, 즉 고용 불안정성, 농업 피폐화, 민족문화 해체 등의 문제를 파상적으로 제기하고 반反세계화 전략을 지향함으로써(조희연·서복원 2003: 86) 과거 사구체론의 문제의식과 처방을 계승하는 동시에 '반세계화'라는 새로운 동력에 힘입어 신종 반反자본주의론을 설파할 수 있었던 것이다.

하지만 현재는 대안세계화운동 역시 퇴조한 상태이다. 한국의 대안세계화 운동은 다양한 내외부적 도전으로 인해 시민사회운동 자체가 위기에 빠지면서 급속히 동력을 상실하고 말았다(김의동 2010: 387). 코로나19라는 전대미문의 팬데믹으로 세계화의 미래 자체가 불확실해져서 반세계화운동의 향방 또한 불투명한 상황이라고 할 수 있다. 물론 자본주의로 대표되는 착취적이고 채굴주의적인 서구 문명과 코로나19를 연결해 반자본주의적이고 문명비판적인 성찰이 이루어지고 근본적인 대안이 제시될 여지도 없지는 않았다. 하지만 '포스트 코로나' 시대는 이미 우리 곁에 도래한 듯하고, 근본적인 자본주의 비판이나 대안문명 구축론이 가질 수 있는 입지 또한 급속히 줄어들고 말았다.

4. 결론: 민주주의와 자본주의의 균형적 공존

이 글에서는 민주주의와 자본주의의 관계와 관련하여 우선 정치체제-경제체제 간에는 상호관련, 상호규정, 상호조응 등 다양한 유형과 수준의 관계가 형성, 발전될 수 있음을 지적하였다. 특정한 정치체제—경제체제의 체제쌍에 상당히 높은 수준의 조응성이 있을 경우에는 안정적인 균형이 이루어지게 된다. 그리고 이러한 안정적인 체제쌍의 한쪽에 중대한 변화가 일어날 경우 그것은 새로운 균형점의 등장으로 이어질 수도 있다.

민주주의와 자본주의의 관계에 관한 고전적인 명제는 '자본주의 발전의 결과로 등장한 민주주의'이다. 그리고 현대적인 명제는 '자본주의 경제 발전이 민주주의의 지속 가능성을 제고한다'라는 근대화 이론이다. 근대화 이론은 관료적 권위주의 등의 도전에도 불구하고 오랫동안 그 타당성을 정성적·정량적으로 입증받았다. 그리고 자본주의의 발전과 민주주의의 지속을 연결해 주는 매개변수로는 교육, 문화, 계급, 정치, 운동 등이 지적되어 왔다. 물론 자본주의 경제 발전과 민주주의 정치의 지속 간의 상호관련, 상호규정, 상호조응이 절대적인 것은 아니다. 싱가포르와 중국 등 자본주의 경제 발전과 권위주의 정치의 공존이 상당히 지속되는 것을 특징으로 하는 체제쌍도 분명 존재하기 때문이다. 하지만 소수의 반례가 긴 역사의 검증을 이겨내고 그 타당성을 인정받을 수 있을지는 의문이다.

민주주의와 자본주의의 관계와 관련하여 비교민주화론 분야의 연구자들이 가장 주목한 이슈는 사회경제적 불평등이 민주주의에 미치는 부정적 영향이다. 불평등은 사회적 불만과 불신 증폭, 공동체의식 저해, 포퓰리즘 위협에의 노출 등 여러 이유로 민주주의의 위기를 초래하고 심화시킨다. 따라서 불평등의 해악적 효과를 방지하고 예방하고 대처하는 것이 민주주의에서 대단히 중요한 과제가 된다. 그러한 전략은 점진주의적 전략, 즉 사민주의적 민주주의 실질화substantivization 전략과 급진주의적 전략, 즉 자본주의 혁파론으로 대별된다.

한국 사례의 경우에도 자본주의와 민주주의 간 관계의 관리와 관련하여 두 가지 상이한 접근법이 존재해 왔다. 하나는 경제민주화론으로 대표되는 점진주의적 전략이고, 다른 하나는 민주화 이전 사회구성체논쟁과 민주화 이후 반세계화론으로 대표되는 급진주의적 전략이다. 한국 사례의 경우 민주화 이후 역대 정부가 '경제민주화론'을 기치로 추진했던 경제개혁은 대체로 실패했다. 현재는 경제민주화가 큰 반향을 얻지 못하고 있다. 또 급진주의적 전략인 사구체논쟁도 현존 사회주의의 몰락과 함께 소멸되었고, 반세계화론도 현재는 사회적 호응을 별로 얻지 못하고 있다. 하지만 경제민주화, 사구체논쟁, 반세계화론이 공통적으로 제기했던 문제의식, 즉 자본주의가 초래하는 불평등이 민주주의에 부정적이고 파괴적인 영향을 미치지 않도록 적극적으로 예방하는 것이 민주주의의 사활과 질을 좌우하는 중차대한 문제라는 논점은 지금도 여전히 타당해 보인다.

그러면 이제 코로나19 팬데믹 이후 국내적, 국제적 차원에서 민주주의와 자본주의의 관계는 어떻게 설정될 것이고 또 어떻게 설정되어야 하는가? 자본주의와 민주주의 간의 관계를 잘 파악하고 관리하는 것은 여전히 민주주의 각국의 장래와 전 세계의 미래를 위해 아주 중요한 문제이다. 일국적 차원에서는 점진주의적 전략인 경제민주화의 정책의제화, 변질되지 않은 사민주의 전통의 복원 등을 통해 경제불평등이 정치의 영역에까지 부정적인 여파를 미치는 것을 줄여 나가려는 제도적·정책적 노력이 지속되어야 한다. 아울러 건강한 논의와 실현 가능한 정책 대안의 모색을 위해 급진주의적 전략들도 용인하고 참고하며 적극적으로 수용할 필요가 있다.

전 세계적인 차원에서도 코로나19 팬데믹을 계기로 세계화를 새로이 구성construct해 나갈 필요가 제기된다. '민주화'가 일어나 '민주주의'가 확립된 국내정치와는 판이하게 민주주의가 전혀 부재하고 홉스Hobbes적 자구self-help 논리만이 부각되는 국제정치에서 강대국과 글로벌 대기업이 주도하는 세계화를 중견국, 약소국과 시민사회도 참여하는 '아래로부터의 세계화'를 통해 균형적으로 보완하면서 상호주관적으로 구성해 나가야 한다. 그리고 궁극적으로는 국제적 차원에서도 글로벌 민주주의cosmocracy를 지향하는 정책적 노력과 사회운동을 개시해 나가야 한다. 민주주의가 전 지구적으로 성취되어야만 자본주의적 세계화가 초래하는 전 세계적인 민주주의 결핍democratic deficit 현상이 조금이라도 완화될 수 있다(몬비오 2006). 이를 위해 '세계정부'가 필요할 수도 있고, '세계의회'가 필요할 수도 있다. 하지만 그렇게 원대한 비전을 차근차근 이루어나가는 것은 시민의 각성이고 시민의 정치적 행동이다. 결국 세계화의 본질과 향방이 변화할 것인지, 그리고 변화한다면 어떻게 변화할 것인지는 "당신이 얼마나 기꺼이 행동하느냐에 달려 있다"(Monbiot 2003: 240, 신광영 2007: 152에서 재인용). 왜냐하면 한 경제학자도 자인했듯이 궁극적으로 "세계화를 개혁하는 문제는 정치문제"이기 때문이다(Stiglitz 2006: 269, 신광영 2007: 152에서 재인용).

정치가 경제를 조절하고, 지휘하고, 계도해야 한다. 민주주의가 주도적으로 자본주의의 불평등을 예방하고, 관리하고, 줄여나가야 한다. 그래야 민주주의의 기초가 다져지고 민주주의가 지속 가능해진다. 토대가 상부구조를 결정한다는 철 지난 경제결정론보다는 상부구조가 토대를 선도한다는 인식, 즉 우리의 정치적 선택이, 그리고 정치지도자들의 지혜와 의지와 판단이 우리의 경제구조를 바꾸고 불평등을 해결하여 우리의 미래를 조금이라도 더 밝게 만들 수 있을 것이라는 굳은 믿음과 '발상의 전환'이 훨씬 더 중요해 보인다.

제3장

범용기술 출현에 따른
불평등 확대와 자본주의의 진화

허재준(한국노동연구원)

1. 서론: 자본주의 변화와 불평등 문제

애덤 스미스Adam Smith와 데이비드 리카도David Ricardo는 경제학 강의실에서 흔히 언급되는 고전파 경제학자들이다. 그들이 인용되는 맥락은 통상 시장에서 거래가 이루어지게 하는 가상의 경매자 개념을 설명할 때, 혹은 사회적 후생이나 지대地代를 설명할 때이다. 하지만 이들의 저작이 불평등이나 자본주의의 장기 전망에 대한 관심에서 출발했다는 사실을 생각하면 고전파 경제학과 현대 경제학의 관심 사이에는 커다란 간극이 있다. 한국 경제학의 고전파 학자라고 볼 수 있는 정약용의 『목민심서』와 「전론田論」과 같은 저술에서도 소득분배에 관한 문제의식을 담고 있었다. 그러나 불평등에 관한 문제의식은 한국에서도 구미에서도 20세기 후반 내내 경제학 내에서 주된 관심을 받지 못하였다.

소득분배와 함께 자본주의의 속성이나 변모에 대한 관심이 경제학의 토론 대상으로 재등장한 것은 지금으로부터 채 10년이 되지 않는다. 불평등의 기원 또는 원인과 자본주의에 대한 장기 전망이라는 문제의식은 경제학계에서 최근까지 주된 관심사가 아니었다. 프랑스에서는 1970년대의 경제위기 이후 아글리에타Michel Aglietta, 부아예Robert Boyer 등이 조절이론Regulation Theory이라는 이름 아래 자본주의의 변모에 대한 연구를 지속해 왔지만(Aglietta 1982; Boyer 1986; 부아예 2017), 영미권에서는 하일브로너Robert Heilbroner[1], 홉스봄Eric Hobsbawm 등과 같은 일부 경제사학자들의 관심영역에만 머물러 있었다(하일브로너·밀버그 2016; 홉스봄 1984; 홉스봄 1998). 그러나 시장경제의 조정 능력이 한계를 보이고 민주주의마저 위협받는다고 느끼는 사람이 많아진 지난 10년간에는 사회과학자들뿐만 아니라 일반인들까지 일거에 불평등과 자본주의의 미래에 관한 관심을 갖게 되었다. '불평등', '자본주의'와 '자본주의의 미래'라는 단어로 도서 검색을 해 보면 얼마나 많은 저자들이 최근까지 관련 저술을 쏟아내고 있는지 알 수 있다. 일례로 에드먼드 펠프스Edmund Phelps는 국가의 부를 만드는 원천이 무엇이고, 그 번영의 기원이 왜 오늘날 위협받고 있는지를 진단하고 '좋은 삶'과 '정의로운 경제'라는 윤리적인 관점에서 '근대경제'의 우월성에 천착하고 있다(펠프스 2016).[2]

---

1 하일브로너와 밀버그가 저술한 『자본주의 어디서 와서 어디로 가는가The Making of Economic Society』의 초판은 1962년에 출판되었다. 초판의 저자는 하일브로너 혼자였다. 가장 최근의 출판본은 2012년에 나온 13판으로 2016년에 한국어로 번역되었다.

2 펠프스의 책에서 '근대경제'는 '자본주의 경제'와 정확히 일치하는 것은 아니지만 대부분 이를 '자본주의' 혹은 '자본주의 경제'로 치환해도 무방하다. 펠프스는 번영의 원천이 과학혁명 및 산업혁명과 같은 단절적 기술혁신이라기보다 평범한 개인들의 무수히 많은 작은 혁신이었다고 주장한다. 보통 사람들로부터 일어난 거대한 혁신의 파고, 즉 '자생적 혁신'이 경제에 역동성을 불어넣었다는 것이다. 자생적 혁신은 개인적 성장과 참여를 강조하는 근대적 가치관과, 도전·모험·혁신을 강조하는 문화 덕분이었다고 본

여러 나라에 대해 장기간의 소득 자료를 이용할 수 있게 되고 그것을 처리할 수 있는 컴퓨터 기법이 일반화된 데 힘입어 토마 피케티Thomas Piketty는 2013년에 『21세기 자본론Le capital au XXIe siècle』[3]을 출간했다. 국제통화기금IMF은 2015년에 「불평등의 원인과 영향Causes and Consequences of Income Inequality」이라는 보고서를 내며 불평등의 영향을 우려했다. 불평등의 부정적 영향은 스티글리츠Joseph Stiglitz, 케이스Anne Case와 디턴Angus Deaton 등이 자세히 고찰하고 있다(스티글리츠 2013; 케이스·디턴 2021). 국제통화기금의 보고서가 출판된 해에 앤서니 앳킨슨Anthony Atkinson은 반세기 동안의 연구 결과를 집대성한 『불평등을 넘어Inequality』를 출간했다. 앵거스 디턴은 소비와 복지, 빈곤의 연관성을 분석한 공로로 노벨경제학상을 수상했다. 2016년 브랑코 밀라노비치Branko Milanovic는 룩셈부르크소득연구Luxembourg Income Study의 각국 소득

다. 개인이 자신의 의지에 따라 꿈을 펼칠 수 있도록 독려하는 데 탁월했던 국가들에서 수많은 혁신이 일어났고 이 국가들은 번영을 누렸다. 근대인의 이러한 경험은 놀랍고 흥분되는 것이었고 이전에는 존재하지 않았던 것이었다. 전통적 경제에서는 일이 먹고 살기 위한 수단에 불과했다. 하지만 근대경제에서 일은 그보다 훨씬 개인 만족에 기여했다. 이러한 경험은 일하는 사람들의 태도를 변화시켰다. 그리고 혁신 의지를 고양시켰다(펠프스 2016). 펠프스의 이 저작은 애덤 스미스가 『도덕감정론』에서 출발해 『국부론』을 집필하는 과정에서 진전시킨 사고의 진화 과정을 한 권에 담아서 고전파 경제학자의 문제의식을 재현하고 있다는 느낌을 준다.

3 2014년에 출판된 한국어 번역본의 제목은 『21세기 자본』이다. 하지만 피케티가 붙인 원저의 제목은, 카를 마르크스Karl Marx 의 『자본론』이 19세기에 쓰인 자본론이라면, 자신이 쓴 자본론은 21세기 상황에 맞게 21세기에 쓴 자본론이라는 점을 강조하는 의미에서 붙인 제목이었다. 그래서 여기서는 피케티 저작의 번역명을 한국어 번역본 제목인 『21세기 자본』 대신 『21세기 자본론』이라고 썼다. 마르크스의 대표 저작 『Das Kapital』을 『자본론』이라고 번역하고 그것이 일반화되어 있는 사실을 감안할 때, '21세기 자본론'이라고 번역하는 것이 원저자인 피케티의 의도를 더 정확히 전달한다고 보기 때문이다. 피케티의 불어판 책은 통상적인 반응 이상의 반응을 가져오지 못했다. 이듬해 영문판이 커다란 반응을 일으키자 그 반응이 프랑스에 역수입되며 프랑스에서도 엄청난 반향을 불러일으켰다.

자료를 기반으로 진행했던 소득불평등 연구를 종합하여 『왜 우리는 불평등해졌는가Global Inequality』를 출간했다. 그는 세계화가 소득불평등에 미친 영향을 분석한 후 그 결과를 코끼리 곡선Elephant Curve[4]으로 보여주었다.

국제통화기금의 뒤를 이어 세계은행World Bank과 경제협력개발기구OECD 또한 약속이나 한 듯이 불평등의 부작용과 함께 포용적 성장의 중요성을 강조하는 보고서들을 출간했다. 그 직접적인 계기로는 2008년 미국의 서브프라임 모기지 사태가 초래한 세계적 금융위기와 그 수습과정에서 더욱 심해진 소득불평등을 빼놓을 수 없다. 하지만 금융위기는 하나의 전기였을 뿐 이미 1990년대 초부터 국제노동기구ILO, 경제협력개발기구 노동조합자문위원회OECD TUAC, 개별 구미국가 노동조합들을 중심으로 무역 및 투자 자유화가 소득분배나 근로조건 저하에 무관심한 데 대해 강력한 문제 제기가 있었고 반세계화 운동진영의 시위와 항거운동이 있었다.

자본주의는 불평등을 극복하며 진화했다. 자본주의는 과거 증기기관과 전기를 응용한 기술이 확산되며 경제와 사회변화가 대변혁을 겪은 이후 이제 디지털 기술로 인한 변혁을 겪는 중이다. 증기기관과 전기 혹은 컴퓨터와 인터넷과 인공지능과 로봇처럼 경제와 사회에 광범위하게 영향을 미치는 기술을 범용기술General Purpose Technology이라고 한다. 소득불평등 악화로 인한 사회 갈등은 이전의 범용기술 확산기에도 인류가 겪었던 현상이었다. 과거의 경험으로 미루어보면 현재의 불평등도 기술이 평준화되고 교육체계가 디지털혁명에 부응

---

4 코끼리 곡선은 선진국 중산층 소득 저하를 특징적으로 보여주는 세계 소득분포 변화가 코끼리 모양을 닮아서 붙여진 이름이다. 〈그림 3-4〉 참조.

해서 그에 걸맞은 숙련을 원활하게 공급할 수 있게 되면 완화될 것이다.

그렇지만 그 극복 과정이 공동체 구성원 모두의 이익을 도모하는 방식으로 순조롭게 진행되리라고 낙관하기는 어렵다. 이전의 범용기술 확산기인 산업혁명 시기에도 그랬듯이 이번에도 시행착오는 불가피할 것이다. 시행착오에는 비용이 따른다. 전쟁이나 내란과 같은 비용을 치를지, 그보다 완화된 비용을 치를지의 차이만 있을 뿐이다. 그 변화과정은 과거 규범·기득권과 미래 규범·권력과의 헤게모니 경쟁을 수반한다. 이때 국내정치와 지정학(혹은 국제정치)은 각별히 중요한 역할을 한다.

이 글의 목적은 두 가지이다. 하나는 우리가 살고 있는 21세기 자본주의의 현상을 진단하고 그 미래에 대한 전망을 해 보는 것이다. 미래를 알기 위해서는 과거를 알아야 하고 우리가 서 있는 현재 위치도 알아야 한다. 이 글이 자본주의 성립기에 일어났던 일과 함께 곧바로 20세기 자본주의가 어떤 점에서 19세기 자본주의와 달라졌는지를 살펴보는 데서부터 시작하는 이유이다. 이 글의 두 번째 목적은 사람들의 경제생활의 안녕과 공동체의 운명에 정치가 각별한 중요성을 지니는 시기가 범용기술의 확산기라는 사실을 강조하는 것이다. 불평등이 커지고 갈등이 확대되는 상황에서 전쟁이나 내란과 같은 극단적 비용을 지불하지 않고 지속 가능성을 확보하기 위해서는 새롭게 요구되는 정부의 역할을 잘 정의하여야 하고 거기에는 갈등을 잘 조정하는 정치의 건강성이 중요하다.

이 글은 다음과 같이 전개된다. 제1절의 서론에 이어 제2절에서 기술과 자본주의 내 불평등 동학에 대한 가설을 쿠즈네츠 곡선을 이용하여 제시한다. 제3절은 먼저 자본주의 근간 요소를 사유재산권, 수요공급에 의해 가격이 결정되는 시장, 직업선택·거주이전·계약의 자유로 대표되는 경제적 자유라고 정의한다. 그 다음 이 근간요소들 외에 20세기 자본주의가 지속 가능성을 확보하기 위해 19세기에 비해 변모를 보인 주요한 측면을 정부의 역할을 중심으로 설명한다. 제4절에서는 반독점법, 사회보장제도, 정부의 경기안정화, 표준화된 공교육 보급을 19세기 자본주의와 구별되는 20세기 자본주의의 특징이라고 보고, 21세기의 디지털 전환과정에서 규제할 독점의 내용, 사회보장의 방식, 경기안정화를 접근하는 방법, 공교육의 내용이 달라지기는 할지언정 이들 영역에서 정부의 역할은 지속될 것이라고 전망한다. 제5절은 자본주의와 민주주의의 관계, 권위적 자본주의의 역할과 민주적 자본주의에 대한 영향 등에 관해 진단하는 한편, 권위적 자본주의에 비해 민주적 자본주의가 우월하다고 선험적으로 단정하는 것은 범용기술의 확산이 낳는 불안정성 속에서 민주주의가 갈등을 조정하는 건강성을 갖추지 못하는 한 공허한 담론에 불과함을 주장한다. 제6절은 새로운 범용기술 확산이 불평등을 확대시키고 정부의 역할의 변화를 요구하고 있으며 정부 역할의 변화 과정과 양상이야말로 21세기 자본주의의 성격을 규정하는 관건이 될 것이라고 본다. 그 때문에 갈등을 극복하기 위한 정치적 건강성이 어느 때보다 중요한 시기라고 강조한다. 그와 함께 21세기 자본주의는 생태계 질서를 무너트리지 않고 자연과 조화를 추구하는 경향을 보이는 점이 20세기와 크게 다른 점이 될 것이라고 전망한다.

2. 범용기술의 등장과 자본주의의 변화

1) 산업혁명과 디지털혁명

자본주의는 역사적 진화의 산물로서 등장했다. 지금의 디지털 전환 과정에서 겪고 있는 현상이 초래할 결과나 자본주의의 미래에 대해 통찰을 얻기 위해서는 자본주의가 탄생할 때의 역사적 과정을 돌아볼 필요가 있다. 농업사회에서 산업사회로의 전환은 영국에서 처음 관찰되며 16세기부터 19세기에 걸쳐 느리게 진행되었다. 19세기에는 영국과 영향을 주고받으며 다른 유럽국가와 미국에서도 상당한 동조화가 진행되었다.

산업혁명이 태동했던 영국에서는 산업혁명 전야에 해당하던 16세기에 양을 키우기 위해 농민을 쫓아내던 시대가 있었다. 산업혁명 초기에 농촌으로부터 유리된 사람들은 극심한 빈곤에 시달렸다. 그것은 사유재산권 인정, 수요공급에 의한 가격결정, 직업선택 및 거주이전의 자유와 같은 변화가 정착하는 과정이기도 했다. 산업혁명으로 수공업 공장에서 활약하던 숙련공이 기계에 밀려 퇴출되었다. 농촌에서 유리되어 스스로 조달할 수 있는 식료품이나 상품이 없는 세상이 되었는데 생필품 가격은 상승했다. 일자리는 불안정했고 한 사람의 임금으로는 생계에 충당할 수 없었다. 여성 노동과 함께 아동 노동도 증가했다. 스모그가 발생하고 대도시 사망률이 증가했다. 꽃다발을 들고 걸어가는 애덤 스미스의 모습을 그린 존 케이John Kay의 드로잉이 있다. 애덤 스미스가 꽃다발을 들고 다닌 것은 당시 에든버러의 악명 높은 악취를 가리기 위해서였다. 빈민가에서 발생한 전염병으로 사람들이 대거 죽어나가기도 했다. 덕분에 세균의 존재가 밝혀지기도 했다. 독점적 이익을 위해 결탁하거나 인수합병을 하는 일이

잦아졌다. 그런 시기를 거친 후 19세기 말, 20세기 초에는 공정경쟁, 사회보장, 경기안정화에 관한 적극적 역할까지 국가가 해야 할 일로 정의되었다.

사람이 할 일을 로봇과 인공지능이 다 빼앗아가고 있다는 두려움이 끊이지 않고 있지만 기실은 전통적 숙련이 필요 없어지고 로봇과 인공지능을 만들고 로봇과 인공지능을 활용해서 생산성을 높이는 숙련 수요가 늘어나고 있다. 유튜브 동영상 "인간은 필요 없다Humans Need Not Apply"는 20세기 초에 자동차의 등장과 함께 수레를 끌던 말의 역할이 사라진 것처럼 디지털혁명으로 인간이 필요 없는 시대가 왔다고 주장하면서 이를 뒷받침하는 여러 근거와 징후를 보여준다. 같은 제목의 책을 쓴 제리 카플란Jerry Kaplan이 책의 후반부에서 변화에 대응하기 위한 방안 제시에 노력하는 것을 보면 그도 인간이 필요 없는 시대가 오는 것은 아니라는 점을 알고 있었던 것처럼 보인다. 카플란은 자신이 제시하는 해법 꾸러미를 매력 있어 보이게 하는 장치의 일환으로 책의 서두에서 다소 충격적 진단과 전망을 제시하고 있을 뿐이다.

디지털혁명의 원천기술 중 많은 것들이 미국에서 촉발되었다. 그렇지만 과거 산업혁명 기술과는 비교할 수 없을 정도로 그 확산 속도가 빨라 모든 산업 국가들이 동시에 디지털 기술에 노출되어 있다. 산업혁명이 영국에서 수 세기에 걸쳐 느리게 진행되었던 점과는 달리 디지털혁명은 산업 국가들에게 일거에 파급되었다. 물론 그 기술을 체화하고 기술에 적응하는 속도는 나라마다 차이를 보인다. 하지만 산업혁명 당시와 마찬가지로 많은 나라에서 소득분배가 악화되며 경제에 충격이 반복될 때마다 취약계층일수록 비대칭적으로 부정적 영향을 더 많이 받고 있다.

디지털 전환이 진행 중이지만 사유재산권 인정, 시장의 수요공급에 의한 가격결정, 직업선택 및 거주이전의 자유와 같은 자본주의 경제와 사회를 구성하는 근간 요소에는 변화가 없다. 이번 세기에 변화가 있을 것 같지도 않다. 이 요소들이 보장되어야 한다고 강조는 될지언정 불합리하다는 평가가 제기되고 있지 않기 때문이다. 그렇다고 지난 세기에 확립된 정부의 역할 영역이 단순히 과거의 연장선상에서 지속될 것이라고 말할 수는 없다. 지난 세기에 확립된 정부 역할이 없어지기보다는 정부가 개입하는 영역의 내용이 달라지고 있는 중이다.

디지털 기술이 주는 환상이나 우려를 '유토피아 대 디스토피아'로 표현하고, '도 아니면 모'와 같은 이분법적 옵션으로 해석하는 경향이 있다. 하지만 신기술은 그 편리함이나 유용성과 함께 인류에게 새로운 도전을 제기한다. 그러므로 현재 일어나고 있는 변화를 잘 이해하고 앞으로 벌어질 일에 대한 통찰이 과도하게 빗나가지 않기를 원한다면 '유토피아 대 디스토피아'를 대비할 때 둘 중 하나의 상황이 도래할 것이라는 의미보다는 순기능과 역기능을 강조하기 위한 수사법이라고 이해하는 편이 낫다. 디지털혁명, 인공지능 시대의 도래는 기존의 자본주의 사회구조와 운영방식에 변화를 요구하는 계기일 뿐, 일방적으로 인류를 유토피아로 인도하거나 디스토피아로 떨어트리는 계기가 아니다.

2) 범용기술의 개념

산업혁명기에는 증기기관과 전기와 같은 동력을 활용하고, 그것을 이용하는 기계를 만들어내는 기술 확산으로 농업사회가 산업사회로 전환되고 자본주의 시장경제가 모습을 갖추었다. 그와 마찬가지로

20세기 말 이후 디지털 기술을 매개로 다시 단절적 변화가 경제사회의 도처에서 전개되고 있다.

기술은 외부세계에 대한 인간의 노동을 응용하는 능력의 결실이다. 기술 중에는 수레, 야금술, 화약, 원거리 항해술, 동력기관(증기기관·전기·원자력)처럼 급격한 변화를 가져오는 것만 있는 것이 아니다. 단조롭지만 오랜 시간에 걸쳐 서서히 일어나는 응용능력의 변화도 있다. 즉 도구의 개선, 작업과정의 개선과 같은 사소해 보이는 수많은 활동도 포함된다. 예컨대 농부가 쟁기질을 하는 방법, 광부가 괭이질을 하는 방법, 어부나 사공이 배를 선착장에 매 두는 방법도 모두 기술에 해당한다. 이 점에서 기술발달의 역사는 '도구를 사용하는 인류Homo Faber'의 역사만큼 길다.

사회의 획기적 변화가 특정한 하나의 기술적 발명으로부터 전개되지는 않는다. 예컨대 안경의 발견이 독서 인구를 늘렸고 그것이 르네상스시대와 근대의 지적 성장을 촉진했다고 주장한다면 그것은 특정한 기술의 발달이 지닌 영향을 지나치게 단순하고 과도하게 평가하는 셈이 될 것이다. 현재의 상태를 도출한 과거의 원인을 찾는 일은 분명 현재에 필연성을 부여하기 위해 과거의 우연적 사건을 원인으로 재구성하는 개념적 조작과는 다르다. 기술은 암묵적이든 명시적이든 누적된 지식의 산물이며, 지식 축적은 수없이 많은 요소들이 작용해서 이루어진다.

한편, 기술 발달의 역사를 살펴보면 특정 기술이 상당한 시간에 걸쳐 여러 파생 기술을 낳고 그것들이 인간의 물질생활에 지대한 변화를 만들어낸 경우를 발견할 수 있다. 예컨대 불의 발견, 문자의 발견, 농업혁명, 수레의 발명은 인류의 기술 발달사에서 획기적으로 중요한 계기였다. 이러한 발명과 발견들이 인간의 의식주에 얼마나 큰 변화를 만들어냈는지는 아주 미미한 상상력만으로도 짐작할 수 있다. 불의 발명은 불을 이용한 다양한 가공법을 발달시켰다. 기술이 누적된 지식의 산물이라는 점을 생각할 때 문자의 발견이 기술 발달에 지니는 함의는 아무리 강조해도 충분치 않을 것이다. 인류가 정착생활을 하며 다양한 문명을 발달시키고 생산력의 도약을 이룬 것은 농업혁명을 빼고는 생각하기 어렵다. 수레의 발명은 육상 운송과 물류가 획기적으로 발달하는 계기가 되었다. 이처럼 그 확산이 여러 가지 파생기술들을 촉발하여 경제의 제반 영역에 영향을 미치고 사회에도 광범위하게 영향을 미치는 종류의 기술을 범용기술이라고 부른다.

우리의 시야를 인류사 전체가 아니라 자본주의 시대로 좁힌다면 인류는 현재 디지털 기술 혹은 지능정보기술로 대표되는 두 번째 범용기술 확산기를 맞고 있다. 첫 번째 시기는 증기기관과 전기가 여러 산업 분야의 동력으로 사용되고 또한 증기·전기 동력을 이용하는 각종 기계들이 등장한 200년 전부터 100년 전 정도까지의 기간, 그리고 두 번째 시기는 컴퓨터·인터넷·인공지능이 확산되고 있는 1980년대 이후 현재까지의 기간이다.[5]

3) 소득불평등의 동학: 쿠즈네츠 곡선의 재해석

범용기술의 확산은 소수에게는 과거와 단절된 방식으로 엄청난 부

---

5 정보통신기술이라고 일컬어지는 디지털 기술 출현의 단초는 1980년대 혹은 그 이전까지 거슬러 올라간다. 기계학습에 의한 인공지능기술 발달이 가시화되던 2016년에는 알파고와 이세돌의 대국, 세계경제포럼WEF의 제4차 산업혁명 담론과 맞물려 관련 논의가 폭발적으로 확산되었다. 2022년부터는 챗GPT, 바드BARD와 같은 생성형 인공지능이 주는 충격과 함께, 달리DALL-E, 미드저니Midjourney와 같은 그림 그려주는 인공지능의 등장으로 지식노동을 넘어 예술의 경지까지 인공지능의 역할이 확대됨으로써 새로운 국면을 맞고 있다.

를 쌓을 기회를 제공한다. 반면 많은 사람들의 고용과 소득은 불안정하게 만든다. 산업혁명 초기 농지에서 쫓겨난 농민이 도시 빈민이 되었던 것처럼 디지털혁명도 전통적 직무에 단절적 변화를 겪은 사람들의 고용과 소득을 불안하게 만들고 있다.[6] 이런 특성으로 인해 범용기술이 확산되는 시기에는 소득 격차가 확대되는 경향이 있다.

자본주의 국가의 경제발달 양상을 고찰한 사이먼 쿠즈네츠는 '경제발전 초기에는 소득분배가 악화되지만 성숙기에 접어들면 소득분배가 개선된다'는 사실을 밝힌 논문을 1955년에 발표했다(Kuznets 1955). 경제의 초기 발전 단계에는 새로운 투자 기회가 많다. 그래서 이미 투자할 자본을 갖고 있는 사람들이 자산을 늘릴 기회가 많다. 반면 농촌을 탈출하여 도시로 유입된 노동자들의 임금은 낮다. 그 결과 소득 격차가 확대되고 불평등이 심화된다. 경제가 발전하면서 노동자가 더 나은 임금을 받는 일자리를 찾고 복지제도가 발달함에 따라 소득불평등이 줄어든다. 이로 인해 1인당 소득과 경제적 불평등의 궤적은 역U자 모양의 관계를 갖게 된다는 것이다(〈그림 3-1〉).

쿠즈네츠 곡선이 발표된 후 두 세대 이상의 시간이 흐른 지금 상위소득자의 소득비중 추이를 100년 이상의 관측기간에 걸쳐 고찰하면 역U자 형태가 아닌 U자 형태가 관찰된다. 토마 피케티는 1970년대 이래의 양극화 심화시기를 포함하여 자본주의 국가들의 소득분배 상황을 고찰하였다(〈그림 3-2〉). 그는 노동소득 증가율이 자본소득 증

---

6 이러한 격차가 어떤 사회갈등으로 연결되는지는 다른 고려를 필요로 한다. 부의 이동 양상이 꿈의 성취를 표상하며 공정성 시비를 불식시킨다면 소득분배 악화가 반드시 갈등 증폭으로 귀결되지는 않는다. 그러한 점에서 부의 분포상태에 못지않게 중요한 것이 부의 이동성이다. 현재 미국의 최고 갑부 열 명 중 여덟 명은 기술기업 창업자들이다. 한 나라의 역동성을 보기 위해서는 디지털혁명으로 부의 편재가 고착화되지 않고 새로운 부자가 대거 탄생했는지에 주목할 필요가 있다.

가율을 능가한 적이 없었다며 소득분배 개선 전망과 현행 자본주의 작동방식에 대해 비관적인 전망을 하는 일련의 논문을 발표했다. 이

그림 3-1 쿠즈네츠 곡선

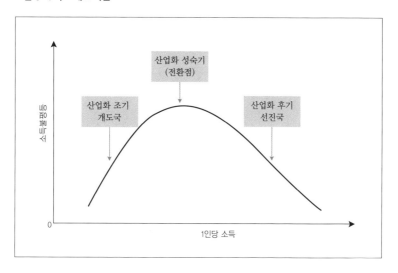

그림 3-2 최상위소득자 10%의 소득 비중(피케티 곡선)

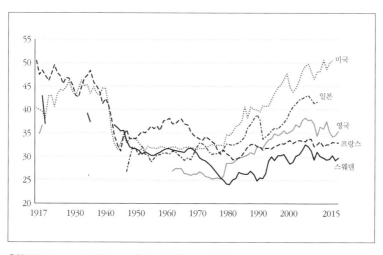

출처: World Inequality Database(https://wid.world/data)

들을 종합하여 마르크스가 저술한 『자본론』의 제목을 빌려 2013년에 『21세기 자본론』이라는 제목의 책으로 출간했다.

우리가 현재 목격하고 있는 소득분배의 변화 양상은 60년 정도의 삶의 주기 속에서는 일방적으로 보일 수 있다. 하지만 역사가 보여주는 소득분배상태의 변화는 그렇게 단순하지도 않고 일방향적이지도 않다. 그 변화에는 시장 자체뿐만 아니라 그것을 규율하는 정부와 사회운영 규범의 역할이 크게 작용한다. 자본소득이 노동소득보다 훨씬 빨리 증가한다고 보며 양극화 동력이 우세하다고 본 피케티도 인정하듯이 불평등은 다양한 요인의 영향을 받는다. 소득불평등은 정치적 행위자들이 형성하는 가치규범과 제반 이해관계자의 역학관계가 빚어내는 합작품이다. 범용기술이 여러 가지 파생기술들을 촉발하고 경제·사회 제반 영역에 광범위하게 영향을 미친다는 사실을 염두에 두고 쿠즈네츠 곡선을 경제발전단계에 따른 소득불평등 변화곡선이라고 보는 데서 나아가 범용기술이 등장하고 확산되는 데 따른 소득불평등 변화추이를 보여주는 곡선으로 간주하면 다른 해석이 가능하다. 즉 피케티 곡선이 쿠즈네츠 곡선과 상충된다기보다 서로 다른 시기를 고찰하는 데 따른 해석의 차이일 뿐이라고 볼 수 있다. 수렴 동력과 양극화 동력 사이의 역학관계가 상이하게 발휘되는 시기를 주목할 때 나타나는 차이로 볼 수 있는 것이다.

피케티 곡선을 1900년경부터 1950~1960년대까지에 한정해서 보면 쿠즈네츠가 본 것처럼 역U자형 곡선으로 보인다. 소득분배 자료를 구할 수 없는 19세기 후반의 소득분배 상황이 20세기 초보다 나은 상태가 아니었다는 사실을 반영하면 19세기 후반부터 20세기 중반까지 주요 산업국들의 소득분배 추이는 역U자 형태를 띨 것임을 짐작할 수 있다. 1970~1980년대부터 새로운 범용기술이 확산되고 있

그림 3-3 두 개의 쿠즈네츠 곡선

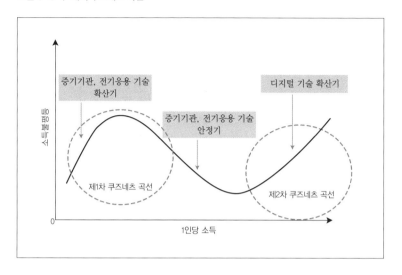

음을 감안하면 19세기 말부터 20세기 중반에 제1차 쿠즈네츠 곡선이 나타나고 피케티 곡선에서 1980년대 이후만을 분리해서 제2차 쿠즈네츠 곡선이 시작되는 시기로 볼 수도 있는 것이다(〈그림 3-3〉). 물론 이러한 가설에 대한 정확한 판단은 다시 두 세대 이상의 시간이 흐른 뒤에야 가능할 것이다.

4) 신부유층의 등장

19세기 이후 생산성 증가율이 두드러지게 증가한 것은 증기와 전기를 주된 동력원으로 사용하는 응용기술과 각종 설비 및 소비재의 급격한 증가와 관련이 있다. 이 시기는 〈그림 3-3〉에서 제1차 쿠즈네츠 곡선의 전반부에 해당하는 변화가 일어난 때이기도 하다. 산업혁명의 역사를 기록한 책들에 의하면 이러한 변화를 일으킨 사람들은 완전히 새로운 계층이었다(하일브로너·서로 2018: 29). 파이프, 풀무, 교량, 실린더, 선박을 모두 철로 만들어야 한다고 주장하여 제철 분야의 기술혁신에 선도적 역할을 한 존 윌킨슨John Wilkinson은 제철업자의 아들이었다. 철사나 못을 만드는데 쓰이는 연철의 제련과정을 고안해 낸 피터 어니언스Peter Onions는 무명의 십장이었다. 강철 만드는 법을 개선한 헌츠먼Benjamin Huntsman은 시계 제작자였다. 이발사였던 아크라이트Richard Arkwright는 최초의 방적기를 발명하고 제분소를 운영해서 거부가 되었다.

삼성 창업주 이병철 회장이 일군 부의 크기보다는 이건희·이재용 회장의 삼성전자가 몇 배나 더 큰 기업인 것은 사실이다. 더군다나 신세계 그룹을 포함한 후손들이 일군 부의 합을 생각해 보면 언뜻 피케티의 주장이 합당해 보인다. 하지만 1960년대에 삼성, 현대와 어깨를 견주었지만 지금은 이름도 없이 사라졌거나, 여전히 1960년대의

표 3-1 세계 기업가치 순위 Top 10 (2023년 7월)

순위	기업	국적
1	**애플**	미국
2	**마이크로소프트**	미국
3	아람코	사우디아라비아
4	**알파벳(구글)**	미국
5	**아마존**	미국
6	**엔비디아**	미국
7	**테슬라**	미국
8	**메타(페이스북)**	미국
9	버크셔 헤서웨이	미국
10	**TSMC**	타이완

주: 볼드체는 두 세대 전에는 존재하지 않았던 기업들
출처: Companies ranked by Market Cap(https://companiesmarketcap.com/)

수준에 머물러 있는 기업도 많다. 자본이 위험 없이 증식만 하는 것이 아니고 투자가 다 수익으로 연결되는 것도 아니다.

현재 기업가치가 가장 높은 세계 10대 기업 중 애플, 마이크로소프트, 구글, 아마존, 엔비디아, 테슬라, 메타, TSMC와 같은 기업들은 한 세대나 두 세대 전에는 존재하지도 않았던 기업들이다(〈표 3-1〉). 그뿐만 아니라 공히 세습된 부가 아닌 자수성가한 창업자들이 만든 기업들이다. 한국의 네이버, 카카오, 셀트리온도 마찬가지다. 2023년 현재 한국의 10대 부자 중 5명은 자수성가형 부자들이다(〈표 3-2〉). 이들 신흥부자들은 금융산업과 새로운 산업(IT, 게임, 바이오)에서 나왔다. 요즘의 새로운 산업은 초기에는 개발비가 많이 들어가지만 일

표 3-2 한국의 10대부자 (2023년)

순위	이름	소속(업종)
1	김병주	MBK 파트너스(사모펀드)
2	이재용	삼성전자
3	서성진	셀트리온(제약)
4	권혁빈	스마일게이트(게임)
5	김범수	카카오(IT 서비스)
6	홍라희	리움미술관
7	정몽구	현대자동차
8	김정민, 김정윤*	호텔신라
9	조정호	메리츠금융
10	이부진	호텔신라

주: 음영표시는 당대에 자수성가로 부를 이룬 기업가들
 * 고 김정주 대표의 상속인 김정민, 김정윤은 김정주 대표로 간주하고 분류함.
출처: 《포브스》 2023년 5월호(https://jmagazine.joins.com/forbes/view/337794/)

단 매출이 발생하면 추가 비용은 크게 들지 않거나 거의 들지 않아 이윤율이 높은 특성을 지니고 있다.

이미 일어난 일에 대해서 그런 일이 일어나지 않았으면 바뀌었을 세상을 그려보는 것은 많은 경우 아쉬움의 다른 표현일 뿐 부질없다. 하지만 어떤 가정은 우리가 관찰한 현상이 가져오는 변화를 잘 이해하는 데에 도움이 된다. 카카오의 김범수, 스마일게이트의 권혁빈, 넥슨의 김정주 같은 사람들이 과연 디지털 기술이라는 범용기술이 확산되는 시대를 만나지 않았더라도 지금과 같은 기업과 큰 부를 일구었을까? MBK파트너스의 김병주, 셀트리온의 서정진은 디지털 기술로 인한 변화 속에서 기회를 보지 못했더라도 전통적 산업혁명 기술 속에서도 지금 일군 부와 같은 기회를 포착했을까? BTS나 블랙핑크는 SNS로 대표되는 디지털 시대의 인터페이스 도움 없이도 세계적인 명성을 얻었을까? 같은 질문을 마이크로소프트의 빌 게이츠, 애플의 스티브 잡스, 구글의 세르게이 브린, 아마존의 제프 베조스, 테슬라의 일론 머스크, 알리바바의 마윈, 텐센트의 마화텅에게도 해볼 수 있다. 이들 또한 산업혁명 확산기의 기술개발에 큰 획을 그었던 존 윌킨슨, 피터 어니언스, 벤저민 헌츠먼, 리처드 아크라이트와 마찬가지로 새로운 범용기술 확산기에 완전히 새롭게 부상한 계층이다.

5) 순환하는 불평등

물질적 풍요의 견지에서 본다면 산업혁명 이전의 농업사회는 정체된 사회이다. 농업중심의 안정된 혹은 정체된 사회에서 산업화와 같은 구조 변화가 촉발되면 불평등이 증가할 여지가 커진다. 18~19세기에 제1·2차 산업혁명을 거친 국가들에서 제1차 쿠즈네츠 곡선의 초기 현상이 나타났다. 즉 증기와 전기를 응용한 다양한 기술이 발전하고 과거에 없던 상품과 서비스를 만들어내는 과정에서 불평등 확대 현상이 나타났다.[7]

산업혁명 이후의 역사적 과정을 보았을 때 불평등 완화는 두 가지의 경로를 지녔다. 첫째 경로는 전쟁과 내전(혹은 혁명)이었다. 전쟁과 내전은 부자도 빈자도 가난하게 만드는 방식으로 불평등을 완화했다. 잃을 것이 많은 사람일수록 더 많이 잃게 만드는 것이 전쟁이었다. 둘째 경로는 정치, 노동권보장, 사회보장, 교육이었다. 공동체 차원의 연대에 입각한 사회정책, 힘의 불균형을 시정하는 노동조합 활동의 자유와 반독점법, 출발선의 불평등을 시정해주는 내실 있는 공교육, 그리고 이러한 것을 지향하는 정치세력의 존재는 불평등을 완화하는데 기여했다. 짧게는 제2차 세계대전 후 30년간, 길게는 제1차 세계대전 이후부터 60여 년간이 이런 기제를 통해 불평등이 완화된 시기였다.

위 두 가지 경로와는 별도로 기술 진화에 따른 시장의 기제도 작동했다. 범용기술의 확산 초기에 신기술을 이용한 새로운 사업모델, 새로운 상품과 서비스가 폭발적으로 출현하고, 급속한 변화 속에서 기회를 포착하는 사람들이 막대한 부를 축적하는 질풍노도의 시기가 지나자,[8] 단절적 기술 변화보다는 공정혁신이 일반화되는 단계에 들어섰고 산업혁명시대의 불평등은 완화되었다. 학교 교육이 기초적

---

7 물론 산업화가 반드시 불평등을 증가시키는 것은 아니다. 마이클 토다로는 자신이 쓴 경제발전론 교과서에서 경제개발 과정에서 소득분배가 악화되지 않고 경제발전이 이루어진 대표적 국가의 예로 한국을 든다(토다로 1986).

8 기회를 포착하는 사람들이 막대한 부를 축적하는 시기에는 저소득층의 실질소득이 감소하지 않더라도 불평등이 증가한다. 저소득층의 실질소득이 증가하면 불평등은 훨씬 극적으로 증가한다.

소양교육과 함께 산업화시대의 노동수요에 적합한 교육내용을 정착시키는 형태로 표준화되고, 기업 내 현장학습을 통해 저숙련 노동자가 중간숙련 노동자로 이행할 수 있을 정도로 기술변화 속도가 안정화되었다. 공정혁신 기술 또한 주로 저숙련 노동자와 중간숙련 노동자에게 유리한 변화가 일어나는 형태로 바뀌었다. 이를 통해 중간숙련 노동자와 저숙련 노동자들도 높은 생산성을 발휘하고 이에 상응하는 소득증가를 누릴 수 있었다.

1980~1990년대 이후 고숙련 노동에 편향적으로 유리한 기술변화가 진행되었다는 실증적인 연구들 때문에 흔히 기술변화는 고숙련 노동에 유리하고, 저숙련 노동을 대체한다고 간주하는 경향이 있다. 하지만 제2차 세계대전 후의 30년간은 노동력 부족이 일반적 현상이었고 노동자들의 임금증가 속도가 평균소득 증가 속도보다 빨랐다. 그리하여 20세기의 60년 안팎의 기간 동안 산업화된 국가들에서 소득불평등은 감소했다.

지구적 차원에서 보자면 사회주의 국가의 등장도 불평등 완화에 기여했다. 핵이라는 가공할 무력 수단을 갖추고 평등을 지향하며 자본주의 시장경제와 체제경쟁을 하는 전체주의 국가가 존재한다는 사실은 자본주의 국가들이 조세와 사회보장급여와 같은 2차적 분배장치를 적극적으로 도입하고 저소득계층 생활보장에 더욱 많은 관심을 기울이게 하는 환경으로 작용했다.

제1·2차 산업혁명의 시기에 산업지형은 단절적으로 변화했다. 도시화가 급속히 진행되었고 교육제도도 산업화 시대의 인력수요에 맞추어 변화하였다. 숙련된 노동이 공급되고, 도시의 공장에 모인 이들이 재분배 요구를 높였다. 사회주의 사상이 확산되고 내전 위험이 증가하면서, 이를 피하기 위한 정치세력이 외부 전쟁에 호소하거나, 재분배 요구를 수용하는 정치세력이 등장함에 따라 불평등은 감소했다. 제1차 세계대전을 촉발한 중요한 원인 중 하나는 산업화된 국가들 내의 엄청난 불평등 누적과 국가 간 격차 확대였다.

1980년대에 들어서자 1970년대까지 불평등을 완화시키던 요인들은 힘을 잃고 불평등을 증가시키는 요인들이 더 세력을 떨치기 시작했다. 그 배경에는 정보통신 기술의 발달과 함께 세계화의 진전이 있었다. 1960~1970년대에 '관세 및 무역에 관한 일반협정GATT'을 중심으로 상품무역을 자유화하는 국제 공조가 진행된 이후 무역 자유화는 1980년대 이후에는 서비스 무역 자유화와 투자 자유화로 영역이 확장되었다. 1990년대에는 투자자유화 협정이 선진국 간 경제협력의 대표적 양태가 되었다. 국제통화기금과 세계은행은 물론 경제협력개발기구의 기술적 지원들technical assistances이 모두 무역 및 투자 자유화를 정책의 지향점으로 삼고 있었다. 산업구조도 제조업에서 서비스업으로 이동하였다. 산업별 숙련수준별 노동자 구성을 살펴보면 제조업에서 중간숙련 노동의 구성 비율이 월등하게 높다. 서비스업은 저숙련 노동의 비중이 높다.

통계청의 경제활동인구조사 자료를 분석해 보면 2020년을 기준으로 할 때 우리나라 제조업의 중간숙련 노동자 비중은 70.8%, 저숙련 노동자의 비중은 14.0%였다. 반면 서비스업의 중간숙련 노동자 비중은 27.9%이고, 저숙련 노동자의 비중은 46.0%에 달했다. 산업별 숙련비중은 1990년도와 2020년도가 크게 다르지 않다. 그와 대조적으로 1990년대 한국의 제조업 종사자 비중은 17.2%였고, 서비스업 종사자 비중은 46.7%였다. 2020년 제조업 종사자와 서비스업 종사자 비중은 각각 16.3%와 70.0%였다. 금융부문의 고숙련 노동자에게 극도로 높은 보수가 주어지는 등의 특성으로 말미암아 제조업의 고숙련 노동자와 저숙련 노동자 간의 임금 격차보다 서비스업의 고숙련 노동자와 저숙련 노동자 간의 임금 격차가 월등히 크다. 산업별 특성이 이러한 상태에서 서비스업의 비중이 확대됨에 따라 임금과 소득 분포는 과거보다 훨씬 펑퍼짐해지고 불평등도는 높아졌다.

애덤 스미스는 번성하는 시장을 단순히 생산을 증진하는 도구가 아니라 더 깊은 의미에서 평등을 증진할 수 있는 수단으로 보았다. 그에 의하면 제대로 작동하는 시장에서는 "그들은[부자들은] 보이지 않는 손에 이끌려서 토지가 모든 주민들에게 똑같이 나누어졌을 경우에 있을 수 있는 것과 같은 생활필수품의 분배를 하게 된다. 그리하여 무의식중에, 부지불각 중에, ·사회의 이익을 증진시키고 인류 번식의 수단을 제공하게 된다"(스미스 2009: 346).

애덤 스미스 이래 자유주의적 정책의 신념 중 하나는 시장이 제대로 작동한다면 세상의 모든 자원이 모든 사람에게 공평하게 나누어 졌을 때와 같은 분배 상태를 얻을 수 있거나 적어도 증가된 이익에 바탕해서 모두가 더 만족할 만한 분배 상태를 얻을 수 있다는 것이다. 자유롭고, 경쟁적이며, 개방적인 시장이 저절로 생겨나거나 주어지지는 않는다. 시장에서 분배가 제대로 이루어지려면 독점적 이익을 위해 담합하거나 정치적으로 결탁하는 일이 방지되어야 한다.

정책 사조에도 사이클이 있고 관성이 작용한다. 정책의 조류가 일단 분배는 크게 걱정할 것 없다는 쪽으로 흐르게 되면 부작용에 대한 우려는 사라지고 장밋빛 전망이 더 부각되는 경향이 있다. 1980~1990년대에 정보통신기술이라는 새로운 범용기술의 1차 물결이 밀려오고, 투자 자유화를 위한 제도 변화를 수용하는 것이 국제적 표준이라는 인식이 산업화된 국가들 사이에 공유되었다. 그것은 기업 활동에 제약을 없애는 정책(자본 친화적인 정책이라고 부르기도 한다)

및 제도 이식과 확산으로 이어졌다.[9]

경제협력개발기구는 지난 30년간 세 차례에 걸쳐 일자리 전략Jobs Strategy 보고서를 발행하였다. 첫 보고서는 1994년에 발표되었다. 이 첫 번째 일자리 전략 보고서가 크게 주목했던 점 중 하나는 사회보장제도의 관대성이 가져오는 부작용이었다. 그리하여 동 보고서는 수혜자의 의무를 강조하는 방식으로 기존 사회보장제도를 개선해야 한다는 정책권고를 담았다.[10] 이 보고서는 당시 일자리 정책 전문가들이 공유했던 정책의 방향성을 보여준다.

자본 자유화가 하나의 표준이 되자 그로 인해 아주 중요한 변화가 나타났다. 자본이 여러 나라를 자유로이 이동할 수 있게 되자, 자본에 세금을 부과하기 어렵게 되었다. 투자자유화 규범으로 인해 자본 이동을 통제할 수 없게 되었고 자본에 세금을 부과하는 일은 전례 없이 어려워졌다. 사회보장제도에 커다란 변화는 없었지만 사회보장을 위한 재원은 높은 수익을 올리고 있는 자본보다는 낮은 소득을 올리고 있는 노동소득에서 더 많이 조달되었다. 자본은 쉽게 도망갈 수 있기 때문이었다. 이러한 현상은 소득분배 상태 악화로 이어졌다.

---

9 1980년대의 영국 대처 정부나 미국 레이건 정부의 정책, 1990년대의 영국 토니 블레어Tony Blair 노동당 정부나 미국 빌 클린턴Bill Clinton 민주당 정부의 기존 사회보장제도에 대한 비판적 태도는 그 연장선상에 있다.

10 한국은 당시 경제협력개발기구 회원국이 아니었다. 회원국이었다고 하더라도 당시 한국의 사회보장제도가 성숙과는 거리가 먼 상태에 있었기 때문에 1994년 일자리 보고서에서 한국의 사례는 매우 예외적으로 취급되었을 것이다. 2006년에 발간된 두 번째 일자리 전략 보고서는 일자리의 양과 함께 일자리의 질에 대한 관심도 촉구하는 한편, 나라마다 목표달성 방법이 다를 수 있다는 사실을 강조하였다. 2018년의 세 번째 일자리 전략 보고서는 포용성장과 미래 위험 대비를 강조하였다.

3. 19세기에서 20세기로: 정부의 역할 변화와 불평등 완화

1) 자본주의 시대의 생산성

자본주의가 그 이전의 시대와 구별되는 특징 중 하나는 높은 생산성이다. 자본주의시대 이전의 세계는 연간 경제성장률이 0.1%에도 미치지 못할 정도로 미미했고 그것도 대부분 인구증가율에 기인했다. 생산성 증가율은 0.02%에 불과했다(〈표 3-3〉). 유럽에서는 서로마제국 멸망 이후 8세기가 넘는 중세 기간 동안 경제성장이라고 할 만한 게 아예 없었다(고든 2017: 9). 세계경제가 20세기에 성취한 생산성 증가율 1.6%는 자본주의 이전 시대 생산성 증가율의 80배에 해당하는 수치이다. 평균 성장률 3%는 매 23.4년마다 경제규모를 2배로 만드는 수치이며 100년 동안에 경제규모를 19배 이상으로 만드는 수치이다. 이는 자본주의 이전 시대에는 수천 년간 경제생활이 대단히 정체되어 있었고 자본주의 시대에는 높은 생산성 덕분에 인류의 물질생활이 유례없이 윤택해졌음을 의미한다.

오늘날에는 의류나 가구는 물론 컴퓨터나 핸드폰과 같은 전자제품

표 3-3 세계의 경제성장

연도	성장률	인구증가율	생산성증가율
~1700	0.08	0.06	0.02
1700~2012	1.6	0.8	0.8
1700~1820	0.5	0.4	0.1
1820~1913	1.5	0.6	0.9
1913~2012	3.0	1.4	1.6

출처: Maddison(2003); 피케티(2014: 95)

을 고쳐 쓰는 것이 새것을 사는 것보다 오히려 비싸다. 신상품 판매를 촉진하기 위해 '계획적 진부화'가 마케팅 전략으로 통용되고 있으니 조만간 전자제품으로 도배된 자동차도 그렇게 될지 모른다. 하지만 손상된 유리병이 지금은 한국에서 거들떠보지도 않는 물건이지만 1960년대까지만 해도 강냉이나 아이스바를 바꾸어 줄 정도의 가치를 지닌 물건이었다. 또, 지금은 흔해 빠져서 길거리에 떨어져 있거나 폐가구장에 늘어서 있더라도 아무도 거들떠보지 않는 물건들이 17세기 후반까지만 하더라도 아주 진귀한 물건들로 취급되었다. 소작인은 자신의 재산을 식기 몇 점, 식탁 하나, 옷 몇 벌 하는 식으로 꼽았다(하일브로너·서로 2018: 31).

레오나르도 다빈치Leonardo Da Vinci는 충직한 가정부 마투린에게 '모피로 안감을 댄 좋은 품질의 검은 코트'를 유산으로 남겨주었다. 셰익스피어William Shakespeare는 아내 해서웨이에게 '두 번째로 좋은 물건인 침대'를 준다고 유언할 정도였다(하일브로너·서로 2018: 31). 미국 개척자들은 당시에는 희귀했던 쇠못을 회수하기 위해 자신이 살던 집을 불태우기도 했다. 애덤 스미스 시대의 스코틀랜드에서는 쇠못이 돈으로 사용되기도 했다. 신발, 외투, 종이, 창문, 의자, 혁대 등 지금은 일상적인 물품이 자본주의 시대 이전에는 소수 특권 계층이 아니라면 누구나 간절히 원할 정도로 희귀했다.

자본주의적 생산방식은 보통 사람들의 생활 수준을 향상시켰고 상품의 수, 다양성, 품질이 꾸준히 개선되어 오늘날의 중산층은 200년 전 귀족보다도 훨씬 더 풍요로운 물질생활을 누릴 수 있게 되었다. 자본주의 시대의 생산성 증가는 부를 축적하기 위한 사람들의 투자와 기업가의 혁신이 결합되어 만들어낸 결과이다. 그런 의미에서 기업가의 혁신성은 자본주의가 해방시키고 키워낸 무형의 생산자원이

었다.[11]

2) 자본주의의 근간 요소

산업혁명을 거치면서 19세기까지 확립된 자본주의의 근간 요소, 자본주의가 기업가의 혁신성을 해방시키고 키워낸 요체는 사유재산권, 수요와 공급에 의해 가격이 결정되는 시장, 직업선택·거주이전·계약의 자유로 대표되는 경제적 자유로 요약할 수 있다. 근대 국가들은 사유재산권과 경제적 자유를 헌법적 권리로 보장했고 그 유제는 현대 국가에도 계승되었다.

① 사유재산제도

근대국가의 헌법은 모든 개인의 재산이 신성불가침이라고 간주하는 원리에 입각하고 있다. 이는 자본주의가 태동하고 성립하는 과정에서 확립된 역사적 유산이다. 역사상 존재했던 왕정국가들에서 토지는 개인의 소유라기보다는 국가의 소유였고, 국가의 소유라는 말은 왕이나 귀족의 소유라는 의미와 같았다. 왕이나 귀족이 농민이나 다른 이들의 재산을 빼앗는 사례도 빈번했다. 러시아의 볼셰비키 혁명 이후 사유재산을 인정하지 않는 체제가 상당수 국가에서 70여 년간 존속했다. 하지만 지금은 쿠바, 북한 정도에만 남아 있다.

장자크 루소Jean-Jacques Rousseau는 불평등과 빈곤으로 인한 비참함의 원인이 사유재산제도에 있다고 보았다. 국가는 그러한 소유권 제도를 보호하는 역할을 하고 있다는 점에서 불평등을 제도화하고 있다

---

11 시진핑习近平의 중국이 취한 일련의 조처들을 보면 시진핑 정부는 기업가의 혁신성보다 소득분배가 더 중요하다고 보고 있는 듯하다.

고 보았다. 애덤 스미스 또한 국가권력이 뒷받침하는 소유권 제도와 시장경제가 불평등의 원인이라는 루소의 견해를 인정했다.[12] 하지만 사유재산제도와 시장경제가 반드시 비참한 결과를 초래하는 것이 아니며 오히려 더 나은 생활을 가져다준다고 보았다. 사회전체의 생산력이 올라가면 국가 권력이 법과 질서를 확립하고 법과 질서를 바탕으로 상업거래가 발전한 문명사회에서는 불평등이 확대된다. 그렇지만 불평등한 사회의 밑바닥에 자리한 사람들의 생활은 절대적으로 개선된다. 이에 따라 상업이 발달하지 않은 사회의 가장 부유한 사람들보다도 확실히 그들이 더 나은 생활을 한다고 보고 스미스는 사유재산제도를 문제 삼지 않았다.

19세기의 소득분배 현실을 본 카를 마르크스는 자본주의 체제의 지속 가능성에 의구심을 품었다. 사유재산권이 불평등의 원인이라는 그의 생각은 평등한 세상을 위해서는 사유재산제도가 불식되어야 한다는 생각으로 이어졌다. 그리하여 사유재산권에도 의존하지 않고 수요공급의 원리가 지배하는 시장에도 의존하지 않는 사회주의를 그 대안으로 생각했다. 그러면서도 정치력을 행사해 능력에 따라 일하고 필요에 따라 분배받는 체제를 만들고 유지·발전시켜 나갈 수 있다고 믿었다. 즉 자본주의가 성취해 내는 생산성은 달성하면서도 사회구조는 자본주의와 전혀 다른 체제가 가능하다고 믿었다.

사유재산제도가 불평등의 기원이라는 점에 대해서는 이견이 없었지만, 분배 정의에 관한 루소와 스미스의 접근법 차이는 불평등 해소

---

12 이나바 신이치로稲葉振一朗는 스미스의 『국부론』이 어느 면에서 루소의 『인간불평등기원론』을 논박하기 위한 저술이었다고 본다. 애덤 스미스는 1756년에 서평지 《에든버러 리뷰》에 기고한 글에서 루소의 『인간불평등기원론』을 길게 인용하였다(이나바 신이치로 2018: 9).

방법을 두고 오늘날에도 다른 처방을 내고 있다. '공정한 교환이 보장된다면 그 결과 얻는 분배 상태는 그것이 어떤 것이라 할지라도 물질적 풍요를 얻기 위한 불가피한 선택인가? 그렇지 않다면 분배 상태는 얼마만큼, 어떻게 교정되어야 하는가?' 이와 같은 질문은 루소와 스미스가 보였던 견해 차이의 본질이자 두 사람의 주장에 내재된 불평등 해소의 방법 및 필요성 차이에 관한 질문이라고 볼 수 있다.[13]

② 수요공급에 의해 가격이 결정되는 시장

오늘날 시장을 통한 거래는 지극히 당연하고 다른 대안을 찾기 어려운 행위이다. 좀 더 정확히 말하자면 우리는 시장에서 무언가를 사거나 팔지 않으면 며칠을 견디기 힘들 정도로 분업이 발달한 사회에 살고 있다.[14] 시장을 통한 교환이 생산과 소비활동을 지배적으로 규정하고 있지 않은 사회에서는 생산과 분배가 전통 규범이나 지배자의 지시에 따라 이루어졌다. 고대의 왕정이나 중세의 봉건제도뿐만 아니라 공산주의 국가들에서도 생산과 분배는 시장에 의하기보다는 중앙계획 당국의 지시에 따라 이루어졌다. 시장도 존재했고 교환도 이루어지기는 했지만 시장경제가 일반적으로 생산활동과 소비활동

---

13 불평등이 갈등을 낳고, 그 갈등이 사회의 안정성 자체를 위협하지 않도록 자본주의 국가들은 19세기와 20세기를 거치면서 사회보장제도를 확립했다. 빈곤한 사람들에게는 사회구성원이 합의하는 최소한의 생활을 보장하는 제도를 운영하였다. 또한, 경제에 충격이 가해지면 빈곤한 사람들일수록 더욱 불리한 영향을 받는 경향이 있으므로 정부가 경기안정화 역할을 하는 제도를 확립하였다.

14 길거리에 있는 수많은 가게나 회사 간판 중에는 지금까지 가 볼 필요가 없었고 앞으로도 평생 동안 가볼 필요가 없을 것 같은 생산물을 공급하는 곳이 셀 수 없이 많다. 하지만 각 개인이 소비하는 물건이나 서비스가 만들어지기까지는 바로 그런 가게나 기업들의 기여가 들어가 있을 것임에 틀림없다. 그렇지 않다면 그런 가게나 회사가 존재하지 않았을 것이다.

을 규정하기보다는 일부 잉여생산물에 국한되어 적용되었다. 토지, 자본, 노동력을 사고파는 조직적 시장도 없었다.

시장의 발달은 사회의 생산활동 시스템 변화와 함께 하였다. 생산 과정의 변화는 노동방식의 변화와 불가분의 관계를 갖는다. 분업은 공장 내에서도 발달했고 사회 전체적으로도 발달하였다. 18세기 애덤 스미스 시대에는 10명의 직공을 둔 수공업 공장만으로도 주목의 대상이 되었지만 19세기 초반에는 보통 수준의 섬유 공장도 수백 명의 노동자를 고용하고 있었다. 이러한 대규모 공장의 노동방식은 과거와 현저히 달랐다. 생산공정을 세분화하고 기계와 사람을 결합해서 많은 공정을 반복적으로 수행할 수 있게 만들었다.

분업의 발달은 시장의 발달을 더욱 촉진하였다. 시장은 수요자와 공급자가 만나 서로의 필요가 충족되면 교환을 하는 곳이었다. 분업의 발달과 도시의 발달은 다수의 수요자와 공급자가 존재하는 기반이 되었다. 공급에 비해 수요가 많으면 높은 가격에 거래되었고, 수요가 부족하면 낮은 가격에 거래되었다. 한두 가지 잉여생산물을 물물 교환하던 때와는 다른 모습의 시장이었다.

③ 경제적 자유

시장이 발달되지 않았던 사회에서는 경제적 자유라는 관념이 존재하지 않았다. 있었더라도 지금과 같은 의미가 아니었다. 유럽사 속에서 거주이전의 자유, 직업선택의 자유, 노동계약의 자유는 모든 사람이 원해서 민주적 의사결정을 통해 주어졌던 것이 아니다. 중세에서 근대로 이행할 때, 전통적·암묵적 계약이 해체되면서 느닷없이 닥친 것이었다. 그 해체과정의 대표적 사건이 영국사에서 '울타리치기Enclosure 운동'이라고 불리는, 농지로부터 농민을 축출하는 과정이었다. 첫 번째 울타리치기 운동은 16세기에 모직물 공업이 발달하면서 양털 값이 폭등하자 나타났다. 귀족과 지주들이 공유지에 울타리를 치고 사유화하며 경작지마저 양을 방목하는 목장으로 만들었다.

두 번째 울타리치기 운동은 18세기에 산업혁명이 본격화하며 곡물 가격이 대폭 상승할 때에 다시 나타났다. 이때에는 기업농들이 양모를 얻기 위해서가 아니라 소농의 토지를 흡수하여 대농장을 경영하기 위해서 농민들을 쫓아냈다. 새롭게 형성된 자본주의 체제에 부합하는 방식이 확립되지도 못하고 식별되지도 못한 상태에서 농민들에게 경제적 자유가 주어졌다. 그런 탓에 경제적 자유의 부상은 이해조정 실패, 빈곤, 폭동과 같은 사회적 혼란과 함께 했다. 지금 디지털 노마드digital nomad가 누리는 자유와는 전혀 다른 차원의 경제적 자유였다. 당시의 상당수 사람들에게 경제적 자유는 원치 않는 고통스런 변화였다. 하지만 경제적 자유가 사유재산제와 함께 기술변화와 기업활동을 추동하는 원인을 제공했다는 점에서 그것은 당시 많은 사람에게는 불행이었지만 어떤 사람에게는 행운이었다. 행운을 쥐는 사람은 주로 기업을 일굴 줄 아는 사람들이었다.

3) 정부의 역할로 본 20세기 자본주의의 특징

19세기 이후 자본주의는 변화를 추동하는 요인들에도 불구하고 나름의 관성 속에서 회복탄력성을 보이며 진화했다. 18~19세기의 자본주의가 정부의 역할을 국방, 외교, 치안과 같이 질서 유지 업무에 한정하고, 시장개입은 최소한으로 하면 된다고 보는 야경국가관夜警國家觀에 입각해 있었다면 20세기의 자본주의는 혁명 위협, 사회주의국가 출현에 대응하여 정부의 역할을 재정의하였다. 사회갈등이 격화되는 것을 방지할 뿐만 아니라 경기변동을 완화하여 시장경제가 안정적으로 작동하게 하는 역할도 명시적으로 국가가 해야 할 역할로 정의했다. 이런 일련의 과정을 거쳐 20세기의 자본주의 국가 정부는 시장에서 공정경쟁을 보장하고, 사회보장을 제공하며 적극적으로 경기안정화 역할을 하였다. 정부 역할은 사유재산권 및 경제적 자유에 관한 조항과 함께 헌법과 법률에 정의되었다. 20세기 자본주의는 이러한 과정을 거쳐 19세기 자본주의와 공통점뿐만 아니라 구분되는 몇 가지 특징을 지니게 되었다.

첫째, 19세기 자본주의와 궤를 같이 하는 측면으로써 국가는 시장경제적 자유에 관한 법적 틀을 제공했다. 이 안에는 사유재산권 인정, 수요와 공급에 따른 가격 형성, 직업선택의 자유, 거주이전의 자유 등을 포함한다. 이는 주요한 재산을 국가가 소유하고, 국가계획을 통해 가격을 설정하고 직업을 부여하는 방식으로 운영되는 공산주의 체제의 대척점에 있는 기초 원리이기도 했다.

둘째, 시장이 공정하게 작동하게 하기 위한 장치로서 공정경쟁이 가능한 규범을 제공했다. 공정하게 시장이 작동하기 위한 독과점 방지 등이 이에 해당하는데 이는 독일과 미국에서 19세기 말에 일어난 일련의 시장상황과 그것을 극복한 경험들을 다른 자본주의 국가들이 공유하면서 공통된 제도로 발전한 것이다.

셋째, 시장 내 경쟁에서 취약한 처지로 전락한 사람들을 위해 사회보장급여와 조세를 이용하여 취약자에게 사회적 보호를 제공하는 기능을 했다. 공동체 구성원이 태어나고 성장해서 노동시장에 참여하고 은퇴 후 생활을 하는 인생 주기 동안, 이들이 직면하는 소득상실이나 건강상실의 위험을 공동으로 분산시켜 격차 확대와 갈등을 제어하며 삶의 질을 제고하는 장치를 고안해내고 확산시키는 사회보장제도 도입 또한 20세기 자본주의 국가의 특징이었다.

넷째, 독립적 중앙은행이 나타나서 이자율과 발권력을 수단으로 경기변동을 최소화하며 경기안정을 도모하는 일도 19세기와 구별되는 20세기 자본주의 시장경제 정부의 역할 중 하나가 되었다. 경기변동을 관리하고, 감염병·천재지변·디플레이션·인플레이션 등을 타개하며 경제활동을 불안정하게 만드는 요인들을 통제하는 일은 정부가 재정정책을 구사하는 일과 함께 자본주의 시장경제를 보완하는 주요한 특징이며 중요한 정부 역할이다.

다섯째, 산업혁명기술에 부합하는 숙련을 표준화해서 제공한 교육체계이다. 기업 내 학습 활성화와 더불어 표준화된 교육과정을 갖춘 공교육은 중간숙련 노동자와 저숙련 노동자의 소득향상 기회를 증진시켜 양극화 동력을 약화시켰고, 출발선의 불평등을 시정하여 불평등의 대물림을 방지하는 역할도 하였다.

위 다섯 가지 중 첫 번째 특징은 우리가 시장경제를 기반으로 한다는 점에서 현재의 경제체제를 여전히 19세기와 마찬가지로 자본주의라고 부를 수 있게 하는 특징이다. 나머지 네 가지 특징은 20세기 자본주의를 19세기 자본주의와 구별하게 하는 특징이자 20세기 자본주의 19세기 자본주의에서 진화하면서 보여준 새로운 모습이었다.

4. 20세기에서 21세기로: 새로운 변화의 양상들

1) 디지털혁명과 불평등

제3·4차 산업혁명시대, 혹은 디지털혁명시대는 컴퓨터, 인터넷, 인공지능으로 대표되는 새로운 범용기술이 확산되는 시기이다. 이들 디지털 기술 자체의 급속한 발달과 함께 다른 산업기술(특히 의료, 제약, 자동차, 기계 등)과 디지털 기술의 융합이 만들어내는 변화로 인해 기존의 생태계와 다른 산업 생태계가 조성되고 있다. 그로 인한 단절적 변화에 더하여 1980년대 이후의 30여 년간에는 세계시장의 동질성 증대와 투자의 세계화가 중첩되어 기회의 불균등과 커다란 소득 격차가 나타났다. 이러한 불평등 증가는 증기기관과 전기를 동력으로 사용하는 기계의 발명과 같은 19세기 범용기술 확산 시기의 특성과도 일치한다. 하지만 세계화된 시대에서 그 소득격차의 가장 깊은 골짜기에 해당하는 사람들은 세계인의 소득수준 분포에서는 80~90 분위에 속하는 선진국 노동자들이었다. 〈그림 3-4〉는 '코끼리 곡선'으로 알려진 밀라노비치의 연구 결과로서 1988~2008년간 세계인의 소득증가율 분포를 보여주는 그림이다.

자본주의시대 범용기술 확산의 첫 번째 물결 속에서 양극화 동력을 감소시킨 것은 기술의 확산 및 평준화와 함께 제1·2차 산업혁명

그림 3-4 전 세계 소득 수준별 1인당 실질소득 증가율(1988~2008년간의 누적 증가율, %)

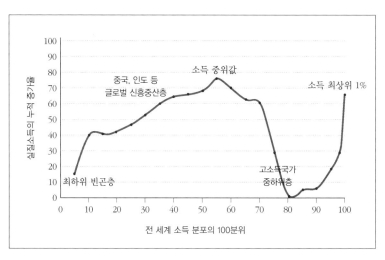

출처: 밀라노비치(2017: 28)

기술에 부합하는 숙련을 표준화해서 제공하는 모듈을 장착한 공교육 체계였다. 이러한 경험에 입각해서 보면 디지털 기술이 확산되어 일반화되고, 교육체계가 디지털혁명에 부응하여 생산활동에 필요한 디지털 숙련을 보다 많은 사람들에게 공급하는 역량을 갖추게 되면, 기술진보 또한 중·저숙련 노동에 친화적으로 되고 중·저숙련 노동자의 소득을 상대적으로 더 증가시키는 시기가 오게 될 것이라고 예상할 수 있다. 글로벌 공급망 재조정과 같은 탈세계화 경향이 코끼리 곡선에 다소간 변화를 일으킬 수도 있다. 하지만 그 영향력은 기술 평준화와 디지털혁명에 부응하는 교육체계로의 변화와 같은 요인이 소득분배에 미치는 영향에 비하면 제한적일 것이다.

여기서 간과해서는 안 되는 사실이 있다. 우리의 삶의 질은 소득분배 상태의 변화의 결과보다 어떤 과정을 거쳐 불평등이 개선된 지점에 도착하느냐에 달려 있다. 자본주의 태동기나 산업혁명기에 관한 역사적 경험은 전환기의 적응이 평화로운 연착륙보다는 많은 경우 파국적이고 폭력적인 과정과 커다란 고통을 거친 후에야 소득분배가 개선되었음을 알려 준다. 제2차 세계대전 후의 30년간은 그 점에서 지극히 예외적인 기간에 속할 정도이다. 그 과정이 비교적 평화로운 가운데 산업구조변화, 도시화 현상과 같은 변화를 특징으로 할지, 아니면 정변이나 시민전쟁, 혹은 국가 간 전쟁과 같은 사태를 거쳐갈지는 정치 역학에 의존할 것이다. 우크라이나 전쟁은 자체적으로 디지털혁명시대에 부합하는 연착륙을 하지 못하는 패권국가 러시아가 택하는 정치적 선택의 일단을 보여주는 사례이다.

2) 자본주의 근간 요소와 정부 역할 변화

사유재산제도를 버리고도 생산성 높은 시장경제를 달성할 수 있는

지에 관한 실험은 공산주의 체제의 구소련과 중국에 의해 성공하기 어려운 것으로 판명되었다. 개혁개방 이후 중국의 경제적 성과는 사유재산을 인정하는 변화를 추구한 이후에 나타났다. 20세기에 70여 년 동안 이어진 체제 실험에서 생산성 증가를 가져오는 기업가 정신을 발휘시키기 위해서는 경제적 자유와 함께 사유재산제도가 필수적이라는 사실이 드러났다. 물론 불평등을 낳는 사유재산제도를 버리고도 높은 생산성을 달성해서, 필요에 따라 분배를 하고자 한 구소련과 중국의 실험이 실패로 끝났다고 해서 사유재산제도 없이 물질적 풍요를 달성하는 체제를 실현하는 것이 불가능하다는 사실이 증명된 것은 아니다. 하지만 사유재산제도를 버리는 자본주의 체제가 21세기에 등장할 수 있을 것 같지는 않다. 시장메커니즘을 지금보다 훨씬 근본적으로 이용하여 시장경제가 직면한 문제들을 극복해 보자는 제안과 시도는 있을지언정(포즈너·웨일 2019) 사유재산제도를 인정하지 않고도 생산성을 현재와 동등하게 유지하거나 높이는 대안적 체제가 발명될 단초가 보이지 않기 때문이다. 사실 사유재산제도를 허용하지 않는 체제는 자본주의 체제로 정의되지 않는다. 정부의 역할이나 헌법적 권위에 의해서 사유재산권을 제한하는 것이 아니라 이해관계자 자본주의처럼 책무성을 강조하는 운영으로 사유재산제도의 한계를 극복하려는 시도가 이루어질 수는 있을 것이다.

자본주의에서 성취된 생산성 향상은 인류 경제사의 견지에서 볼 때 괄목할 만한 것이다. 그것은 사유재산제도와 경제적 자유에 입각해 있는 시장제도로 인해 가능했다. 하지만 경제적 자유가 공평한 교환과 함께 할 때에만 시장은 효율적으로 작동할 수 있고 이해갈등도 최소화될 수 있다. 이를 위해서 20세기 자본주의는 19세기의 자본주의처럼 사유재산권, 직업선택·거주이전·노동계약의 자유를 제도로 보장하면서도 공정경쟁규범과 소비자 보호 규범과 같은 제도를 도입했다. 생산성 향상을 위한 노력을 장려하기 위해 사유재산권을 인정하면서도 그로 인해 불가피하게 초래되는 불평등을 시정하기 위해 사회보장제도를 도입하고, 공교육을 확대하였다.

요컨대 사유재산권, 경제적 자유, 수요공급에 의해 가격이 결정되는 시장을 통한 교환과 같은 자본주의의 근간 요소를 보장하는 법률적 제도는 디지털혁명이 가져온 21세기 자본주의시스템에서 디지털 시대에 부합하는 형태를 갖추며 지속될 것이다.

3) 공정한 시장 개념의 진화

경제적 자유는 거래 당사자가 공평한 입장에서 거래하는 것을 전제로 한다. 시장을 통한 거래, 공급자와 수요자가 자유의사에 따라 의사결정을 하는 방식으로 이루어지는 거래는 우리에게 지극히 익숙하다. 그래서인지 경제 전체에 걸쳐 분산되어 있는 시장에서 교환하는 행동에 의존하는 자원배분 방식을 인간 본성과 일치하는 제도로 생각하는 경향이 있다. 중앙계획에 의한 경제경영 원리를 채택한 공산주의가 인간의 본성과 괴리가 심해 지속하지 못한 것을 보면 그러한 생각이 전혀 근거가 없는 것은 아니다.

자본주의 성립기의 시장은 모든 참여자가 신뢰하는 상태가 아니었고 신뢰를 증진하기 위한 장치도 존재하지 않았다. 자본주의와 시장이 오늘날과 같은 면모나 특성을 갖추기까지는 오랜 기간 여러 곳에서 매우 다양한 시행착오를 거쳤다. 거래당사자들이 공평한 입장에서 거래한다는 의미에서 시장이 공정한 교환제도라는 신뢰를 얻기까지, 지금도 불완전하지만 지금과 같은 정도라도 시장이 공정한 교환제도가 되기까지, 시장경제는 갈등과 시행착오를 거쳤다. 그리고 지금도 시행착오를 겪으며 변화하는 중이다.

수요자와 공급자가 만나 가격이 결정되고 거래를 하는 시장이라는 점에서는 19세기의 시장, 20세기의 시장, 21세기의 시장에 차이가 없는 것처럼 보이지만 거래 당사자가 공평하게 거래를 하는지를 보는 시각에는 변화가 있었다. 즉 '공정한 시장'이라는 개념은 진화하고 있다. 19세기까지는 경제적 자유가 주어진 사람들 간의 계약은 '자유의 지에 의한 계약'으로 받아들여졌고 공평한 계약이라고 간주되었다. 시장을 독점적으로 만들고 독점적 위치에서 거래하는 것, 거래 당사자의 교섭력을 현저히 제한한 상태에서 거래하는 것도 경제적 자유를 가진 주체 사이의 거래이면 공평한 입장에서 거래가 이루어졌다고 간주되었다.

하지만 공정한 시장이란 개념은 그 후 변화를 겪었다. 19세기 말 20세기 초에 경쟁적 환경이 기업 활동에 심각한 압박이 된다고 생각한 기업들은 경쟁기업을 합병하는 등의 방식으로 독점력을 갖추고 다른 기업의 진입을 방해했다. 당시까지만 해도 그런 기업 행위는 규제 대상이 아니었지만 경제의 효율성과 소비자 이익을 훼손하는 폐해가 드러나고 그를 둘러싼 갈등이 빈번해지자 독점을 규율하는 제도가 만들어졌다. 그 후 산업화된 나라들에서는 시장지배적 기업들의 경쟁제한 행위를 규율할 막강한 힘을 공정거래 당국이 행사하고 있다. 이는 19세기 시장과 다른 점이다. 즉 현재 공정거래법이 규율하는 경쟁 제한적 행태나 소비자 보호법이 규율하고 있는 각종 소비자 보호조치는 공정한 시장거래를 보장하기 위해 20세기에 들어선 후에야 도입된 제도들이다.

지금도 시장 내 공정한 교환에 대한 불신과 함께 시장제도를 둘러싼 갈등이 존재한다. 다수의 국가에서 시장경제가 효율적이지도 않고 효과적이지도 못한 자원배분을 초래하고 있다. 시장경제제도를 채택했지만 신뢰할 만한 시장을 조성하지 못해 부패와 독과점으로 시장이 제 기능을 하지 못하고, 그래서 성장잠재력을 발휘하지 못하는 나라의 예는 지난 세기에도 21세기에도 적지 않다. 비교적 민주주의와 조화를 이루며 시장경제가 발달한 나라에서도 정도의 차이가 있을 뿐 시장은 다소간의 불완전함과 불공정함에 항상 노출되어 있다.

시장은 단순히 그 존재 자체로 온전히 효율성을 달성하는 것이 아니다. 수요자와 공급자가 공평한 입장에서 거래하지 않는 경우 가격이 왜곡될 수 있고 효율성이 저해될 수 있다. 효율성 상실은 생산성 저하를 의미한다. 자본주의 시장을 통한 교환이 항상 효율적이지는 않다는 사실은 시장실패 영역의 존재를 통해서도 확인할 수 있다. 자본주의 시장이 공정하고 효율적인 교환 방식이 되기 위해서는 부단한 노력이 필요하다. 즉 자체로 완전한 시장은 없으며 꾸준히 가꾸고 관리하지 않으면 시장이 공정한 교환을 보장하지 못하기 일쑤다. 흔히 '민주주의'를 두고 위태롭고 취약한 정치제도라고 말하지만 '시장' 또한 그와 다르지 않다. 끊임없이 감시하고 잘 가꾸지 않으면 정상적으로 작동하지 못하는 것이 시장이다. 시행착오를 거친 끝에 20세기 자본주의는 독점을 금지하고 방지하는 도구를 발전시키며 공정경쟁을 확보하는 시장규칙을 정립하였다. 시장이 스스로 극복하지 못하는 비효율을 극복하고 정보의 비대칭성을 불식시키기 위한 합당한 역할을 정부의 책무로 정의하기도 하였다.

완전하고 공정해 보였던 시장조차도 사실은 그렇지 않은 측면이 있었다는 사실을 우리는 지금도 새롭게 깨달으며 시장의 공정성을 다시 정의하는 중이다. 지난 50여 년 동안 자연이 사람을 위해 존재하는 것처럼 경제활동을 한 결과 그러한 성장방식과 시장운영방식을 지속한다면 경제활동뿐만 아니라 생존 기반이 사라질 수 있다는 사실이 점점 분명해졌다. 지구의 한편에서는 기상관측 이래 기록적인 홍수와 폭설이 내리는가 하면 다른 한편에서는 가뭄으로 호수가 마르고 경작지가 황폐화하고 있다. 기후변화가 난민을 발생시키며 해당국뿐만 아니라 다른 나라에도 사회 및 정치 불안을 파급시키고 있다. 이제 국제사회는 기후변화를 초래한 외부효과를 시장실패로 인식하고 이를 명시적으로 비용으로 고려하며 해결하는 노력을 시작하고 있다. 그동안 시장이 이를 고려해야 한다는 인식이 공유되지 않았고 그에 따라 필요한 조처를 정부의 역할로 정의하지 않았기 때문이다. 즉 공정한 시장 개념은 지금도 진화 중이다.

4) 디지털 전환에 따른 20세기 자본주의의 특성 변화

그렇다면 20세기 자본주의의 특징이었다 할 수 있는 공정경쟁규범, 사회보장제도, 정부의 경기안정화 기능, 공교육시스템은 어떻게 될까? 이 역시 사라지거나 대체되기보다 디지털 시대에 부합하는 형태를 갖추며 지속될 개연성이 훨씬 높아 보인다. 하지만 그 구체적인 변화 과정은 과거 규범·기득권과 미래 규범·권력과의 헤게모니 경쟁 형태를 띠며 다양한 갈등과 스캔들을 거치며 전개될 것이다. 보다 구체적으로는 전통적으로 규제 당국과 비정부공익조직에 의해 수행되었던 상품시장, 노동시장, 조세 규제, 소비자보호에 관한 이슈 중에서 상당수가 전혀 새로운 형태의 도전을 맞이하게 될 것이다.

예컨대 '타다' 사태에서 드러났듯이 디지털 전환이 진행된 새로운 환경에서 이해 관계자의 이익을 조화시키는 새로운 규제를 도입할 필요성은 날로 증가하고 있다. 자격과 인허가 규범은 경쟁·조세·소비자 보호 규범과도 관련이 있기 때문이다. 새로운 플랫폼으로 무장한 기업에게는 기존의 경쟁규범이 불공정한 규범일 수 있다. '타다'의 사업모델은 기존의 택시사업자에게는 위협이지만 기존의 택시사업 허가방식은 역으로 '타다'와 미래 소비자에게는 불공정한 규범일 수 있다. 기존 변호사법으로 보호받는 변호사에게 '로톡'의 사업모델은 위협적이지만 '로톡'과 유사한 사업모델과 그런 서비스를 저렴한 가격에 필요로 하는 법률서비스 소비자에게는 기존의 변호사법 자체가 구시대적이다. 의료서비스업계에도 '로톡'과 같은 비즈니스 모델을 가진 사업자가 나타나지 말라는 법이 없다. 미래형 의료서비스기업과 의료서비스 수요자에게 현행의 의료서비스에 관한 법률이 매우 시대착오적으로 보이는 날이 머지않아 올 것이다(허재준 2022).

요컨대 독점을 방지하기 위한 정부 역할에 관해서 말하자면 정부가 독점 방지 노력을 기울인다는 점에서는 과거의 연장선상에 있을 것이다. 공정한 거래를 보장하는 시장제도를 유지하기 위해서는 여전히 정부의 적극적 역할이 필요하기 때문이다. 그러나 플랫폼 기업, 공유경제, 데이터 비즈니스 등 새로운 사업모델이 등장에 따라 독점을 규제하는 내용과 방법을 새로이 모색해야 할 상황에 있다.

자본주의 시대 범용기술 확산의 두 번째 물결인 디지털혁명은 이처럼 구(舊)규범과 미래규범 사이에 긴장 관계를 낳고, 그 중 어느 한쪽 규범에 생계와 경제적 이익이 달린 사람들 사이에 갈등을 촉발하는 형태로 진행될 것이다. 디지털혁명이 낳는 급속한 사회변화가 사회 갈등을 유발하더라도 그것이 수습되는 경로는 다양하다. 갈등관리는 합리적으로 미래형 규범을 만드는 제도 적응력과 정치적 능력에 의존한다. 개인·사회·제도가 얼마나 유연하게 변화에 적응하는 능력을 갖고 있는지가 갈등이 발생했을 때 이를 슬기롭게 극복하고 도약

할지 여부와 파국에 이르거나 엄청난 비용을 치를지 여부를 결정한다. 다른 견지에서 보면 이는 정부와 정치가 거대한 도전을 맞이하고 있고 그만큼 갈등조정 요구가 지속되는 시기라는 말이기도 하다.

그런가 하면 디지털 기술이 정보의 비대칭성을 극복하게 해줌으로써 시장실패를 보정하기 위해 과거에 도입되었던 인허가 혹은 평가 시스템을 불필요하게 만드는 사례도 늘어날 것이다. 역사적으로 많은 기업(교통, 법률, 의료, 은행 서비스 등)을 대상으로 하는 인허가 시스템은 소비자 보호와 공정한 경쟁을 보장하기 위해 정부 규제 기관에 의해 도입되었다. 하지만 이제는 디지털 플랫폼이 정부 개입보다 더 효과적인 대안을 제공할 수 있다. 정보의 비대칭성을 극복하게 해주는 앱을 제공하는 스타트업이 하루가 다르게 늘고 있다. 소비자보호가 인허가나 자격증 제도 도입보다는 소비자의 평판체크에 의해 이루어지는 새로운 길이 열리고 있기도 하다(허재준 2022).[15]

중앙은행과 재정정책을 수단으로 경기안정에 정부가 기울이는 노력도 지속될 것이다. 하지만 빛의 속도로 거래를 가능하게 한 디지털 기술 활용 일상화, 디지털 화폐의 등장은 과거에 존재하지 않았던 금융시장 변동성을 초래하고 있다. 실시간 거래를 가능하게 한 디지털 기술이 일반적인 거래 방식이 됨에 따라 예금 인출을 위해 은행 앞에 줄을 서는 현상 없이 순식간에 금융기관이 지불 불능에 처하거나 파산하는 일이 일어나고 있다. 그러므로 경기안정화를 위해 정부가 기

---

15 예컨대 '청소연구소', '강남언니', '토글', '헤이딜러'와 같은 플랫폼이 정보비대칭성에 주목한 앱이다. '청소연구소'는 청소서비스, '강남언니'는 성형수술서비스의 정보 비대칭성에 착안한 비즈니스 스타트업이 만든 플랫폼이다. '토글'은 소비자와 공급자 간 보험정보 비대칭성 극복에 착안하여 만든 앱이다. '헤이딜러'는 중고자동차 시장의 정보 비대칭성에 착안한 것이다.

울이는 노력은 디지털 경제에 맞추어 변화하지 않을 수 없다.

　교육서비스의 근간을 정부가 공교육시스템을 통해 공급해야 하는 필요성도 지속될 것이다. 하지만 공교육의 내용은 디지털 전환과정에서 생산방식, 사업모델, 일하는 방식, 숙련수요가 달라짐에 따라 과거와 달라질 것이다. 교육의 내용뿐만 아니라 교사, 교수가 갖추어야 할 역량, 시설 모두의 변화가 불가피하다. 그에 따라 교육 내용, 교사역량, 시설을 디지털 사회에 맞추어 표준화하는 등 정부 역할의 내용을 재정의하는 일은 디지털 전환기 속에서 각국이 직면하고 있는 심각한 도전이기도 하다.

　사회보장 수요가 대폭 증가하여 재정수요가 증가하였지만 사회보장제도를 자본주의 경제를 유지하기 위한 근간으로 삼고 있다는 점에서도 지난 세기와 다르지 않을 것이다. 하지만 지난 세기까지 확립된 사회보장제도의 근간이 도전받고 있다는 점에서 사회보장의 방식과 내용 변화는 불가피하다. 일하는 방식의 변화로 노동규범이 변화함에 따라 정부는 사회보장의 중요한 일부인 노동법을 현실에 맞추어 조정해야 하는 도전을 안고 있다. 그 도전의 요체를 구체적으로 알기 위해서는 노동시장에서 일어나고 있는 변화를 좀 더 면밀히 살펴볼 필요가 있다.

5) 디지털혁명시대의 노동방식

　사회의 생산활동 시스템 변화는 기업의 속성 변화, 생산공정, 노동과정 등을 통해 살펴볼 수 있다. 노동과정의 변화는 노동방식 혹은 일자리 세계 변화와 불가분의 관계를 갖는다. 자본주의 시대의 경제적 자유(이것은 사람들이 모두 원해서 생긴 것이 아니라 많은 사람들이 준비되지 않은 상태에서 혼란스럽게 주어졌다)는 신기술을 폭발적으로 증가시켜 산업혁명과 함께 노동의 양상을 단절적으로 바꾸는데 결정적인 역할을 하였다. 도시에 대규모 공장들이 출현하고, 그 안에 있는 세분화된 생산공정 속에서 사람들이 기계화 함께 단순한 공정을 반복적으로 수행했다.

이러한 분업은 생활 방식마저 바꾸었다. 개인들은 자급자족할 수 있는 능력이 줄어들어 시장에서의 교환이 아니면 생활할 수 없게 되었다. 사람들의 노동은 과거보다 근력을 덜 필요로 하게 되었지만 세분된 공정 속에서 단순 반복 작업을 함으로써 신발공장 노동자가 신발을 만들 줄 아는 게 아니라 신발의 굽을 만드는 기계를 조작하는 기능만을 지니고, 옷감을 짜는 공장의 노동자는 옷을 만들 줄 아는 것이 아니라 옷감 짜는 기계의 레버를 조작할 줄 아는 것이 전부였다. 즉 어떤 완성품도 작업자 혼자 생산해 내지 못하는 방식이 일반화되었다.

만들어진 상품도 과거보다 훨씬 복잡해진 시장을 통하지 않고서는 다른 상품과 교환할 수 없게 되었다. 그런 의미에서 물질적 풍요는 또 다른 구속을 의미했다. 그리고 시장에 의존하는 정도가 높아졌다는 것은, 이해할 수 없고 알지 못하는 시장의 힘에 휘둘려 생계수단을 잃거나, 평생 축적해 온 기술이 쓸모없게 되거나, 비록 가내수공업이었지만 여러 세대에 걸쳐 가업으로 계승해 온 기업의 문을 닫아야 하는 상황에 직면하는 것을 의미하는 것이기도 했다. 번 아웃은 일을 많이 해서 오는 현상이기도 하지만 한 가지 일만을 반복적으로 계속해서도 생긴다. 분업과 시장은 이렇게 인간 노동의 본성을 바꾸었다.

지난 세기까지 확립되어 온 분업체계가 디지털혁명시대에 역주행하는 일은 없을 것이다. 하지만 20세기에 대공장 안에서 이루어지던 분업과는 다른 형태의 노동방식도 늘어날 것이다. 한 사람의 기능이 더욱 분화되는 경향만 지속되는 것이 아니라 한 사람이 다기능화되는 경향이 늘어나는 것이 한 예이다.

20세기 중엽에는 대기업 정규직 일자리가 지배적 고용형태였지만 큰 조직에서 이루어지던 생산이 이제는 분산되어 생산되는 방식으로 변화하고 있다. 사업모델이 모듈화되면서 나타나는 외주 증가 경향은 고용형태를 다양하게 분화시키는 기반이 되고 있다. 기술 자체가 제공하는 가능성과 기업의 생산활동 방식 변화는 다양한 고용계약 형태와 근무 방식을 확대하고 있다. 그뿐만 아니라 19~20세기를 거치며 신장된 노동권, 사회보장제도 또한 디지털 기술 발달과 결합하여 기업과 노동자가 공히 과거와 다른 고용형태를 택할 유인을 제공하고 있다.

디지털 기술을 활용하여 생산요소의 특이성과 거래의 복잡성을 줄일 수 있게 됨에 따라 기업들은 핵심인력을 제외하고는 비정규직 형태로 노동자를 고용하거나 아예 다른 기업에 외주 형태로 맡기는 방식으로 생산과정 상의 유연성을 높이고 있다. 과거에는 전일제 노동자와 시간제 노동자 정도의 분화였다면, 디지털 기술 발달로 가능해진 주문형 거래 비중의 증가는 호출형 노동자, 독립 계약자 등 다양한 유형의 고용을 증가시키고 있다. 한 사람의 노동자가 여러 고용주에게 서비스를 제공하는 사례도 증가하고 있다. 배달 노동자가 그 예이다. 과거에는 여러 사업자에게 서비스를 공급하는 사람은 당연히 자영업자로 간주되었다. 하지만 지금은 그중에도 종속적 노동으로 간주되는 집단이 늘고 있다. 배달 노동자의 상당수는 단순히 기술이 이러한 형태의 노동을 가능하게끔 했기 때문에 생겨났다기보다는, 사회보장 재원을 노동비용에 부과하는 사회보장세로 조달하는 제도에 대해 기업들이 직접 인건비 외의 노동비용을 회피하려는 유인 속에서 생겨났기 때문이다.

사업의 많은 부분을 외주를 통해서 구성할 수 있게 된 것은 커다란 조직을 만들지 않더라도 개인이 생산과 유통을 하는 주체가 될 수 있는 현상과도 결부되어 있다. 과거에는 상당한 규모의 고정투자를 한 기업만이 생산과 유통을 담당할 수 있었지만 이제는 개인이 생산과 사업 운영 서비스의 상당 부분을 외주에 맡기고 혼자서도 사업을 운영할 수 있는 시대가 되었다. '달러 셰이브 클럽Dollar Shave Club'처럼 인터넷과 외주와 SNS에 의존해서 사업을 운영하는 것으로 시작해서 규모를 키워가는 경우도 많아졌다. 과거에는 삽화가를 고용하거나 화가와 협업하지 않는 한 그림책을 만들 수 없었다. 그러나 지금은 스토리텔링 능력만을 갖추고 있어도 그림 그려주는 인공지능 프로그램 '달리DALL-E'나 '미드저니Midjourney'를 이용해서 소설가나 동화 작가가 단독으로 그림책을 거뜬히 만들어낼 수 있는 시대가 되었다. 이러한 사례들은 21세기가 지난 세기에 지속되었던 분업화 경향과는 다른 가능성을 제공하고 있는 시대임을 시사한다.

그런가 하면 플랫폼을 매개로 일거리를 노동계약의 대상으로 삼는 활동도 늘어나며 전통적 고용관계가 현저히 느슨해지고 있다. 배달 플랫폼 안에서 일하는 배달노동자처럼 '플랫폼 경제'의 확대와 그 영향력으로 인해 소비자와 생산자의 경계가 모호해지고 고용주를 식별하기 어려운 노동이 증가하고 있다. 중개형 플랫폼의 플랫폼 노동자와 가사노동자처럼 전통적 규범에서는 고용주 의무를 부과하기 어려운 계약도 늘어나고 있다. 택배기사처럼 다수의 사업자와 거래하지만 노동자성을 부인하기 어려운 노동시장 참여자도 증가하고 있다. 근무일과 비근무일이 거의 다르지 않은 사람들, 특정 공간에 얽매이지 않고 일하는 사람들이 늘어나고 있다. 재택 근무, 원격근무, 온라인 업무의 확산은 업무와 여가 사이의 경계를 느슨하게 만들고, 업무 공간과 비업무 공간 사이의 경계 또한 허물고 있다.

정해진 작업장 내에서 업무지시를 받고 정해진 시간동안 일하는 전통적 작업방식 대신 작업 수행 방법은 스스로 결정하고 결과물에 대해서 합의를 하는 계약이 늘어나는 것도 우리 시대의 특성이다. 과업을 수행하는 과정에서 업무지시를 받지 않고 독립적으로 개별적으로 일하는 사람들이 증가함에 따라 보상 방법도 시간급보다는 주어진 직무나 과제를 완수하는 데 대한 보상을 중요시하는 경향이 증가하고 있다. 소정근로시간, 감독·감시 등 산업화 과정에서 확립된 작업조직과 제정된 노동규범의 적용영역이 축소되는 시대가 된 것이다. 반면 예컨대 1시간을 일하기 위해 4시간을 대기해야 하는 노동이 늘어나고 생계비에 미치지 못하는 소득을 얻는 노동자들도 늘어나고 있다.

다수의 경제협력개발기구 회원국에서 전체 일자리 중 시간제근로자와 임시직 근로자가 늘어나고 있다(허재준 2018). 그리하여 기간의 정함이 없이 전일제로 일하는 근로자의 비중이 감소하고 있다. 단기계약이 늘어난 이유에는 여성과 고령자의 노동참여 증가와도 관련이 있다. 하지만 기업의 경쟁 환경이 생각지 못한 형태로 빈번하게 변화하는 것이 주된 원인이 되고 있다. 기업이 핵심 인력 중심으로 슬림화되는 한편, 시간제와 임시직 근로자가 늘어나고, 임금 근로자와 자영업자의 특성이 혼합된 계약이 증가함으로써 '종속적 자영업자'가 증가하고 있다. 아직은 전통적 사용—종속 관계에 의존하는 임금근로자의 비중과 전통적 자영업자의 비중이 지배적이다. 하지만 비전통적 고용계약 아래서 일하는 비정규직과 종속적 자영업자 비중 또한 늘어나고 있고, 전통적 사용—종속 관계에 의존하는 임금근로자이면서도 부업으로 비전통적 고용계약 아래서 일하는 사람들의 경제활동 비중이 높아지고 있다.

정해진 시간에, 정해진 장소에서, 업무 지시를 받아가며 일하는 상태로부터 벗어나서 일하는 사람이 많아지는 현상은 노동법으로 대표되는 기존의 노동규범에만 새로운 도전을 제기하는 것이 아니다. 그것이 지니는 문명사적 의미도 있다. 코로나19 대유행은 원격 및 재택근무에 필요한 장비와 시설을 보급하는 계기가 되었고 비대면 회의에 대한 심리적 장벽도 낮췄다. 감독, 감시, 보안 및 개인정보보호 분야에서도 새로운 도전이 제기되고 있다. 그림자 노동, 가짜노동, 알고리즘 통제는 기업과 고객, 기업과 노동자 사이에 과거에 없던 쟁점을 제기하고 있다. 이러한 제반 노동방식의 변화는 그에 부합한 노동규범과 사회보장제도를 갖출 것을 요구하고 있다.

5. 경제의 진화와 정치의 영향

1) 민주주의와 자본주의의 관계

고대 그리스, 카르타고, 페니키아는 상업으로 번성한 (도시)국가들이었다. 그렇다고 고대 그리스의 민주주의에 대해 논하기는 할지언정 그리스, 카르타고, 페니키아 자본주의를 정의하며 이들 고대 도시국가들의 체제 특성을 규명하지는 않는다. 르네상스 시기의 베네치아나 피렌체에 대해서도 마찬가지이다. 원나라가 자유로운 무역을 추구했지만 원나라 자본주의라고 말하지도 않는다.

여기에는 두 가지 의미가 있다. 자본주의는 활발한 상업과 무역 이상의 특성을 의미하고, 민주주의의 역사는 자본주의의 역사보다 오래되었다는 사실이다. 고대의 민주주의가 자본주의로 귀결되지 않았던 사실로부터 알 수 있다시피, 민주주의가 자본주의를 탄생시키는 데 결정적인 요소는 아니다. 자본주의가 필연적으로 민주주의로 귀결되는 것도 아니다. 자본주의의 필수적 특성인 경제적 자유를 증진하는 것이 민주주의로 연결될 수도 있지만 그렇지 않을 수도 있는 것이다. 시장경제체제가 공산당 일당이 지배하는 중국과 같은 권위주의 체제를 민주주의 국가로 바꿀 수 있으리라는 믿음이 헛된 희망임을 자각하게 된 미국과 유럽의 자유민주주의 국가들이 교역과 투자의 자유화를 포기하고 이제 위험방지와 동의어인 경제안보를 화두로 삼으며 공급망 재편을 도모하고 있다. 개혁개방 이후의 중국뿐만 아니라 자본주의 시장경제를 채택했던 다수의 개도국에서 민주주의가 정착되지 못한 사실도 시장경제의 채택과 경제발전이 민주주의로 귀결되지 않을 수 있다는 예이다.

2) 민주주의 국가와 권위주의 국가

권위적 자본주의는 지속 가능하지 않다는 의견이 있다. 또, 자본주의 경제를 발전시키려면 민주주의를 확립해야 한다고 주장하는 의견이 있다. 과연 그럴까?

2008년에 미국의 서브프라임 모기지 사태로 촉발된 세계적 금융위기 당시까지만 하더라도 세계의 모든 나라들이 위기적 상황에 공동으로 대응하였다. 하지만 작금의 국제정치와 국제경제에서는 지정학이 모든 현안들을 압도하고 있다. 민주주의와 권위주의의 역량을 있는 그대로 직시하는 것이 중요한 시기가 된 것이다. 권위주의적 국가 자체로는 지속 가능성이 낮다고 하더라도 민주적 자본주의 국가의 지속 가능성이 온전히 보장된다고 보는 것 또한 공허한 담론이다. 민주적 자본주의와 권위적 자본주의의 역학에 대해 현실적 통찰을 얻기 위해서는 모든 권위주의 국가를 염두에 두고 일반화를 시도하기보다는 자본주의 시장경제로 축적한 생산성 과실을 바탕으로 패권을 추구하는 데 사용하는 권위주의 국가, 예컨대 중국과 같은 나라 하나를 생각하는 것으로 충분하다.

높은 생산성 증가율을 수반하는 성장은 자본주의가 경제 내 잠재력을 발현시킨 결과이다. 성장은 자본을 가진 사람들이 계속해서 기업을 키우고 투자를 하는 것을 전제로 한다. 자본을 가진 사람들이 창조적 파괴를 하는 대신 기업가 정신을 포기하면, 그래서 스스로 기업을 만드는 사람이나 다른 기업에 투자하는 사람이 없으면 경제는 성장하지 못한다. 기업이 생겨나지도 못하고, 커지지도 못하며, 근로자는 일자리를 잃는다. 돈이 있는 사람들이 기업 활동으로 파이를 키우는 대신 놀고먹거나 기업 활동을 포기하면 경제는 쪼그라든다.

이런 추론을 중국에 적용한다면 다음과 같은 담론이 가능하다. 시진핑은 기업을 일으킬 부자들이 중국을 떠나더라도 지속적으로 중국의 생산성이 향상될 수 있고 그래서 '공동부유共同富裕'를 실현할 수 있다고 믿는 것 같다. 하지만 마윈馬云, 리카싱李嘉誠과 같은 자본가가 기업가 정신을 발휘하는 것을 포기하면 시진핑은 중국이 지닌 경제적 잠재력을 발현시키기 어렵다. 권위적 중국 자본주의의 미래가 밝지 않다고 진단하는 배경에는 이러한 판단이 놓여 있다. 그렇다고 해서 현재와 같은 생산성 수준을 달성한 중국이 이내 스스로 무너질 것이라는 환상을 갖는다면 그 또한 순진한 생각이 될 것이다. 현재와 같은 수준의 생산성을 지닌 중국이 스스로 무너질 위협을 느낀다면 스스로 무너지기 전에 이웃하는 민주적 자본주의 국가, 예컨대 타이완을 무너뜨리는 데 경도될 수 있다.

반면 갈등 조정에 실패하며 혼란을 겪고 있는 민주적 자본주의 국가에서는 다음과 같은 일이 일어날 수 있다. 불평등이 낳은 갈등 관리에 실패하여 현실이 지속적으로 심각하게 비관적이게 되면 유권자들은 대안적 정치를 모색하는 데에 이른다. 대안적 정치나 새로운 통치 이데올로기에 대한 관심은 현실이 불만스러운 정도에 의존한다. 그리하여 갈등 상황이 심각해지면 그 노력의 방향과 방안이 현실 적합성이 없음에도 불구하고 국민들이 대안적 정치를 원하는 상황이 도래한다. 현실이 비관적일수록 지극히 불확실하고 거친 처방책을 가진 통치 이데올로기이더라도 이를 지지하는 유권자가 늘어난다. 자신의 믿음에 지나칠 정도로 강한 확신을 지닌 채 뚜렷한 정치성향을 갖는 유권자, 많은 정보를 갖고 정치에 큰 관심을 보이며 정치를 스포츠로 여기고 세상을 곧잘 내 편과 적으로 나누는 유권자가, 정치에 대한 관심도 없고, 정보력도 없고, 참여도 잘 하지 않는 수동적 유권자를 점점 압도해 나가는 반면, 이성적이고 풍부한 정보를 갖고, 자신의 신념이나 정파에 과도하거나 부적절하게 경도되지 않는 유권자는 항상 소수에 머문다. 이런 상황이 누적되면 종내에는 대안적 체제가 민주적 자본주의를 무너트리는 지경에 이를 수 있다. 그 때가 이르기 전에 기업가들은 이미 기업가 정신을 발휘하지 못하는 상태가 되어 있을 것이다.

권위적 자본주의가 항상 부정적 역할만 하는 것은 아니다. 바로 그 때문에 민주적 자본주의가 시간과 공간을 초월해서 권위적 자본주의보다 우월하지는 못하고, 민주주의와 자본주의가 성숙하기 전에 권위적 자본주의에 의해 압도당할 수도 있다. 자본주의가 태동하던 단계에서 경제적 자유라는 관념은 지금과 전혀 다른 의의를 지녔다. 거주 이전의 자유, 직업 선택의 자유, 노동계약의 자유는 중세에서 근대로 이행할 때 느닷없는 형태로 닥친, 많은 사람들이 원치 않았던 고통스런 변화였다. 고통스런 상황이 전개된 이유는 자본주의에 맞는 제도가 확립되기 전에 구제도가 무너졌기 때문이다. 이러한 역사적 경험에 주목하면 권위적 자본주의가 지닐 수 있는 긍정적 역할을 전면적으로 부정하는 것은 적절치도 않고 현실에 부합하지도 않는다. 사회제도와 관행이 자본주의체제에 적합하게 확립되어 있지 못하고 민간의 시행착오에 의해 시장경제제도로 수렴할 만한 상황이 아닌 시기에는 권위적 자본주의가 혼란을 최소화하면서 시장경제가 연착륙을 하게 하는 긍정적 역할을 할 수 있다. 이는 실제로 1987년 민주화 이전의 한국이나 시진핑 이전의 중국에서 일어난 일이다.

개별 경제주체의 경제적 자유가 시장을 통해 조율해 내는 효율성에 비하면 권위적 자본주의 정부 통제를 지속하는 중국에서 시장이 만들어내는 효율성은 상대적으로 낮을 가능성이 높다. 권위적 자본주의가 중국에 미친 긍정적 역할을 고려할 때 그렇다고 저하된 효율성이 중국경제의 지속 가능성에 조만간 지장을 초래할 만큼 낮을 것이라고 본다면 그 또한 주관적 기대일 것이다.[16]

이상의 추론이 시사하는 바는 다음과 같다. 권위적 자본주의 국가가 모종의 한계를 보이더라도 민주적 자본주의 국가가 전환기를 맞아 그 와중에서 스스로 건강성과 회복력을 갖추지 못하면 민주주의가 권위주의의 제물이 될 수 있다. 예컨대 타이완이 중국의 제물이

---

16 물론 거칠고 공격적인 대외정책 노선을 보이는 중국에 대해 세계의 국가들이 공동으로 공격적으로 대응하게 되면 지속 가능성을 확보하기 힘들 것이다. 즉 중국경제의 지속 가능성은 권위적 자본주의 경제 특성 자체보다는 중국이 채택하고 있는 패권주의적 정치 특성에 의해 더 크게 영향 받을 것이다.

될 수 있다. 그렇게 되지 않으려면 타이완은 내부 갈등관리를 세심하게 할 수 있어야 한다. 대한민국이 북한과의 체제경쟁에서 우위에 있다는 사실은 아무도 부인하지 않는다. 박근혜정부가 한때 북한 붕괴가 임박했다고 보고 통일이 대박이라고 말하는 때가 있었다. 하지만 북한이야말로 오히려 '어떤 상황'이 되어 자신들이 주도하는 통일을 할 수만 있다면 대박이라고 생각할 것이다. 그 '어떤 상황'은 경제력이 열위에 있다고 해서 반드시 불식되지는 않는다. 일반적으로 군사력은 경제력에 의해 판가름 나지만, 나라에 따라서는 취약한 경제력이 강고한 군사력과 함께 할 수 있고, 강력한 경제력이 취약한 군사력과 함께 할 수도 있다. 더군다나 경제력이 그 자체로 내부 갈등이나 지정학적 위험을 온전히 방지하지도 못한다.

역사 속에서도 강력한 경제력을 가진 나라가 군사력에 소홀하고 내분에 휩싸였다가 나라를 잃은 사례가 드물지 않다. 강력한 유목민족들에게 쫓겨 남쪽으로 갔다가 종국에는 멸망했던 송나라가 대표적이다. 송나라는 경제적으로는 번성했지만 내분과 군사력에 소홀하다가 결국 나라를 잃었다. 제2차 세계대전 초기에 독일에 점령당한 프랑스도 그 예 중 하나이다. 소프트파워를 결핍한 채 패권을 지향하는 권위적 자본주의 국가와 이웃하고 있는 대한민국은 전환기의 갈등관리에 실패할 경우 제도 개선이나 이해 조정 실패가 초래하는 혼란에 지정학적 위험이 가중됨으로써 극도로 어려운 상황에 처할 수 있다. 스스로 불안정기의 갈등을 조정해 내는 건강성을 갖추지 못하더라도 민주적 자본주의 국가 체제가 무조건 우월하다는 생각은 모래성과 같이 취약한 믿음이다. 이웃하는 권위적 자본주의 국가의 속성과 상관없이 민주주의란 본디 갈등 조정 능력을 갖추고 있는 체제라고 생각한다면 이는 지나친 낙관이라고 할 것이다.

3) 경제적 도전과 정치의 역할

앨런 그린스펀Alan Greenspan의 말처럼 정치는 경제사와 밀접한 관련이 있다(그린스펀·올드리지 2020: 27). 정치가 경제와 부정합을 보이면 생산성 증가로 대표되는 자본주의 잠재력의 개화 또한 어렵다는 뜻이다. 범용기술이 확산되는 시기는 창조적 파괴가 진행되는 시기이다. 창조적 파괴는 잠재되어 있던 생산성을 개화시키는 행위이다. 창조적 파괴는 변화를 부르며 부작용도 수반한다. 변화 속에서는 얻는 자도 생겨나고 잃는 자도 생겨난다. 로봇의 도입으로 일자리를 얻는 사람도 있고 일자리를 잃는 사람도 있다. 범용기술 확산기와 같은 전환기에 눈에 더 잘 띄고 목소리가 잘 들리는 쪽은 흔히 얻는 사람보다 잃는 사람이다. 변화를 부르는 창조적 파괴는 이해 갈등을 초래하는 사건이다. 정치는 창조적 파괴 과정에서 생겨나는 여파에 대응한다. 범용기술 확산기에 정치와 정부의 역할이 중요한 이유가 여기에 있다.

과거에 비해 한국경제는 확연히 역동성을 잃어가고 있다. 그것은 지난 10년간 현저히 낮아진 생산성 증가율에서 단적으로 포착된다. 한국은행의 국민계정과 통계청의 취업자수통계를 이용해서 계산해 보면 1990~2000년간의 연평균 생산성 증가율은 5.3%였다. 2000~2010년간에는 3.3%였다. 2010~2022년간에는 1.4%였다. 2010~2022년간의 생산성 증가율은 그 이전 10년간에 비해 58%가 감소한 수준이다. 이는 그 이전의 생산성 증가율 감소 추세를 훨씬 능가한 것이다. 생산성 증가율의 급격한 둔화는 그 자체로 성장률 둔화를 의미할 뿐만 아니라 장기적 경쟁력 저하로 이어져 일자리 창출력을 저하시키고 그로 인해 성장률은 더욱 하락한다. 베이비붐 세대 은퇴와 함께 부양비는 높아지고 복지비 지출은 급속히 늘어나고 있다.

전환기에는 그 어느 때보다 이해 조정이 긴요한데 포퓰리즘에 맞서기는커녕 정제되지 않은 민주주의에 중독된 팬덤과 그에 편승한 정치가 사회의 이해 조정 능력을 약화시키고 있다. 조귀동은 현재의 한국 정치와 양극화 및 저출생 지표 등이 좌우 포퓰리즘이 번갈아 등장하며 국가의 잠재력을 훼손했던 이탈리아와 섬뜩하리만치 닮아 있다고 진단한다(조귀동 2023).

이러한 현상은 한국에 국한되지 않는다. 민주주의의 최후 보루처럼 행동해 온 미국 같은 나라에서도 트럼프ₒₒₙₐₗₐ ₜᵣᵤₘₚ식 정치가 득세하며 민주주의의 취약성에 대한 근본적 의문이 제기되고 있다. 유럽에서는 극우정파들이 반이민을 기치로 내세우며 세력을 확장하고 갈등을 고조시키고 있다. 남미에서는 좌파 포퓰리즘과 우파 포퓰리즘이 번갈아 권력을 잡으며 경제의 체질을 약화시키고 보통사람들의 희망을 앗아가고 있다.

트럼프 정치의 등장이 세계화가 가져온 미국 중산층의 박탈감 때문이고 범용기술의 확산과는 무관하다고 보는 논자도 있지만, 세계화도 수송비용과 통신비용을 현저하게 감소시킨 기술 발전의 영향과 무관하지도 않으며 신기술이 부여한 비즈니스 가능성에 훨씬 더 개안되어 있던 미국 등의 선진 기업들의 영향과도 무관하지 않다.[17] 세계화의 근저에 관한 이러한 통찰에 일리가 있다면 유럽의 극단화 경향이나 남미의 정치 극단화 경향도 범용기술 확산기의 불안정성과 무관하다고 할 수 없다.

흔히 메가트렌드라고 일컬어지는 범용기술 확산의 거대한 흐름 속

---

[17] 물론 20세기 초의 보호무역 경향이 비극적 현대사를 낳았다는 반성으로부터 자유무역과 투자 자유화 규범 지향이 나왔다는 점에서는 범용기술뿐만 아니라 역사적 유산의 영향도 무시할 수 없긴 하다.

에서 도전에 응전하면서 얼마나 이해 조정을 잘하며 슬기롭게 극복하느냐 여부는 많은 부분이 정치에 의존한다. 그만큼 정치는 경제의 전개과정, 즉 경제의 진화과정을 규정한다.

6. 결론: 갈등을 극복하며 진화하는 자본주의

18~19세기의 고전파 경제학자들은 분배 문제에 커다란 관심을 갖고 있었다. 고전파 경제학자 중 데이비드 리카도와 카를 마르크스는 부의 분배와 사회의 계층구조가 장기적으로 어떻게 바뀔지에 대해 비관적 전망을 갖고 있었다. 그들은 소수의 사회집단이 점점 더 부의 많은 부분을 차지하게 될 것이라고 보았다.

피케티는 부와 소득분배에 관한 어떤 경제적 결정론도 부적절하다고 보고, 소득분배는 경제적 사회적 정치적 행위자들이 무엇이 정당하고 무엇이 부당한지에 대해 형성한 표상들, 이 행위자들 사이의 역학관계, 그로부터 파생되는 집합적 선택에 의존한다고 본다. 그러면서도 불평등의 역사는 관련된 모든 행위자가 만든 합작품이어서 수렴 동력과 양극화 동력 중 수렴 동력이 우세한 시기나 국가가 있을 수 있지만 언제라도 양극화가 우위를 되찾을 가능성이 있다고 본다. 그것이 21세기가 시작되는 지금 산업국가들이 마주한 현실이라는 것이다. 성장률이 낮아지면 더욱 우려스러운 상황이 전개될 것이라고 본다. 피케티는 이 점에서 리카도와 마르크스만큼 강하지는 않지만 이들의 계보를 이어받고 있음을 알 수 있다. 피케티는 1910~1950년 사이의 불평등 감소는 전쟁의 충격을 극복하기 위해 채택한 정책들이 가져온 결과라고 보고, 1980년대 이후의 불평등 증가는 조세,

금융과 관련한 변화에 기인했다고 진단한다. 이런 점들을 근거로 그는 불평등 완화를 위해서는 자본규제가 필요하다고 역설한다(피케티 2014: 32-33).

피케티는 조세와 금융현상과 제도에 주목하고 있지만 필자가 보기에 범용기술의 확산과 같은 변화가 조세, 금융 관련 변화보다 불평등을 증가시키는 근원적 요인이고 사회변화를 강하게 추동하는 요인이다. 러시아 공산혁명, 독일의 나치, 이탈리아의 파시즘, 미국의 뉴딜은 모두 제1차 범용기술 확산기에 확대된 불평등과 누적된 갈등의 해소 과정이자 정치적 대응의 서로 다른 양상이었다. 소득분배는 범용기술의 발달에도 영향을 받고 전쟁과 같은 현상에도 영향을 받는다.

산업혁명 초기에 불평등이 증가한 것처럼 1980년대 이후의 불평등 증가는 디지털혁명이라는 범용기술이 확산되는 초기 국면에서 빚어지는 현상 중 하나이다. 따라서 산업혁명기술 지식이 확산되고 표준화되면서 중·저숙련 노동수요가 증가하고 불평등이 감소하였듯이, 디지털 기술 지식이 일반화되고 독점력이 없어지면 중·저숙련 노동수요가 증가하는 시기가 오고 그에 따라 불평등도 완화될 것이라고 예상할 수 있다. 디지털혁명이 만들어내는 변화에 부합해서 경쟁규범, 교육체계, 사회보장제도, 경기안정화에 대한 정부의 역할, 공교육제도가 유연하게 적응하면 이 역시 불평등 완화에 기여할 것이다. 물론 사전적으로 얼마만큼 불평등이 더 진행되며 언제쯤 되어야 완화될지에 관해 물리적 시간을 점치기는 어렵다. 하지만 한 세대 이상의 시간이 걸릴 것임은 어렵지 않게 짐작할 수 있다.

대런 아세모글루Daron Acemoglu는 현재의 디지털 기술 발전이 방향을 잃고 있다고 보고 인간을 위해 기술이 쓰이도록 통제해야 한다고 주장한다(Acemoglu and Restrepo 2019; 아세모글루·존슨 2023). 필자가 보기에 기업과 개인들은 기술을 통제해서 기술을 활용하되 인간을 위한 세상으로 재조직하는 노력을 당연히 기울일 것이다. 정부 또한 분산된 의사결정이 낳는 부작용을 통제해서 범용기술 확산에 따라 진행되는 사회 변혁이 공동체 구성원 모두의 이익을 추구하는 사회로 귀결되도록 노력할 것이다. 문제는, 그럼에도 불구하고 이전의 범용기술 확산기인 산업혁명 시기에 시행착오를 겪었듯이, 이번에도 시행착오는 불가피할 것이라는 사실이다.

현재 우리가 처해 있는 시대를 혹자는 제3·4차 산업혁명시대라고도 부르고(슈밥 2016), 제2의 기계시대(브린욜프슨·맥아피 2014) 혹은 디지털혁명 시대라고도 부른다. 이 시대의 특징은 디지털 기술로 대표되는 범용기술이 등장하면서 불평등이 심화하고 갈등이 증가하며 사회의 전반적 재조정을 요구하는 상황이다. 19세기와 20세기의 경험에 비추어보면 이러한 종류의 갈등을 안정시키는 과정은 정부의 역할 변화와 함께 했다.

새로운 범용기술 확산기를 맞아 21세기 자본주의 국가 정부는 필요한 역할 변화를 수행하며 성공적으로 안착할 수 있을까? 정부 역할의 변화 양상은 어떠할까? 그 과정에서 거센 정치적 반작용이 불가피해 보이는데 커다란 희생 없이 이를 타개할 수 있을까? 이런 질문을 둘러싼 정부 역할의 변화 과정과 양상이야말로 21세기 자본주의의 성격을 규정하는 관건이 될 것이다. 그 적응 과정에 관해 인류 역사는 안타깝게도 낙관보다는 우려를 던져주고 있다. 불평등의 역사, 즉 분배의 역사는 언제나 정치적인 것이었고 정치적 사건과 밀접한 관련을 지녔다. 사람들은 범용기술 출현과 확산 과정이 요구하는 총체적 사회변화에 동의하고 적절한 변화를 모색하기보다는 기득권에 집착하는 경향이 있다. 그로 인한 이해 조정 실패는 흔히 전쟁이나 내란과 같은 고통스런 위기로 이어져 엄청난 폐해를 가져왔다. 즉 긍정적 변화를 거치기 전에 극심한 고통의 시기를 거치는 것이 역사 속에서 인류가 통상 걸었던 길이었다.

사유재산과 경제적 자유를 보장하는 자본주의 경제체제는 기업가 정신을 고취하고 생산성 향상을 가져왔다. 즉 사유재산제도와 경제적 자유 보장 없이 기업가 정신과 생산성 해방은 있을 수 없었다. 사유재산제도가 존재하는 한 불평등은 불가피하다. 불평등은 정부의 시장 개입을 요구한다. 불평등이 과도해지면 시장 자체가 불안정해지기 때문이다. 산업혁명이 전개한 생산방식과 사회변화 요구에 부응하여 20세기의 자본주의에서 정부역할이 변모했듯이 21세기 자본주의에서도 정부는 디지털 기술에 적합한 경쟁규범, 교육체계, 사회보장제도를 갖추고 새로운 위험에 대비하는 역할을 수행하게 될 것이다.

디지털혁명에 맞추어 정부의 역할을 새로이 정의하는 과정은 다양한 갈등을 촉발하며 진행될 것이다. 자본주의 초창기에 어떤 기업행태가 규제의 대상이 되어야 하는지를 두고 논란이 벌어졌듯이 디지털 시대에 새로운 사업모델과 새로운 노동과정으로 생산활동을 하는 기업과 기업가들에 대해서도 그것을 규제의 대상으로 삼아야 하는지 자율에 맡겨도 되는지를 두고 때로는 지난한 논쟁이 벌어지고 때로는 갈등과 추문이 발생할 것이다. 자본주의는 그렇게 정부의 역할을 요구하며 300년 동안 진화하고 있다.

이와는 별도로, 비록 공감대 형성이 더디게 진행되고 단기적 이익 때문에 국가 간 이해 조정이 쉽지도 않지만, 21세기의 자본주의 시장에는 20세기의 시장과 확연히 구분될 점이 존재한다. 경제학자와 사회과학자들은 지난 200여 년간 경제와 사회만을 고찰 대상으로 삼았다. 이제 이들은 자연을 포함하는 생태계 전체를 고찰하고 성찰하지 않으면 안 된다는 사실을 깨닫고 있다. 지난 200여 년 동안 사람들은 자연이 사람을 위해 존재하는 것처럼 살아왔다. 하지만 최근 50년 동안 기후변화와 생태계 파괴 영향을 겪으면서는 더 이상 그런 방식으로 경제활동을 지속할 수 없다는 사실을 자각하기 시작했다. 경제학이 인간의 경제활동이 자연에 미치는 영향에 관해서도 주목하면서, 그간 인간의 경제활동에서 고려하지 않았던 환경훼손과 기후변화라는 외부효과를 고려하기 시작했다.

자본주의가 영향력을 떨치기 전 사람이 자연의 일부로 존재한다는 성찰 속에서 살았던 시대가 있었다. 자본주의와 시장이 물질적 풍요를 가져오자 인류는 한동안 자연을 정복하여 인간의 행복을 달성할 수 있다고 믿고 살았다. 이제 사람들은 인간 사회의 성장과 물질생활이 열역학법칙을 벗어나서 제약 없이 이루어질 수 없고 그래서도 안 된다는 사실을 다시 깨달아가고 있다. 자연이 사람을 위해 존재하는 것이 아니라 사람이 자연의 일부라는 사실을 다시 깨닫고 있는 것이다.

21세기 자본주의는 과학지식과 과학적 논의에 기반해서 생태계 질서를 무너트리지 않고 그 안에서 함께 해야 한다는 깨달음을 가시적 행동으로 실천하는 세기가 되리라는 점은 분명해 보인다. 그런 깨달음과 함께 현재의 불평등 악화 상황을 복원력을 증진하는 계기로 삼을 수 있다면 오늘날 우리가 겪고 있는 불평등 현상은 문제 자체이기보다 자본주의가 새롭게 지속 가능성을 확보하는 과정에서 나타나는 과도기적 현상으로 평가될 것이다.

제4장

자본주의와
기업의 미래

한준(연세대학교 사회학과)

1. 서론: 자본주의 경제와 기업의 공진화

1) 자본주의 경제는 기업을 왜 필요로 하는가?

자본주의 시장경제에서 기업은 경제활동의 핵심 주체이다. 경제학에서는 경제주체를 정부, 가구, 기업으로 이야기한다. 가구가 경제적 소비와 노동력 공급을 담당한다면, 기업은 노동력 소비 및 경제적 생산과 분배를 담당하고, 정부는 이들을 아우르는 경제 전반에 대한 규제, 금융과 조세, 재정 등을 담당한다. 가구가 경제주체로서 자본주의 이전에 주된 경제활동 단위였고 소생산 경제에서 가장 중요한 생산과 소비의 단위였다면, 정부 역시 자본주의 이전에도 조세와 재정을 담당했을 뿐 아니라 자본주의를 극복했다고 하는 사회주의 경제에서는 가장 중요한 경제적 생산과 분배의 단위이다. 반면 기업은 자본주의 이전에도 존재했지만, 자본주의 시장경제와 함께 본격적으로 그 역할이 중요해졌고, 사회주의 경제에서는 사라지거나 그 역할이 제한되었다.

이윤 추구를 위해 생산적 경제활동을 조직하는 주체를 기업이라고 한다면 근대 자본주의 이전의 경제에서는 드물게 나타날 것이요, 사적 소유를 폐지한 사회주의에서는 기업의 존립 근거가 사라질 것이다. 1888년 미국에서 발간되어 베스트셀러가 되었던 유토피아 소설인『뒤돌아보며*Looking Backward, 2000~1987*』에서 작가 에드워드 벨러미는 사회주의에서 기업이 사라지는 과정을 다음과 같이 묘사한다(벨러미 2014). 자본주의 시장경제의 경쟁이 점점 치열해지면서 살아남은 기업들에 의한 인수, 합병이 진행되어 결국 독점적 사회화가 일어나고 이 거대기업에 대한 사회적 통제가 일어난다는 것이다. 하지만 사회주의 혁명이 역사적으로 처음 일어난 러시아에서는 사회주의 권력이 기업들을 강압적으로 국유화함으로써 기업이 사라졌다. 결국 20세기 후반 사회주의 경제가 비효율 때문에 무너진 이후 구 공산주의 경제에서 기업들은 다시 살아나 활발하게 활동하고 있다.

이렇게 본다면 자본주의와 기업은 서로를 필요로 하고 서로를 지탱하는 불가분의 관계라고 할 수 있다. 자유로운 설립, 참여와 경쟁을 기반으로 한 자본주의 경제가 기업들이 이윤을 추구하기에 가장 적합하다면, 기업은 지속적 투자와 효율적 운영을 통해 이윤을 창출하고 축적함으로써 자본주의 경제를 확장하고 재생산하는 기반이 되기 때문이다.

자본주의 시장경제는 왜 기업을 필요로 하는가? 이 질문은 기업이 등장하고 존립하는 역사적, 논리적 근거를 따지는 질문이다. 이 질문은 얼핏 보면 매우 중요하고 당연히 물어볼 만한 질문 같지만 사회과학에서 자주 제기되지는 않았다. 그만큼 자본주의에서 기업은 당연한 것으로 여겨졌을 것이다. 하지만 자본주의의 최근 발전을 보며 기업들이 불필요해질 것이라는 과감한 주장들도 제기되는 지금 이 질문은 매우 중요해졌다. 자본주의 경제에서 사람들이 기업을 만들거나 참여하는 것은 유한한 개인과 달리 기업이 더 영속적일 뿐 아니라, 대규모 투자를 위한 동원 및 경제활동 조직이 용이하기 때문이다. 이를 경제학적으로 표현한다면 자본주의 경제에서 기업의 필요 혹은 기능에 대한 기본적 설명은 비용의 절감이거나 수익의 증가이다.

절감하는 비용 혹은 증가하는 수익이 어떤 종류인가에 대해서는 서로 다른 설명이 존재한다. 애덤 스미스(스미스 2007)나 앨프리드 챈들러(Chandler and Hikino 2009)는 생산비용 절감 즉 생산의 효율화를 강조한다. 애덤 스미스는 『국부론』에서 유명한 핀 공장의 예를 가지고 공장에서의 기능적 분업이 가져오는 놀라운 생산성 향상을 강조했다. 18세기 후반 산업혁명이 진행되고 있던 와중에서 공장제 생산의 가내 수공업에 대한 우위를 언급한 것은 새로운 것이 아니지만 애덤 스미스는 이 사례로부터 분업에 의한 조직이 자본주의 경제를 이끌어갈 것이라는 비전을 제시하였다. 이러한 생각을 더욱 발전시킨 것은 앨프리드 챈들러였다. 애덤 스미스가 자본주의 초기 시장경제의 역동적 균형을 "보이지 않는 손"에 비유했다면, 앨프리드 챈들러는 자본주의 성숙기 기업 경영의 체계성을 "보이는 손"으로 비유했다. 20세기 초반 미국에서 듀퐁, 스탠더드 오일, 제너럴 모터스, 시어스 등의 거대기업이 등장하는 과정을 연구한 챈들러는 이들 기업이 지닌 경쟁적 우위를 규모scale와 범위scope의 경제 즉 대규모 조직이 지닌 생산 및 조직의 효율성으로 표현했다.

반면 로널드 코스(Coase 1937)와 올리버 윌리엄슨(Williamson 1975)은 경제적 생산(반드시 제조업의 물질적 생산일 필요는 없지만)이 아닌 자본주의 시장에서의 거래를 중심으로 기업의 필요를 설명하였다.

이들은 자본주의 시장의 거래에서 거래 당사자들의 신의를 전제하기 어렵고, 거래의 특성상 종종 상대방 신용을 확인키 어렵거나 지속적 거래를 보장하기 어렵다는 점 때문에 발생하는 어려움을 거래비용이라 불렀다. 거래비용을 줄이는 대표적인 대안으로 로널드 코스가 제시한 것이 기업의 위계였다. 자유로운 거래가 갖는 이점만이 아니라 불리한 점들도 함께 고려할 때 때로는 자유를 포기하고 위계 속에서 명령과 통제를 통해 원하는 바를 얻는 것이 필요하다는 것이다. 로널드 코스는 불확실성이 넘실대는 "바다"에 시장을 비유하며 이러한 불확실성 속에서 안정을 확보하고자 사람들은 "섬"과도 같은 기업을 만든다고 설명했다.

하지만 시장과 기업은 둘 중 하나를 선택해야만 하는 문제가 아니다. 올리버 윌리엄슨은 로널드 코스의 문제의식을 더욱 발전시켜 거래의 상황에 따라 언제 시장적 대안 즉 구매를 선호하고, 언제 위계적 대안 즉 생산을 선호하는가make or buy라는 문제를 제기했다. 예컨대 기업이 인력을 다수 고용해서 조직의 규모가 늘어나거나, 수직적 통합을 통해 필요한 부품을 기업 내부에서 생산하도록 하는 것이 위계적 대안이라면, 반대로 기업이 외주를 통해서 직접 고용을 줄이거나 외부 업체에서 생산한 부품을 구매하는 것은 시장적 대안이다. 둘 중 어느 쪽 비용이 더 큰가에 따라 선택이 이루어지는 것이다. 이러한 거래비용의 논리는 기업의 존재 이유 혹은 필요성뿐 아니라 기업의 경계 즉 누가 혹은 어떤 활동이 기업 내부에 남고, 누가 혹은 어떤 활동이 외부에 놓이는가의 문제도 제기한다.

경제학적 설명과 달리 사회학적 설명도 존재한다. 조직사회학자인 마이클 해넌과 존 프리먼(Hannan and Freeman 1989)은 기업들이 존재하는 이유를 경제생활에서 요구되는 사회적 신뢰성reliability과 책무성accountability 추구에서 찾는다. 이들은 경제적 거래를 포함한 자본주의에서의 사회생활에서 사람들이 거래 상대가 일회적이 아니라 지속적일 것을 원하고, 어떤 문제나 상황이 발생할 경우에 왜 그렇게 되었으며 어떻게 해결할 것인지에 대해 책임을 물을 수 있는 가능성을 원한다는 사실로부터 이러한 요구를 충족시킬 대안으로 기업이 필요하다고 주장한다. 조직으로서 기업은 사람들이 체계적으로 참여하고, 자신들의 자원을 투자한 실체를 갖는 존재이기 때문이다. 기업을 만들고 유지하려면 많은 자원과 시간과 노력이 동원되어야 하지만, 제품이나 서비스의 안정성, 우수성과 성능, 사후 보장 등 여러 측면에서 기업이 개인에 비해 신뢰성과 책임성을 더 많이 보장할 수 있다는 것이다. 이러한 사회적 신뢰와 책임은 거래비용과 비슷한 측면도 있지만 서로 다르다. 거래비용이 거래를 통해 얻고자 하는 바를 얻는 가라는 거래의 완결에 관심을 집중한다면, 사회적 신뢰와 책임은 사회적 삶의 안정적 유지와 관계의 지속이라는 측면을 중시하기 때문이다. 요컨대 자본주의 경제의 사회적 기반에 대한 요구가 기업을 필요로 하는 것이다.

2) 자본주의 경제와 기업의 생태학적 관계: 선택인가, 적응인가?

자본주의 경제와 기업은 서로를 필요로 하고 서로를 지탱하는 불가분의 관계라면 이들은 서로 어떤 작용과 영향을 미치는가? 이 질문은 자본주의 경제와 기업들이 상호작용하며 함께 성장, 발전하는 과정이 어떻게 전개되는가에 대한 것이다.

이 글에서는 자본주의 경제와 기업의 관계를 생태학적이라고 본다. 생태학이란 본래 생명체들이 자연환경 속에서 상호의존하며 이루는 집합적 질서를 지칭하는 동시에 이를 연구하는 학문이다. 생태학에서는 왜 종의 다양성이 존재하는가라는 질문에 대해 환경이 복잡하고 다양하기 때문이라고 답한다. 즉 생명체들이 복잡하고 다양한 자연환경에 적응하는 과정에서 다양한 종류의 생명체들이 존재하게 되었다는 것이다. 생태학은 본래 자연 속의 생명체들을 연구하며 발전했지만 다양한 분야들로 그 적용이 확대되고 있다. 그 결과 인간생태학, 조직생태학처럼 다양한 분야에서 생태학적 원리가 적용되기 시작했다. 자본주의 경제와 기업의 관계를 생태학적으로 본다는 것은 자본주의 경제가 기업의 환경이 되고, 기업들이 자본주의 경제의 변화에 따라 적응하거나 혹은 적응에 실패해 도태된 결과 이들의 집합적 질서가 단절적 균형punctuated equilibrium을 찾아가는 과정(Eldredge and Gould 1972)을 연구한다는 것이다.

자연환경의 광범하고 급격한 변동은 종의 선택을 수반한다. 지구를 제패했던 공룡이 기후변화로 멸망한 것이 대표적인 예이다. 최근 디지털 전환은 이에 맞먹는 변화를 기업들에 가져올 가능성이 높다. 플랫폼 기업이라는 새로운 종류의 기업들이 급속하게 등장하기 때문이다. 이와 관련된 내용은 본론에서 상세하게 다룬다. 급격하고 광범한 변화가 아니더라도 환경 변화는 기업들의 운명에 큰 영향을 미친다. 자본주의 경제의 본질적 속성인 자유로운 거래 때문에 기업 간 경쟁은 불가피하다. 하지만 기업들 간에 경쟁만 있는 것은 아니다. 기업들은 공동의 이익을 위해, 그리고 때로는 전체 체계의 이익을 위해 협력하기도 한다. 이러한 기업들의 경쟁과 협력은 자본주의 경제라는 환경에 대응하고 적응하는 과정이지만 동시에 자본주의 경제질서를 집합적으로 구성하고 바꾸는 과정이기도 하다.

환경으로서 자본주의 경제가 바뀌면 기업들은 대부분 그에 적응하고자 노력한다. 하지만 기업들의 환경에 대한 적응 시도가 충분한

지, 그 결과 성공적 적응이 이루어지는지는 다른 문제이다. 기업들의 성공적 적응 가능성이 높다면, 자본주의 경제질서와 기업들의 조응은 성공적 적응의 결과 기업들이 환경의 요구에 맞게 바뀌었기 때문이다. 반대로 기업들의 성공적 적응이 어렵다면, 기업들이 바뀌는 것은 과거의 성공적 기업들이 도태되고 새로운 환경의 요구를 반영한 기업들이 등장했기 때문이다. 조직생태학에서는 전자의 메커니즘을 "라마르크적 적응Lamarckian adaptation"으로 후자를 "다윈적 선택Darwinian selection"으로 부른다(Hodgson 2001).

최초로 생명의 진화과정을 법칙적으로 설명하고자 했던 19세기 프랑스 진화학자 장바티스트 라마르크는 환경 변화에 따라 생물들이 변화하는 과정을 잘 알려진 것처럼 용불용用不用, use & disuse과 획득형질의 유전이라는 두 법칙의 결합으로 설명했다. 환경이 바뀌면 생물들은 자신의 신체에서 주로 사용하는 기관이 바뀌는데, 이처럼 변화한 신체적 특질은 유전을 통해 자손 대에 이르기까지 지속된다는 것이다. 이러한 라마르크의 이론을 기업들에 적용하면 다음과 같다. 기업들은 시장 경쟁에서 도태되지 않기 위해 합리성과 효율성을 추구하며, 불확실성에 대비해서 외부 환경변화를 예측하고 그에 맞춰 선제적 변화를 시도한다. 특히 기술혁신이 가속화되고 환경변화가 빠르게 일어나는 최근으로 올수록 기업들은 변화에 적응하기 유리한 유연성을 강조하고 있다. 최근의 기업들은 기술혁신을 위해 R&D에 대한 투자를 계속 확대하고 있으며, 다른 기업이나 외부 기관과의 전략적 제휴나 컨소시엄 등 협력적 네트워킹을 시도한다. 기업들은 자신의 실패나 성공 경험 혹은 다른 기업들의 경험으로부터의 피드백을 통해 조직학습을 시도한다. 특히 외부 환경 변화에 뒤처지지 않기 위해 기업들이 벤치마킹이나 외부 컨설팅 등을 통해 성공적인 기업들을 모방하려 한 결과 동일한 분야에 속한 기업들은 서로 유사해지는 동형화isomorphism의 특징을 보이기도 한다(DiMaggio and Powell 1983). 기업들의 적응적 노력이 누적된 결과 새로운 기술의 확산이나 조직혁신의 프로그램이 확산되는 속도는 점점 빨라지고 있다.

라마르크로부터 반세기 가량 후에 영국의 찰스 다윈은 대표적 저작인 『종의 기원』에서 자연선택natural selection을 진화의 메커니즘으로 제시하였다. 자연선택은 환경에 적합한 생명의 종은 살아남고 그렇지 못한 생명의 종은 도태되며, 살아남은 종의 형질이 유전을 통해 전승된다는 것이다. 하지만 라마르크와 달리 다윈은 유전 정보는 쉽게 바뀌기 어렵기 때문에 획득 형질이 유전되지 못한다고 보았다. 유전을 통한 세대 간 특성의 지속적 계승은 종의 환경에 대한 유연한 적응을 제약하기 때문에 환경이 급격하고 단절적 변화를 보이면 생명체들은 그에 적응하는데 한계를 가질 수밖에 없다. 따라서 생명체의 진화는 환경의 급격한 변화 이후 환경에 적합한 생명체들만 생존하고 나머지는 도태되는 과정을 거쳐 환경과 그에 적합한 생명체들의 새로운 조응이 나타난다고 다윈은 설명하였다.

이러한 관점을 기업에 적용하면 다음과 같다. 기업은 자본주의 경제에서 안정적, 지속적인 자본증식을 위해 생겨났으며, 그렇기 때문에 기업에는 관행이나 규칙 등 급속하거나 대규모적인 변화에 저항하는 관성inertia이 존재한다(Hannan and Freeman 1977). 기업의 이러한 관성은 자본주의가 안정적일 때에는 안정과 지속을 보장하지만, 급격한 변화의 시기에는 적응을 위한 변화를 방해하고 저항하는 역할을 한다. 따라서 환경 급변에 대한 기업들의 적응적 변화와 혁신의 시도는 많지만 실제로 성공적 결과로 이어지기는 어렵다는 것이 다윈적 선택의 관점이다. 게다가 환경 변화의 속도가 빨라질수록 기업들의 시야는 점점 더 근시안적_{myopic}이 되어 환경이 요구하는 근본적 변화는 더 어려워진다(Levinthal and March 1993). 급격한 환경 변화에 기업들이 적절한 적응적 변화를 하기 어렵기 때문에 다원적 선택 관점에서는 자본주의의 지속적인 발전이 혁신적 신생 기업들에 의한 기존 기업들의 선택적 대체_{selective replacement}를 통해서만 가능하다고 주장한다. 경제학자 슘페터는『경제발전론』에서 이를 "창조적 파괴"라고 불렀다.

3) 연구 질문: 21세기 자본주의 경제와 기업은 어떻게 공진화하는가?

자본주의 경제와 기업들은 생태학적 상호작용을 거쳐 공진화해 왔다. 자본주의 경제가 20세기 전반기에 두 차례의 세계대전 및 그 중간에 대공황이라는 파국적 위기를 겪었다면, 20세기 후반 이후에는 냉전 종식과 글로벌화, 그리고 디지털화라는 엄청난 전환을 경험하였다. 또한 21세기에 접어들어 최근에는 팬데믹이라는 자연환경과 사회경제체계의 복합적 위기를 겪고 있다. 현재까지도 진행되는 이러한 위기와 전환 과정을 겪으며 자본주의 경제와 기업은 어떻게 바뀌어가고 있는가? 이 글에서는 현재 시점에서 자본주의와 기업들이 공진화하는 방향을 가늠해 보고자 한다. 이 글에서 다루는 자본주의와 기업의 미래는 이런 의미에서 자본주의 경제와 기업의 공진화의 미래라고 할 수 있다. 자본주의 경제와 기업의 공진화가 어떻게 전개될 것인가와 관련하여 본 연구는 구체적으로 다음 질문들에 답하고자 한다.

첫째, 21세기에 들어 자본주의 경제는 어떤 방향과 내용으로 발전과 변화를 경험하며, 자본주의 경제의 발전과 변화는 기업들에게 어떤 변화를 가져오고 있는가? 21세기에 자본주의는 외적 환경의 영향과 내부적 필요에 따라 20세기와 크게 다른 모습을 보였고, 기업들 또한 환경 변화에 따라 이전과 달리 큰 변화를 경험하였다. 21세기 자본주의와 기업의 공진화의 방향을 살펴봄으로써 미래를 전망하고자 한다.

둘째, 만약 자본주의 경제의 변화가 기업에 변화를 가져온다면, 기업의 변화 또한 자본주의 경제에 영향을 미칠 것이다. 기업은 자본주의 경제의 변화에 영향을 받는 수동적 존재일 뿐 아니라 자신의 의도와 목적에 맞도록 환경을 바꾸려 하는 능동적 존재이기도 하기 때문이다. 21세기 들어 나타난 기업의 변화가 자본주의 경제에 미치는 영향과 그에 따른 자본주의 경제의 변화는 어떤 것들이 있는가? 기업의 변화가 자본주의 경제에 미치는 영향 및 그 결과를 살펴보고자 한다.

2. 자본주의의 변화와 발전은 기업을 어떻게 바꾸었나?

21세기 이후 자본주의의 발전 경향은 어떤 내용과 경향을 가지며 그에 따른 기업의 변화는 어떤 것들이 있는가? 〈그림 4-1〉은 체제로서 자본주의가 최근 보이는 변화, 발전의 내용과 그에 따라 나타나는 환경적 특성, 그리고 그에 영향을 받아 기업들이 보이는 변화의 내용을 도식화해서 나타낸 것이다.

그림에 제시된 내용을 자본주의 경제의 변화, 발전의 내용을 먼저, 그리고 그에 따라 나타난 기업들에서의 변화를 이어서 살펴보도록 하겠다.

그림 4-1 자본주의의 변화와 발전에 따른 기업 변화의 요약

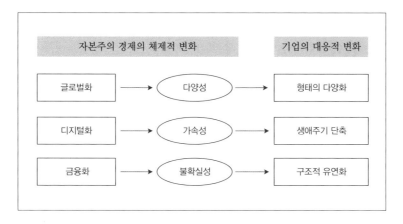

1) 기업 변화의 배경으로서 자본주의의 최근 변화와 발전

21세기 들어 자본주의 경제는 어떤 특징을 보이면 변화, 발전하는 가? 본 연구에서는 자본주의의 최근 발전의 경향을 글로벌화, 디지털화, 금융화라는 세 측면에서 살펴보고자 한다. 이러한 자본주의의 최근 발전 경향은 지난 20세기 후반부터 시작된 것으로 최근 들어 더욱 급진화되고 빠른 속도로 진행되고 있는 것들이다.

① 자본주의의 글로벌화

21세기 이전 자본주의의 글로벌화 과정은 다음과 같다. 제2차 세계대전 후 냉전 체제에서 글로벌 경제는 국제무역이 전후 GATT를 거쳐 1990년대 중반 WTO 체제로 바뀌고 국제통화제도도 1970년대 중반 이후 변동환율제도로 바뀌면서 국가 간 무역과 투자가 늘어나는 자유와 개방의 방향으로 재편되었다. 블록화되었던 20세기 전반기와 판이하게 다른 모습이다. 1980년대 이후 글로벌 경제는 일본과 독일과 동아시아 신흥산업국NICs이 적극적으로 참여하는 역동적인 경쟁과 협력의 체계로 바뀌었다. 하지만 여전히 글로벌 자본주의는 초보적 단계를 벗지 못했다. 진정한 글로벌 자본주의의 등장은 1990년대 사회주의의 몰락 이후 시작되었다. 이 시기 동안 해외 직접투자는 세계 총생산 성장률보다 4배 빠른 속도를 보여 2000년 무렵에는 1조 달러를 넘어섰다. 다국적 기업 수는 2000년 6만 5,000개로 1975년에 비해 다섯 배로 증가했으며 그 결과 21세기 전 세계 교역량의 1/3은 다국적 기업의 내부 거래가 차지하게 되었다.

21세기 들어 자본주의 글로벌화에서 나타난 주목할 현상은 글로벌 가치사슬의 재편과 글로벌 금융의 영향력 확대이다.

먼저 글로벌 가치사슬 재편을 살펴보자. 다국적 기업이 글로벌 시장에 더 가깝게 생산을 분산시키고자 했던 반면, 지역별로 서로 다른 생산조건은 효율성 측면의 최적화를 위해 또 한 번의 변화를 요구했다. 그 결과 21세기 들어 자본주의 생산은 어느 한 나라 안에서 완결적으로 이루어지는 경우가 드물게 되었고, 다국적 기업이 내부화했던 생산과정은 글로벌한 외주로 대체되기 시작했다. 글로벌 가치사슬global vlaue chain, GVC을 제안한 사회학자 개리 제레피에 따르면 상품에 따라 즉 명품 패션인지, 자동차인지, 스마트폰인지에 따라 제품의 설계와 제조의 과정을 나누고 통제하는 방식은 서로 다르지만 중요한 것은 주도적 기업이 자신의 이윤 확보를 위해 글로벌 생산을 위한 협력 기업들과 적극적으로 네트워킹을 통해 글로벌 생산망을 조직한다는 것이다(Gereffi 2019). 글로벌 가치사슬의 재편은 글로벌 로지스틱스의 발전을 배경으로 비용 효율성 최적화의 논리로 이루어졌지만 최근 팬데믹과 미중 갈등, 우크라이나 전쟁 때문에 위협받고 있다.

금융에서도 글로벌화가 활발하게 진행되었다. 글로벌 자본이동과 직접투자의 증가는 여러 요인들의 복합적 결과이다. 우선 제도적으로 2000년대 IMF 주도하에 글로벌 스탠더드가 확산되면서 각국의 금융제도가 투명하고 신뢰 가능하며 개방적으로 바뀌었다. 20세기 후반 선진 경제의 저성장은 모험적인 투자를 원하는 금융자본들로 하여금 해외의 역동적 시장에 대한 투자를 선호하도록 했다. 이러한 동기와 기회가 결합하여 2000년대 이후 글로벌 직접투자는 크게 증가했다. 글로벌 자본 유출 규모는 2000년대 초반에 비해 10년 뒤 두 배 이상으로 늘었다. 2015년 이후에는 신흥발전국의 직접 투자로 인한 자본 유출 규모가 선진국과 맞먹게 되었고, 자본 유입 역시 신흥발전국이 선진국을 앞서기 시작했다.

21세기 글로벌화의 진전은 국가별로 불균등한 결과를 낳았다. 1990년부터 2016년까지 중국이 글로벌화 덕분에 실질 GDP가 성장한 것이 500%가 넘는 반면 BRICs로 묶여 주목받던 나라들은 별다른 혜택을 보지 못하였다. 한국도 중국, 헝가리에 이어 비교 국가들 중에서 세 번째로 글로벌화에 따른 경제적 혜택을 많이 누렸다. 2000년대 들어 중국과 미국이 G2 체제를 형성할 정도로 중국이 성장할 수 있었던 배경은 개혁개방과 함께 글로벌화 속에서 해외 투자를 적극 유치하고, 글로벌 가치사슬에 적극적으로 참여한 결과였다. 반면 미국 및 서구 사회에서 극우적 정치세력들이 동원하는 인종주의 및 경제적 민족주의 등 우경화의 기반 역시 글로벌화와 밀접하게 관련되었다고 할 수 있다.

생산 및 금융에서 자본주의의 글로벌화는 다양한 환경적, 제도적 조건에 놓인 기업들 간에 경쟁과 협력, 하청의 가능성과 함께 필요성을 높였다. 물론 글로벌화에 따라 자본주의에 참여하는 나라들의 제도적 조건이 점점 더 수렴한다는 주장도 있고, 글로벌 기업들이 이러한 과정을 더 촉진하고 있기도 하지만, 여전히 유럽과 미국, 중국

등 다양한 국가적 조건과 환경에서 활동하는 기업들은 다양한 환경
에 노출되고 있다. 또한 자본주의의 글로벌화에 따라 인력의 글로벌
이동이 늘어나면서 다양한 인종적, 문화적 배경을 가진 인력들이 기
업에서 일하게 되면서 기업 인력의 다문화적 구성이 늘고 있다. 결국
이러한 변화는 기업들의 외적, 내적 환경을 더욱 다양하게 만들어가
고 있다.

② 자본주의의 디지털화

디지털 전환 혹은 제4차 산업혁명으로 불리는 디지털 기술의 엄청
난 경제적 영향은 아직 진행 중이다. 디지털 기술의 기업에서의 활용
역시 최근의 일은 아니다. 1980년대 이미 컴퓨터의 활용으로 기업조
직에 큰 변화가 나타날 것이란 주장이 등장했고(Zuboff 1988) 1990년
대 중반부터 2000년대 초반까지 인터넷의 등장으로 전자상거래가 활
발해지고, 기업들마다 ERP 등의 전사적 관리시스템이 도입되어 큰
영향을 미쳤지만(Hammer and Champy 1993) 당시 인터넷 경제로 불
리던 디지털 기술의 영향은 지금과 비교하면 미미한 것이었다. 인간
이 직접 데스크톱 컴퓨터를 이용해서 입력하고 판단하고 작업해야
하는 상황에서는 정보처리 및 소통이 빠르고 편해지는 정도에 불과
했기 때문이다.

2010년 무렵 컴퓨터가 스마트폰으로 바뀌는 동시에 클라우드를 이
용한 정보의 저장, 사물인터넷을 이용한 데이터의 자동적 축적, 로
봇을 이용한 생산활동의 가능성, 그리고 기계학습 알고리즘을 이용
한 인공지능이 결합되면서 디지털 기술은 우리의 일상적 삶은 물론
경제적 가치생산의 전 과정을 뒤바꿀 엄청난 가능성을 제공한다. 디
지털화 기술에 의해 바뀐 자본주의를 인지cognitive 자본주의(Moulier-

Boutang 2012)라고 부른다. 인지 자본주의에서는 인간 노동에서 신체를 활용한 육체노동보다 정보와 정서를 생산하고 제공하는 비물질적 노동이 중요해지고, 이러한 정보들을 이용해서 소비자들의 선호와 관심을 파악해서 각 개인들에게 맞춤형으로 서비스를 제공할 수 있는 가능성이 생겼다. 비트를 단위로 하는 정보와 아톰을 단위로 하는 물질의 이분법적 경계가 무너지면서 물질적 상품이 비물질적 서비스로 전환되기도 했다. 책, 음반, 영상과 같은 콘텐츠 중심의 산업이 대표적인 예이다. 여전히 물질을 기반으로 하는 제품들과 관련해서도 이전에는 생각하기 힘든 새로운 정보를 이용한 통제의 가능성이 생겼다. 집이나 사무실에 대한 스마트 통제 및 전기차를 이용한 자율주행 등이 그 예들이다. 21세기 초반까지 디지털 기술이 경제의 효율성을 높이는 역할을 했다면 최근에 들어서는 경제의 본질을 바꾸고 있는 것이다.

디지털 기술에 의한 새로운 가능성과 기회의 확대는 결국 자본주의 경제에서 기존 산업과 직업 등의 분류를 해체하고 재편하는 결과를 낳고 있다. 이것은 디지털이라는 기술 혁신이 비즈니스 모델의 혁신을 낳는 연쇄효과로 이어지고, 결국 경제 전반에 걸친 혁명적 재편이 일어나는 것을 의미한다. 이러한 혁명적 변화를 대표적으로 보여주는 것이 플랫폼 기업의 약진이다. 디지털 플랫폼이란 디지털 기술을 이용해서 한편에서는 수요자, 다른 한편에서는 공급자의 매개를 자동화하고 이를 통해 데이터에 기반한 다양한 서비스를 통합적으로 제공할 수 있는 체계를 의미한다. 온라인 정보 검색에서부터 상거래, 엔터테인먼트, SNS까지 다양한 서비스를 제공하는 구글, 메타(구 페이스북), 마이크로소프트, 아마존, 애플 등의 플랫폼뿐 아니라 이동의 우버, 숙박의 에어비앤비, 엔터테인먼트의 넷플릭스처럼 분야별로 활동하는 플랫폼까지 다양한 플랫폼 기업들이 지난 짧게는 10여 년 길게는 20년가량에 걸쳐 급속하게 등장했다.

S&P에 따르면 디지털 전환이 본격화되기 직전인 2008년 40개 정도의 플랫폼 기업들이 미국 증시 시가총액에서 차지하는 비중이 10%를 겨우 넘는 정도였다면, 2016년 그 수는 두 배인 80개가 넘고 전체 시가총액 비중 또한 20%를 넘어섰다. 최근 그 증가 및 성장은 가속화되어 2021년 130개가 넘는 기업들이 전체 시가총액의 38%를 차지한다. 구글, 아마존, 페이스북(현재는 메타), 애플의 앞 글자를 따서 GAFA라고 불리기도 한 플랫폼 대표 4개 기업은 전 세계 디지털 경제를 장악하고 있으며 이들의 2021년 말 기준 매출액은 1,452조 원으로 한국 GDP의 73%에 달한다.

디지털 기술이 더 많이 활용되고, 디지털 플랫폼 기업의 비중이 늘어나면서 자본주의의 기술혁신 속도와 함께 업무처리의 속도 또한 급격하게 빨라지고 있다. 삼성의 고 이건희 회장이 삼성전자의 기술적 우위와 초격차를 위해 마하 프로젝트를 추진했던 것처럼, 이제는 경쟁의 파라미터가 속도의 경쟁이라는 말이 익숙해졌다. 그 결과 기업의 환경변화 역시 가속적으로 진행되고 있다. 이러한 환경의 가속적 변화는 기업들로 하여금 적응을 위한 노력을 더욱 어렵게 만들고 있다.

③ 자본주의의 금융화

자본주의의 금융화란 "국내 및 국제 경제 운영에서 금융적 동기, 금융시장, 금융행위자, 금융기관 등의 역할이 증가"하는 것을 의미한다(Epstein 2005). 전통적으로 재화 및 서비스의 생산과 판매를 담당하는 산업자본이 경제적 가치와 이윤 생산을 주도하고 이들의 원활한 운영을 금융적으로 지원하는 금융자본이 생산된 이윤의 일부를 가져가는 기존 관계가 바뀌어 금융자본이 이윤의 창출과 축적을 주도하게 된 것이다. 금융화는 자본과 기업만이 아니라 가계와 노동에도 영향을 미친다. 금융화가 진행되면 가계 경제활동에서 금융의 중요성이 커지면서 GDP 대비 가계부채의 비율이 상승한다. 고용과 노동으로부터 얻는 수입보다 투자를 통해서 고수익을 얻으려는 동기가 작동하기 때문이다. 기업에서 일하는 다수의 임금 수준이 상대적으로 정체, 하락하는 반면, 최고 관리자의 급여와 배당금은 기하급수적으로 증가한다. 기업의 성과가 생산물 시장에서의 지위보다 주식시장에서의 시가총액에 의해 더 좌우되기 때문이다.

자본주의의 금융화는 서구 선진자본주의에서 1970년대 장기불황을 거치면서 금융이 팽창한 결과 1990년대 주식시장, 2000년대 주택시장 중심의 투기거품 조성을 거쳐 2007~2009년의 글로벌 금융위기 폭발을 가져왔다. 미국 자본주의에서 금융화는 1980년대 신자유주의 확대 및 규제 완화와 함께 시작되어 2000년대 이르기까지 지속되었으며 최근까지 일정한 수준을 유지하고 있다. 그 결과 미국 기업들의 총자산 중 금융자산의 비율은 1980년대 초반까지 완만하게 증가하다가 이후 2000년대 초반까지 가파르게 상승해서 1980년대 중반 30%에서 2000년 무렵 50% 가까운 수준까지 증가했다. 또한 세전이윤 중에서 이자수익의 비율은 1980년대 초반까지 완만한 하락세를 보여서 10% 이하까지 낮아졌다가 이후 가파르게 상승하기 시작해서 1992년 60%까지 급상승하고, 이후 상승과 하락을 거듭하다가 2010년 무렵에는 40% 정도의 비율을 보인다(윤종희 2017).

자본주의의 금융화는 자본주의의 글로벌화나 디지털화와 밀접하게 상호작용하며 진행되었다. 글로벌화와 금융화는 시기적으로도 본격적으로 진행된 시기가 대체로 일치한다. 글로벌 투자자들의 활동이 활발해지면서 이들의 움직임이 각 나라의 주식 및 외환을 포함한 금융시장 전반에서 미치는 영향이 커질 뿐 아니라 각 나라의 투자자들이나 기업들이 글로벌 투자자들에 의해 피해를 입는 경우도 늘고 있다. 그 결과 글로벌 금융시장에서의 동기화coupling와 금융위기의 글로벌화가 더욱 심화되고 있다. 디지털화와 금융화 역시 상호작용하며 서로 강화되고 있다. 디지털화에서 중요한 축이 바로 금융기술 즉 핀테크이다. 디지털 기술을 금융에 적용한 결과 개인들이 자신의 금융자산을 편리하게 관리할 수 있게 해주고 스마트폰을 이용한 인앱In-app 결제를 통해 쇼핑을 편리하게 해주는 것 외에도 각종 알고리즘을 이용한 투자 지원 및 파생상품, 가상화폐 등을 통한 새로운 금융혁신을 가져와 금융화를 더욱 촉진하고 있다. 가상화폐에 대한 투자 열풍이나 스마트폰 앱을 이용한 주식투자의 일상화 등은 개인 차원에서 금융에 대한 의존을 높일 뿐 아니라 체제 차원에서도 금융시장의 위험성을 높이고 있다.

기업의 입장에서 자본주의의 금융화는 한편에서는 기업의 자본 획득 기회가 늘어난다는 측면에서 긍정적일 수 있지만 다른 한편에서는 금융시장의 위험과 불확실성이 기업에도 곧바로 영향을 미칠 수 있다는 측면에서 부정적이다. 기업의 경제적 가치가 주식시장의 변동에 따라 급등 혹은 급락하고, 기업의 경영권에 대한 공격과 도전이 늘어나면서 기업 환경의 불확실성은 더욱 높아지고 있다.

2) 자본주의 변화에 따른 기업의 변화

① 기업 환경의 변화

21세기 자본주의의 글로벌화, 디지털화, 금융화는 기업들에게 어떤 변화를 가져오고 영향을 미치는가? 기업들의 변화 내용을 살펴보기에 앞서 자본주의의 변화 발전이 기업의 변화에 영향을 미치는 매개변수인 기업 환경 변화를 살펴보자. 자본주의 변화는 그 자체로 기업 변화를 직접 가져올 수도 있다. 글로벌화에 따른 다국적 기업의 증가, 디지털화에 따른 플랫폼 기업의 증가, 금융화에 따른 금융 기업 증가가 그 예이다. 하지만 보다 더 중요한 것은 자본주의 변화로 기업 환경이 바뀌어 기업들이 변화하는 것이다.

자본주의 변화가 가져온 기업 환경에 미친 첫 번째 영향은 환경의 불확실성 증가이다. 시장 예측에 영향을 미치는 변수들이 많지 않고 이들이 서로 독립적이면 불확실성이 낮다. 하지만 시장 예측에 영향을 미치는 변수들이 많고 상호작용하며 그 관계가 비선형적이면 불확실성이 높아진다. 금융시장은 본질적으로 불확실성이 매우 높은 편인데 자본주의 금융화의 진전은 금융시장의 불확실성을 다른 분야에까지 확산시키게 된다. 금융화 외에 글로벌화와 디지털화 또한 불확실성에 영향을 미친다. 자본주의의 글로벌화가 기업의 활동무대를 갑작스레 넓혀서 경쟁 상대가 국내뿐 아니라 해외까지 확대되었고, 디지털화에 따른 탈경계와 융합의 증가도 이제까지 시장의 구조 즉 경쟁하는 기업들 간의 안정적 경계와 구분을 무너뜨려 불확실성을 높였다.

자본주의 변화가 기업 환경에 미친 두 번째 영향은 변화의 가속화이다. 가속적 변화의 주된 동력은 디지털화이다. 디지털 기술은 자동

생성된 데이터에 기반한 인공지능의 빠른 판단력과 신속한 정보처리를 통해 업무 진행을 빠르게 한다. 또한 물질과 정보의 경계를 허무는 동시에 새로운 지식의 생산과 개발에 작용해서 혁신을 가속한다. 이처럼 디지털 기술은 기업의 비즈니스 및 혁신의 모든 분야에서 시간과 속도 개념을 뒤바꾼다. 그 결과 사람과 조직의 속도감이 변한다. 과거에는 허용되었던 일정한 시간적 완충buffer 혹은 여유slack가 사라지고 모든 것을 즉각 실행토록 바뀌었다.

마지막으로 글로벌화의 결과 기업 환경이 다양해진다. 자본주의 글로벌화의 결과 서로 다른 문화와 전통을 지닌, 다양한 조건과 상황의 국가들이 서로 접촉하고 교류한다. 기업들은 글로벌 시장에서 다양한 소비자들의 선택을 위해 경쟁해야 할 뿐 아니라, 또한 다국적의 글로벌 인력을 채용해서 함께 협력하며 일하게 한다. 그 결과 기업들은 다양한 문화와 정체성을 수용해야 하고 문화적 충돌과 갈등에도 대비해야 한다.

② 기업 구조의 유연화

기업 구조란 기업 업무와 비즈니스 프로세스에서 명령과 복종, 통제와 보고 관계를 구조화한 것이다. 기업 구조는 자본주의의 역사적 변화, 발전에 따라 지속적으로 변해 왔다. 대표적인 예가 20세기 전반기 대규모 거대기업이 등장하는 과정에서 나타난 사업부제multi-divisional 구조이다. 여러 사업 분야에 걸쳐 빠른 성장을 한 대기업들이 기존 생산, 지원, 영업 등 기능적 구분에 따른 구조로는 복잡성의 통제가 어려워지면서 채택한 것이 제품별 사업부제였다. 앨프리드 슬론이 주도한 GM의 기업 구조가 대표적인 예이다. 자본주의 글로벌화에 따라 등장한 다국적 기업에서도 지역별로 사업부를 나누어 조직의 복잡성을 해결하려 했다.

자본주의의 금융화의 결과 기업 환경이 불확실하고, 다양하고, 가속적 변화를 겪게 되면서 기업 구조에 어떤 변화가 요구되었는가? 환경의 불확실성과 다양성은 경직되고, 안정적인 구조로부터 유연하고, 변화 가능성이 높은 구조로 바뀔 것을 요구한다. 또한 가속적 변화에 적응하려면 기동성이 높은 조직구조가 필요하다. 그렇다면 어떤 기업이 유연성, 변화 가능성, 기동성이 높은가?

수직적 위계를 강조하고 획일적인 원칙을 강조하는 조직은 유연하거나 변화 가능하거나 기동성이 높을 수 없다. 반대로 수평적이고 납작하며, 권한 위임과 분산이 가능한 조직이 유연하고 변화가능하며 기동성이 높다. 그 대표적인 예로 들 수 있는 것인 일원적 위계hierarchy에서 벗어난 다원적 헤테라키heterarchy 조직(Stark 2011) 혹은 리더의 역할을 없앤 홀라크라시holacracy 조직이 있다(Robertson 2015).

사회학자 스타크는 헤테라키를 "조직 단위들이 수평적으로 다양한

그림 4-2 일원적 위계로부터 다원적 헤테라키로의 변화

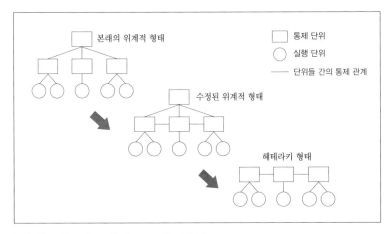

출처: Aime, Humphrey, DeRue, and Paul(2014)

평가 원칙에 따라 책무를 질 수 있는 분산된 지능의 조직 형태"라고
설명한다(Stark 2011: 19). 헤테라키란 단어는 위계적, 일원적인 관계
가 아닌 다원적 관계 속에서 다양성과 복잡성에 대응할 수 있는 체계
의 특성으로 기업 조직뿐 아니라 생태계의 복잡성을 표현하기 위해
사용되어 왔다. 〈그림 4-2〉는 일원적 위계와 다원적 헤테라키를 비
교해서 보여준다. 여기에서 특징적으로 보이는 것이 바로 네트워크
의 역할이다. 즉 수직적 위계를 대신해서 수평적 네트워킹을 통한 협
조와 협의가 강조되는 것이다.

경영학자 로버트슨은 홀라크라시를 "보스가 없는 조직"으로 정의
한다(Robertson 2015: 10). 보스가 없다는 것의 의미는 위로부터의 명
령에 따라 일사분란하게 움직이는 것이 아니라 상호조정과 협의를
통해 업무가 진행된다는 것이다. 매우 유토피아적이라고 할 수 있는
홀라크라시에서는 보스로부터의 일방적, 하향적 지시가 아닌 팀에서
동료들이 서로 협의를 통해 결정을 내리는 자율성이 강조된다. 홀라

그림 4-3 일원적 위계와 홀라크라시의 비교

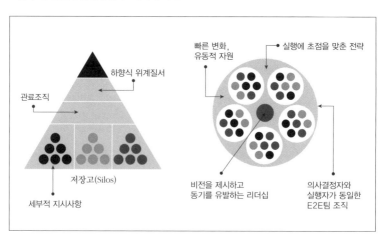

출처: McKinsey(2017)

크라시는 특히 최근 빠른 업무진행과 개발을 위해 제안된 민첩한_{agile} 작업방식에 적합한 조직이다. 〈그림 4-3〉은 각각 위계와 홀라크라시를 비교해서 보여준다.

③ 기업 형태의 다양화

21세기 들어 기업의 형태는 다양해지고 있다. 기업 내외의 환경 다양성이 높아지면서 기업들은 어느 하나의 선택에 전적으로 매달리기보다는 가능한 선택의 여지를 늘리는 것을 선호한다. 또한 환경이 다양해지면서 다양한 환경에 대응하기 위해 기업에서도 다양성을 높이려는 시도가 일어났다. 그 결과 기업 형태가 다양해지는 것이다.

20세기 후반까지 기업들은 구조와 형태의 유사성이 높은 동형성_{isomorphism}을 특징으로 했다. 기업들이 따르는 조직의 모형이나 형태는 시기에 따라 바뀌기는 했지만 동시대에는 대부분 기업들이 지배적인 형태를 따랐다. 벤치마킹과 컨설팅의 영향은 이러한 경향을 더욱 강화했다. 특정 조직 형태를 최선의 것으로 여기는 분위기는 20세기 후반에는 다소 약해졌다. 기능적 필요에 따른 산업별 차이나, 문화나 규범의 차이를 반영한 제도적 부문 간 차이를 허용하기 시작한 것이다. 하지만 여전히 동일 분야의 기업들은 비슷한 형태를 취하는 경우가 많았다.

반면 21세기 들어 기업들은 다양한 형태와 특성을 보인다. 이제는 어떤 기업이 최선의 모형이라고 하기 힘들다는 생각이 지배적이며, 기업마다 다양한 선택의 여지, 개성과 차별화를 통해 다양한 형태를 시도한다. 디지털화를 수용해서 기업의 새로운 형태를 제시한 대표적인 예가 플랫폼_{platform} 기업이다. 기존의 기업들이 대부분 자신의 경쟁우위를 내부의 우수한 역량이나 자원에서 찾았다면 플랫폼 기업은 외부의 우수 역량이나 자원 활용을 최적화하려 시도한다.

전자상거래를 선도한 아마존이나 공유경제로 이름을 알린 에어비앤비, 우버, 그리고 스마트폰을 매개로 다양한 서비스를 통합한 애플, 그리고 사람들을 온라인에서 연결해주는 페이스북과 같은 SNS 등 플랫폼 기업은 다양한 서비스를 제공한다. 하지만 플랫폼 기업들이 공유하는 특징은 수요와 공급 두 측면의 네트워크 외생성 효과를 추구한다는 것이다. 플랫폼 기업들은 내부 구성원은 소수 정예로만 유지하되 외부에서는 수요건 공급이건 다중crowd의 힘을 활용해서 서로 매칭을 시킨다는 점에서 혁신적이다.

프로젝트 중심으로 구성되어 한시적으로만 활동하는 일회용disposable 기업도 등장하고 있다. 그동안 기업 조직의 본질이라고 여겨져 왔던 신뢰성과 책무성을 지속 가능하게 추구하는 것을 포기했다는 점에서 이러한 기업은 파격적이다. 하지만 하이테크 분야에서의 혁신을 위한 협력의 시도로 혹은 문화 예술 분야처럼 변화와 불확실성이 강한 경우에 프로젝트성 일회용 조직은 유용한 대안이 되었다.

플랫폼 기업이나 프로젝트 기업과 같은 기술적, 과업적 환경에 따른 변이 외에도, 사회문화적 환경의 변화에 따라서도 새로운 시도들이 등장하고 있다. 그 대표적인 예가 경제적 가치와 동시에 사회적 가치를 생산하는 사회적 기업의 등장이라고 할 수 있다. 이들은 의식적으로 이윤의 극대화만을 목적으로 하는 기존 기업들을 따르기를 거부하고 대안적 조직으로서 자신들을 자리매김한다. 즉 이들은 기존의 기업들이 경제적 가치를 추구하기 위해 포기했던 사회적 가치를 자신들의 중요한 축으로 삼아 이중의 기준double-bottomline을 기업의 기본 원칙으로 채택한다.

④ 기업 생애주기의 단축

기업 생태계는 기업들이 환경에 적응하며 구성하는 집합적 질서를 의미한다. 기업 환경이 바뀌면 개별 기업뿐 아니라 기업 생태계 역시 바뀔 수밖에 없다. 기업 환경의 변화가 가속화되면 생태계 차원에서도 변화가 일어난다. 자본주의의 최근 발전에 따른 기업 환경의 가속적 변화는 기업의 생애주기를 단축하고 이는 생태계 차원에서 기업들의 잦은 교체 및 생성과 소멸의 동시적 증가를 의미한다.

〈그림 4-4〉는 1950년부터 2009년까지 북미 지역 상장기업 자료를 이용한 기업 생성과 사멸 분석(Daepp, Hamilton, West and Bettencourt 2015) 결과를 보여준다. 그래프에서 우리는 사멸 기업의 수가 계속 증가하고 있으며, 사멸률이 크게 높아진 것이 글로벌 자본주의로의 변화가 일어난 1980~2000년이라는 것을 알 수 있다. 기업 누적 사멸함

그림 4-4 북미 지역 상장 기업의 생성과 소멸, 사멸함수

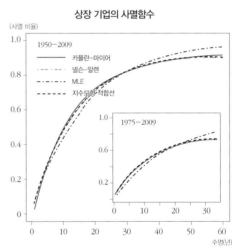

출처: Daepp, Hamilton, West and Bettencourt(2015)

수에서 50%에 해당하는 연령을 보면 전체 자료의 경우 10년인 반면, 1975년 이후로 한정할 경우 8년으로 짧아진다.

〈그림 4-5〉는 포춘Fortune 500대 기업들의 교체turnover 분석 결과 (Stangler and Arbesman 2012)는 주요 기업들의 생태계적 역동을 보여준다. 1955년, 1965년, 1975년, 1995년에 각각 포춘 500대 기업에 속한 코호트 기업 중 살아남은 기업 비율을 분석한 결과, 시간 흐름에 따라 포춘 500에서 탈락하는 비율이 점점 높아진다. 특히 1995년 코호트인 기업들은 초반 3년 이후에는 다른 코호트에 비해 대단히 빠르게 탈락한다. 절반이 탈락하는 데 걸린 기간은 1955년 코호트에서 27년, 1965년 코호트에서 22년, 1975년 코호트에서 18년, 1995년 코호트에서 12년으로 계속 짧아졌다. 1955년 500대 기업들 중에서 2020년까지 남아 있는 기업들은 52개에 불과하다.

그림 4-5 포춘 500대 기업의 기준 연도별 생존함수

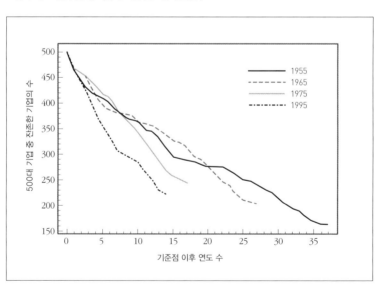

출처: Stangler and Arbesman(2012)

주요 기업의 선택적 교체가 빨라진다면 이들 기업의 평균 연령도 낮아질 것이다. 〈그림 4-6〉의 왼편은 S&P 500대 기업 평균 연령의 연도별 추이이다. 기업들의 연도별 평균 연령은 최근으로 올수록 전반적으로 낮아지는 것을 볼 수 있다. 1970년대 후반 평균 30~35년에서 2020년 무렵 20년 이하로 낮아졌다(왼편 그래프). 미국 상장기업의 탈락 평균 연령을 연도별로 살펴보면 1970년 50년이 넘었던 것이, 1980년대 후반 40년으로 낮아지고, 계속 낮아져 최근에는 30년을 겨우 넘는다(오른편 그래프). 기업들이 급변하는 환경에 적응하기 점점 어려워진 것이다.

앞서 살펴본 기업 생애주기의 단축과 생태계 변화는 환경 변화와 어떤 관련을 갖는가? 생물들의 자연환경 특성에 따른 적응전략 구분(K-전략과 r-전략)은 중요한 시사점을 제공한다. 두 전략은 환경의 특성에 따라 구분되는데 변동이 많고 불확실한 환경에는 r-전략이, 변

그림 4-6 S&P 500기업 및 미국 상장기업의 연령 분포

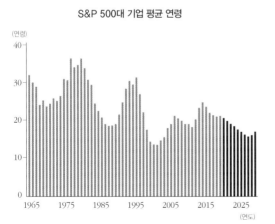

S&P 500대 기업 평균 연령

미국 상장사의 탈락 평균 연령

출처: Viguerie, Calder and Hindo(2021)[왼편] 및 Reeves, Levin and Ueda(2016)[오른편]

동이 적은 안정적 환경에는 K-전략이 선호된다(〈그림 4-7〉). r-전략
의 핵심은 번식률을 높여 크기가 작되 많은 자녀들을 낳아 불확실한
환경에 일부라도 생존케 하는 것이다. 반대로 K-전략은 예측 가능한
안정적 환경에서 개체 크기가 큰 소수의 자녀를 낳아 환경이 제공하
는 자원을 충분히 취하도록 경쟁력을 높인다.

예컨대 생명체의 관점에서 보자면 환경의 불확실성에 적극 대응할
수 있는 인간의 경우 적은 수의 자녀를 낳아 공들여 키우지만, 먹이

그림 4-7 환경적 특성과 r-전략 대 K-전략의 비교

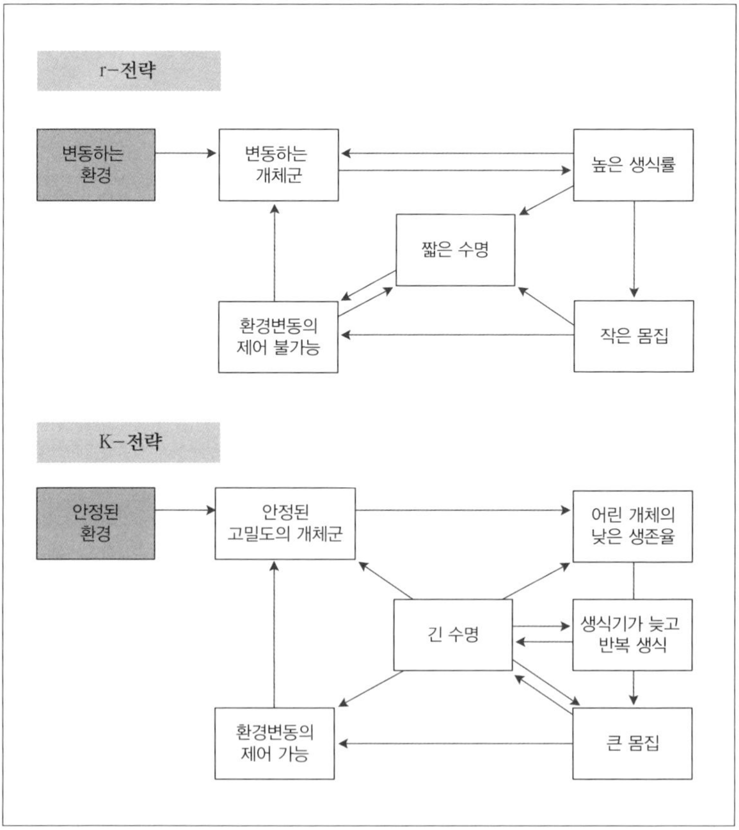

사슬의 불확실성이 높은 환경에 적응해야 하는 어류의 경우 수많은 알들을 물속에 낳는 것이 그 예가 될 것이다. 기업에 이러한 논리를 적용해 본다면 다음과 같이 생각해 볼 수 있다. 안정적 환경이 지속되면 기업들은 새로운 창업의 시도보다 기존 기업들의 성장이나 합병을 통해 몸집을 키우게 되고 그 결과 새로운 창업은 줄고 생애주기는 길어진다. 반면 불확실성이 높거나 변동성이 커진 환경에서는 기존 기업들의 적응이 어려운 만큼 새로운 기업의 창업이 요구되고 또한 많이 일어난다. 그 결과 생애주기는 짧아질 것이다.

4. 기업의 변화는 자본주의에 어떤 변화를 가져오나?

자본주의의 변화는 기업들이 적응해야 하는 환경 특성을 바꾸어 기업의 변화를 가져오지만, 반대로 기업들의 변화가 자본주의의 변화를 낳기도 한다. 거시적 환경이라고 할 수 있는 자본주의가 그 속에서 활동하는 행위자인 기업에 일방적으로 영향을 미치는 것은 아니기 때문이다. 앞서 언급한 바와 같이 자율성과 자기조절이 강조되는 자본주의 시장에 비해 기업에서는 의지와 결단, 목적 지향의 전략적 의사결정이 중요하다. 물론 이러한 의사결정에 따른 집단적 노력이 언제나 성공하는 것은 아니다. 하지만 자연적이건, 의식적이건 기업들의 변화 또한 자본주의 체계에 변화를 가져온다.

앞서 기업과 자본주의의 관계를 생태계적 관점에서 개체와 환경의 관계로 설명한 논리의 연장선에서 우리는 기업의 변화가 자본주의에 영향을 미치는 과정을 생태학 이론의 생태지위 구성niche construction이라는 개념으로 이해할 수 있다(Odling-Smee, Laland and

Feldman 1996). 생태지위 구성은 생태학에서 핵심적인 개념인 자연선택natural selection과 인과의 방향이 반대라고 할 수 있다. 자연선택은 환경인 자본주의가 변화하면 기존의 환경에 적합했던 기업들의 적합성이 낮아지고 그에 따라 성과가 하락하는 반면, 새로운 자본주의 특성에 맞는 기업들이 등장해서 경쟁하게 되면 결과적으로 새로운 기업들이 기존 기업들을 도태시킴으로써 기업들의 특성이 바뀌게 된다는 것이다. 생태지위niche란 이때 신생 기업에 유리하고 기존 기업에 불리한 제반 환경적 특성의 총체라고 할 수 있다. 요컨대 자본주의 환경의 변화 결과 기업의 생태지위가 바뀌고 그에 따라 기업들도 바뀌게 된다는 것이다.

그렇다면 이러한 생태지위가 구성construct된다는 것은 어떤 의미인가? 과거의 생태학에서는 생태지위는 환경에 의해 주어진 것이고 생물 개체는 그에 적합하거나 그렇지 못하다는 객관주의 입장(=자연선택)을 견지했다. 하지만 최근에는 환경이 개체를 일방적으로 선택하는 자연선택 외에도 개체들의 이동이나 변화가 환경에 거꾸로 영향을 미쳐 생태지위가 변하기도 한다는 주장이 제기되며 이를 '생태지위 구성'이라고 부른다. 대표적인 예의 하나가 인간이 지구의 환경과 자원을 오염시키고 기후의 온난화를 가져오는 것이다. 하지만 반드시 인간이 아니더라도 특정 환경에 서식하는 생명체의 종류가 바뀌거나 특성이 바뀌면 그에 따라 환경의 생태지위 또한 영향을 받는다. 이 논리에 따르면 기업은 환경으로서 자본주의 변화의 결과 바뀌지만, 동시에 기업의 변화는 반대로 자본주의에도 영향을 미친다고 볼 수 있다.

기업의 변화가 자본주의의 변화를 가져온다면 이러한 영향을 매개하는 것은 자본주의에 영향을 미치는 사회·정치적 환경이라고 할 수 있다. 20세기 초반에 활약한 경제인류학자 칼 폴라니는 자본주의 경제가 사회로부터 독립해서 자율적으로 움직인다는 환상을 많은 경제학자들이 갖지만 결국 그렇지 않으며 자본주의 경제는 사회와 문화에 배태되어embedded 있다고 주장하였다(Polanyi 2001; Krippner et. al. 2004). 이후 대표적 경제사회학자인 그라노베터는 배태성의 개념을 경제주체의 경제적 행위와 판단이 경제적 합리성만이 아니라 사회, 문화적 전통과 환경에 기인한다는 것으로 달리 해석하지만 동시에 경제 제도가 자율적, 자생적인 것이 아니라 사회, 문화적 환경에 의해 구성construct된다고 주장함으로써 폴라니의 주장을 발전시켰다(Granovetter 2017).

생태지위의 구성과 자본주의 경제제도의 구성이라는 개념과 논리를 연결시키면 우리는 자본주의의 변화에 따라 기업들이 바뀌고 기업들의 생태계가 변동을 경험하면 그에 따라 기업이 속한 시민사회와 정치도 영향을 받게 되며, 이들이 이러한 변화에 어떻게 대응하는가는 결국 자본주의의 변화 또한 가져오게 된다는 일종의 순환적, 혹은 상호작용적 관계가 존재함을 알 수 있다.

그렇다면 기업의 변화가 기업 생태계의 생태지위 구성과 사회, 정

그림 4-8 기업의 변화가 자본주의에 미치는 영향

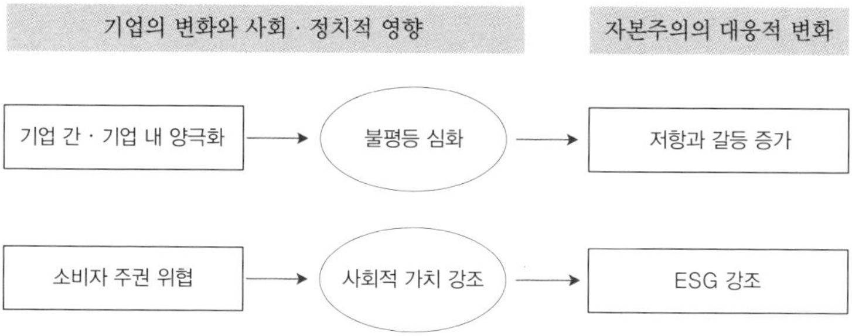

기업의 변화와 사회·정치적 영향		자본주의의 대응적 변화
기업 간·기업 내 양극화 → 불평등 심화 →		저항과 갈등 증가
소비자 주권 위협 → 사회적 가치 강조 →		ESG 강조

치, 문화에 의한 자본주의 경제제도의 구성을 통해 자본주의에 가져오는 변화의 내용은 어떤 것인가? 그 핵심적 내용은 〈그림 4-8〉에 정리된 바와 같다. 이들 내용에 대해 보다 상세하게 살펴보도록 하자.

1) 기업의 변화와 사회적·정치적 영향

자본주의 변화를 요구하는 사회적·정치적 영향을 가져올 기업 변화로 두 가지를 생각할 수 있다. 첫째, 기업 간에 또한 기업 내에서 경제적 양극화가 심화된 결과 사회 전반적으로 불평등이 심화되고 있다. 둘째, 디지털 기술 발전에 따른 인지자본주의화와 기업들의 플랫폼화로 소비자 주권 특히 데이터 주권에 대한 위협이 거세지고 있다.

① 기업 간·기업 내 양극화와 불평등 심화

먼저 기업 세계의 양극화와 그에 따른 불평등 심화를 먼저 살펴보자. 21세기 들어 특히 글로벌 경제위기를 겪은 이후 지난 10여 년간 전 세계 많은 지역에서 불평등이 증가한 것은 잘 알려져 있다. 미국의 경우 퓨 리서치Pew Research에 따르면 1970년 중산층의 전체 소득에서 차지하는 비중이 62%, 전체 자산에서 차지하는 비중이 32%였던 것이 2018년 전체 소득 중 비중은 43%, 2016년 전체 자산 중 비중은 17%로 크게 낮아졌다. 반면 상위층이 전체 소득에서 차지하는 비중은 1970년 29%에서 2018년 48%로, 전체 자산에서 차지하는 비중은 1970년 60%에서 2016년 79%로 크게 높아졌다(Pew Research 2020). 한국의 경우에도 미국과 같은 장기 추세를 보여주는 자료는 많지 않지만 소득불평등의 대표적 지표인 지니계수가 1992년 0.24로 가장 낮은 수준을 보이다가 2010년 0.30으로 올라 전반적으로 비슷한 추세를 보여준다(이성균·신희주·김창환 2020). 2010년대 후반 대부분 선진국의 총소득 지니계수 역시 전반적으로 높은 불평등 수준을 보여서 미국이 0.43으로 가장 높고, 영국이 다음으로 0.39, 이탈리아 0.37, 일본 0.36, 캐나다 0.35, 독일 0.35, 프랑스 0.33 등의 순이다.

문제는 과연 이처럼 불평등 심화가 전 세계적인 현상이 되는 과정에 기업이 얼마나 그리고 어떤 역할을 했는가일 것이다.

경제학의 많은 문헌들에서는 최근의 전반적인 불평등 증가 현상에 대해 크게 글로벌화의 영향과 숙련편향적skill-biased 기술 발전을 주된 요인으로 들고 있다. 글로벌화의 영향이란 글로벌 시장의 등장으로 국가 간, 기업 간 경쟁이 심화되고 경쟁력이 약한 국내 산업이나 부문을 보호하기가 점점 어려워진 결과 강자와 약자의 부익부, 빈익빈이 심화된다는 요컨대 강자는 더 많은 기회를 누리고 약자는 더 큰 위험에 노출된다는 것이다. 숙련편향적 기술 발전의 영향이란 기술이 발전하면서 혁신적 지식을 다루는 교육과 훈련 수준이 높은 사람들의 경우 더 많은 보상을 받는 반면, 그에 비해 단순하고 기계나 컴퓨터로 대체될 위험에 놓인 사람들은 더 열악한 상황에 놓이게 된다는 것이다.

글로벌화와 기술 발전은 모두 거시적 환경의 변화이다. 그렇다면 기업은 이러한 거시적 변화로 인한 불평등 증가에서 어떤 역할을 하는가? 기업은 글로벌화와 기술 발전에 직접적으로 영향을 받지 않을 수 없다. 앞서 살펴본 대로 글로벌화와 디지털 중심의 기술 발전의 결과 기업 환경의 불확실성이 높아지면서 기업들은 더욱 유연해지고, 다양해지며, 생애주기가 짧아지는 변화를 겪었다. 이러한 변화의 결과로 기업들은 20세기의 기업들과 다른 특성을 갖게 되었는데 그중에 대표적인 것이 양극화의 심화이다.

양극화는 기업 간에도 기업 내에도 진행이 된다. 기업 간 양극화란 불확실성에 성공적으로 적응할 뿐 아니라 이를 이용해서 더 높은 성과를 올리는 기업과 그렇지 못한 기업 간의 격차가 커지는 것을 의미한다. 고성과 기업에서 일하는 사람들의 소득이 계속 증가하는 반면, 저성과 기업에서 일하는 사람들의 소득이 정체 혹은 감소한다면 전반적으로 기업 간 양극화는 소득불평등을 심화시킬 것이다. 기업 내 양극화란 같은 기업에서 일하지만 경영진과 일반 직원들처럼 서로 권한이 다르거나, 엔지니어와 사무직, 생산직처럼 맡은 일이 다르거나, 정규직과 비정규직처럼 고용상 지위가 서로 다를 경우 일에 대한 보상의 격차가 커지는 것을 의미한다.

기업 간 양극화는 왜 나타나는가? 앞서 언급한 글로벌화 및 기술발전과 관련시켜 본다면 글로벌 시장에서 경쟁력이 있는 기업과 그렇지 못한 기업 간에 그리고 기술혁신에 앞장서는 기업들과 그렇지 못한 기업 간에 격차가 점점 더 커지는 것이다. 먼저 글로벌화의 영향을 살펴보면, 2015년 기준으로 한국 기업들을 수출 기업과 내수 기업으로 나누어 혁신활동 및 경영성과, 일자리 창출 등을 비교한 결과, 수출 기업이 내수 기업에 비해 연구개발 투자의 비중은 4배, 생산성의 경우 60%, 임금 수준의 경우 30%가 더 높게 나타났으며, 일자리 창출 역시 크게 앞서는 것으로 나타났다(문병기 2017). 한국처럼 경제 전반의 수출입 의존도가 높은 경우에 글로벌화에 적극 대응한 기업과 그렇지 못한 기업 간의 격차는 더욱 중요하다.

기술 발전의 기업 간 양극화에 대한 효과 역시 마찬가지이다. OECD에서 2015년 발간한 『생산성의 미래The Future of Productivity』 보고서에서는 〈그림 4-9〉에 제시된 것처럼 기술혁신에 앞장선 기업들과 일반 기업들 간의 생산성 격차를 글로벌 수준에서 비교해서 이들 간의 격차가 2000년대 들어 지속적으로 확대되고 있다는 결과를 보여주었다.

그림 4-9 글로벌 기업 간 생산성 격차의 심화

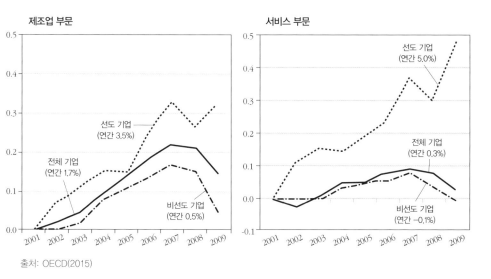

출처: OECD(2015)

생산성 격차는 특히 제조업보다 서비스업에서 더 클 뿐 아니라, 하위 기업들과 전체 기업 평균 간의 차이 또한 크지 않은 것으로 나타났다. 기업들 간에 기술혁신이 전파되어 기업 전반적으로 기술수준이 향상되는 것이 아니라 선두에 선 혁신기업들의 독주가 지속되고 있다는 것을 의미한다. 최근 들어 글로벌 플랫폼 기업들이 전 세계 기업들의 선두 지위를 공고히 하고 있는 것도 이러한 결과와 일맥상통한다고 할 수 있다.

기술 발전에 따른 기업 간 양극화가 불평등에 미치는 영향 또한 OECD의 후속연구(OECD 2020)에 의해 밝혀졌다. 14개국의 기업과 개인 임금 자료를 분석한 워킹 페이퍼는 전체 임금 불평등 변화의 절반가량이 기업 간 임금 격차의 변화에 의해 설명되며, 기업 간 격차의 약 2/3는 앞서 언급한 기업 간 생산성 격차에 의해 설명된다는 사실을 밝혔다. 소득불평등이 가장 심각하다고 하는 미국의 경우에 대한 연구에서도(Song et al. 2019) 1978년부터 2013년 사이 기업과 개인의 임금 격차를 분석한 결과 상당한 정도의 임금 불평등이 기업 간 임금격차로 인한 것이라는 분석 결과가 보고되었다. 이러한 연구 결과들이 제시하는 바는 기업 간 양극화와 기업 내 양극화가 동시에 진행되지만 빠르게 증가하는 소득불평등에 더 큰 영향을 미친 것은 기업 간 양극화라는 사실이다.

하지만 기업 간 양극화에 비해 불평등에 대한 영향이 적다고 하더라도 기업 내 양극화의 중요성이 줄어드는 것은 아니다. 사회적 자본으로 유명한 정치학자 퍼트넘은 19세기 말 미국이 대호황시대gilded age 동안 자본주의의 급격한 성장 속에서 불평등이 급격하게 증가했다가 20세기 전반기에 걸쳐 불평등이 감소할 수 있었던 중요한 원인으로 대량생산의 시대를 맞아 대기업들에서 임금근로자들의 임금 평준화 경향을 지속했던 것을 들고 있다. 특히 퍼트넘은 대기업 경영진들이 과도하게 많은 봉급을 스스로 반납하기도 했던 사례들을 예로 들기도 한다. 제2차 세계대전 이후에도 이러한 경향은 지속되어 GM, GE 등 대기업은 대규모 고용을 창출할 뿐 아니라 직원들에게 내부노동시장 즉 장기간 고용되어 안정적 임금을 받을 수 있는 가능성을 제공했다. 결국 대기업에서의 이러한 경향이 전후 복지정책 확대와 함께 자본주의 역사 혹은 더 나아가 인류 역사에서 가장 소득불평등이 낮은 수준을 보이는 중산층 중심 사회였다고 이야기하는 20세기 중반의 사회를 만들 수 있었던 동력이 된 것이다.

그런데 20세기 후반부터 대기업들의 이러한 고용 관행과 임금 체계가 바뀌기 시작하였다. 내부노동시장 즉 한번 입사하면 장기간 고용되어 일하면서 많은 복지혜택과 함께 승진과 임금 상승을 누릴 수 있는 가능성이 사라지고, 또한 외주나 비정규 고용과 같은 새로운 고용관행이 확산되어 고용의 안정이 떨어질 뿐 아니라 기업 내 임금을 포함한 보상의 격차도 늘어나기 시작한 것이다. 반면 기업의 경영진은 과거에 비해 엄청난 보수를 받게 되면서 일반 직원들과 최고경영진 간의 보수의 격차가 점점 더 벌어지기 시작했다. 능력주의 인사가 확산되고 기업들의 인재경쟁이 치열해지면서 높은 연봉을 요구하며 기업들을 옮겨 다니는 경향이 늘어나게 되었다. 이러한 기업의 고용 및 임금 체계의 변화는 기업 내 양극화를 가져왔다. 점점 더 유연하고 경쟁적으로 바뀐 노동시장은 능력과 성과를 인정받는 강자에게는 더 많은 기회를, 그리고 그렇지 못한 약자에게는 더 큰 위험을 가져온 것이다.

미국에서 기업 내 양극화가 경제적 불평등에 미친 영향을 분석한 연구에 따르면(Cobb and Lin 2017), 1989년부터 2014년 사이 미국 대기업의 내부 임금격차가 계속 확대되었으며, 이러한 변화가 전체 경제적 불평등에 미친 영향은 특히 임금 분포에서 하위에 속한 사람들 즉 저소득 근로자들에 집중되었다고 한다. 이러한 분석 결과는 대기업의 임금 프리미엄이 점점 사라지는 것으로 해석할 수 있다. 그런데 이것이 전체 불평등에 함의하는 바는 위에서 퍼트남이 설명한대로 20세기 대기업들이 안정적 고용과 함께 일정 수준의 임금을 보장해 줌으로써 불평등을 부분적으로 완화할 수 있었던 것이 이제는 사라졌다는 것이다.

② 소비자 주권의 위협

기업들의 변화가 자본주의 및 이를 둘러싼 사회, 정치 환경에 미치는 두 번째 영향은 바로 소비자들에게 미치는 영향이다. 자본주의 시장경제에서 생존과 성장을 위해 치열한 경쟁을 벌이는 기업들은 기술혁신을 통해 새로운 상품을 제공하고 소비자들의 관심과 주목을 독차지하기 위한 전략을 끊임없이 구상한다. 20세기 중반 포디즘이라고 불렸던 대량생산 중심의 자본주의 경제에서는 표준화된 방식으로 생산되어 저렴하고 대중적인 상품들이 소비시장을 지배했다. 냉장고, 세탁기, 텔레비전 등의 내구성 소비재 가전제품이나 승용차 중심의 자동차 등이 대표적인 예라고 할 수 있다. 이러한 대량생산 자본주의 시대의 상품들은 소비자의 취향이나 선호의 다양성을 반영하지는 못하지만 이전에 비해 현저하게 저렴한 가격 경쟁력을 가졌다.

20세기 후반에 들어 소품종 대량생산 중심의 자본주의에는 변화가 나타나기 시작했다. 정치경제학자 피오르와 세이블이 유연전문화flexible specialization라고 부른 이 변화는 소품종 대량생산으로부터 다품종 맞춤 생산으로의 변화이다. 과거 자본주의의 생산력 발전이 장인들 중심의 다품종 맞춤 생산으로부터 기계화와 표준화를 통해 소품종 대량생산으로의 전환이 중심이 되었다면, 이제는 소비자의 선호나 취향을 무시한 표준화에서 벗어나 맞춤형으로 유연하게 다양한 상품들을 제공할 수 있게 되었다는 것이다. 물론 이처럼 소비자의 요구를 전적으로 존중하는 유연전문화로의 변화는 생산방식의 변화를 필요로 했고 그 변화의 핵심은 위에서 살펴본 바와 같이 고용의 유연화와 그에 따른 불안정의 증가이다.

소비자에 대한 기업들의 배려와 존중은 단지 상품 선택에서의 다양성 제공만이 아니었다. 20세기 중반까지 대기업의 성장 과정에서 소비자들의 권리는 크게 존중받지 못했다. 사회학자 콜먼이 지적했듯이 대규모 조직과 분산된 개인 간의 관계에는 비대칭asymmetry이 존재하기 때문에 개인으로서의 소비자는 많은 경우 조직화된 대기업에 비해 권력의 약세를 면치 못했기 때문이다. 하지만 20세기 중후반을 지나면서 이러한 비대칭적 관계에 변화가 나타나기 시작했다. 1960년대 미국의 R. 네이더 등으로 대표되는 소비자 운동이 서구에서 본격적으로 전개되기 시작하고 1960년 국제소비자연맹이 등장하는 등 제품의 안전성과 함께 소비자 권리를 존중해야 한다는 분위기가 기업들에서 일반화되었기 때문이다. 결국 조직의 힘을 갖춘 기업들에 대항해 소비자들도 조직화됨으로써 힘의 균형을 회복한 것이다.

그런데 21세기 들어 디지털 전환이 일어나고 데이터에 기반한 플랫폼 중심의 기업경영이 확산되면서 기업과 소비자의 관계에는 또다시 변화가 나타나고 있다. 디지털 플랫폼은 폭넓은 의미에서의 매개mediation 즉 소통의 미디어, 인간적 교류, 경제적 거래를 디지털 기술에 기반해서 포괄적으로 수행한다. 이 과정에서 플랫폼은 여기에 참여하는 사람들의 각종 정보를 데이터화시켜서 분류하고, 저장하고, 분석하며, 활용한다. 예컨대 소비자들에게는 각종 상품과 서비스에 대한 정보의 검색과 공급자 간의 가격비교 기회를 제공할 뿐 아니라 다른 사람들의 평가에 기반한 공급자들의 만족도 정보를 제공한다. 또한 공급자들에게는 플랫폼을 이용하는 소비자들의 선호에 대한 정보 뿐 아니라 이들에게 접근할 수 있는 채널과 기회까지 제공한다. 더 나아가 플랫폼은 모든 참여자들의 의사결정과 신체행위뿐 아니라 감정까지도 데이터화시켜 알고리즘을 통해 분석하고, 선택지와 대안을 제시하고, 이른바 너지의 형태로 판단과 행위를 유도하기도 한다. 플랫폼을 통해 맺어진 사람들과의 관계에 의존할수록 이성적 판단뿐 아니라 정서적 반응까지도 플랫폼에 의해 영향을 받게 된다. 알고리즘이 더 많은 사람들의 데이터를 수집하고 분석할수록 알고리즘은 더 지능적이 되고 더 많은 인간사의 부분을 대신한다.

이러한 과정을 총괄해서 디지털 전환 이후 플랫폼이 지배적이 된 자본주의를 인지자본주의_{cognitive capitalism}(Moulier-Boutang 2012) 혹은

데이터 자본주의(쇤베르거·람게 2018)라고 부르거나 이에 기반한 사회를 자동화 사회(스티글러 2019)라고 부른다. 이들 주장의 핵심은 경제 및 사회 시스템과 그에 기반한 기업 모두 데이터와 알고리즘에 의존하게 되었다는 것이다. 이러한 사회에서는 일하는 사람이건 시장에서 구매와 소비하는 사람이건 자신에 대한 모든 정보를 데이터로 제공하고 알고리즘의 지시에 따라 자신의 이성적 판단 혹은 심지어 정서경험까지 위임한다. 인간의 생각뿐 아니라 욕망까지도 자신의 내부로부터 발생하는 것이 아니라 외부에 의해 조정되거나 의존하게 되는 상황이 아직 전면화된 것은 아니지만 점점 더 가까워지고 있다.

조직사회학자 페로는 20세기 후반 대량생산 자본주의에서 다수의 사람들이 대기업에서 일하며 자신 및 가족의 일상적 삶이 기업이 제공하는 다양한 서비스에 의존하게 된 결과 기업들이 개인의 삶을 포섭하게 되었다는 주장을 한 바 있다(Perrow 1991). 하지만 21세기 인지자본주의와 자동화 사회에서 그 정도는 더욱 심해진다. 개인의 정보와 함께 자아의 존재감이 플랫폼과 소비에 의존하면서 소비자들의 자율성이 침해당할 위험이 높아지기 때문이다. 20세기 후반처럼 소비자들의 권리 주장이 소비자 운동의 형태로 일어날 가능성이 높지 못한 것은 사람들이 자신의 데이터가 얼마나 어떻게 플랫폼과 기업에 제공되고 활용되는지, 자신의 삶이 얼마나 플랫폼의 알고리즘에 의존하고 있는지 인지 못할 가능성이 매우 높기 때문이다.

2) 사회적·정치적 변화와 그리고 기업의 대응

21세기 자본주의 경제에서 기업의 양극화와 플랫폼에 의한 지배의 경향은 어떤 사회적·정치적 반응 혹은 대응을 낳으며, 이러한 반응

과 대응은 자본주의의 미래에 대해 어떤 함의를 갖는가?

　기업 간·기업 내 양극화로 불평등이 심화되면서 나타난 변화의 대표적인 것은 사회 전반의 양극화이다. 소득과 자산의 불평등과 양극화는 한편에서는 빈곤과 불안정을 다른 한편에서는 사치의 과잉을 낳고 있다(프랭크 2011). 사치의 과잉은 플랫폼의 소셜미디어와 결합하여 과시의 증폭을 낳고 결과적으로 더 많은 비교와 절망, 질시와 분노를 양산한다. 명품에 대한 집착과 과시적 소비가 사회적으로 만연하게 된 결과 사람들은 점점 더 소비에서 만족을 느끼지 못할 뿐 아니라 오히려 반대로 소비하면 할수록 불만족이 늘어나는 경우까지 나타난다. 또한 과시적 경쟁과 함께 사회적 공감에 대한 관심이나 성향이 더욱 약해지고 개인화되고 고립된 개인들의 정서적 불안과 불행이 확대되는 결과가 나타난다.

　이러한 변화는 한 세기 이전에 경제학자이자 사회학자인 베블런이 유한계급leisure class의 등장이라는 주장과 함께 과시적 소비의 문제점을 통렬하게 지적했던 당시와 매우 유사하다(Veblen 1918). 문명 이전부터 존재했던 과시를 통한 명예의 추구가 자본주의 사회에서 나타난 과시적 소비는 타인의 인정을 얻기 위한 과잉의 소비이며 생산적 노동의 경시와 함께 소비 본연의 만족에 대한 포기를 의미한다. 그 결과 진정성이 결여된 속물주의와 함께 그로부터 배제된 사람들에 대한 경멸과 혐오가 만연한다. 결국 베블런이 신랄하게 비판한 20세기 초반 미국 사회의 모습은 한 세기가 지난 현재 전 세계적으로 다시 고개를 들고 있는 것이다. 이러한 사회에서는 분열과 갈등이 지배하고 연대와 통합이 사라진다. 앞서 언급한 퍼트넘의 지적대로 20세기 초반 분열과 대립으로 가득했던 미국 사회가 20세기 중반을 거치면서 불평등, 대립과 갈등, 고립이 줄어들면서 통합되어 갔다면, 20

세기 후반 이후에는 그 반대의 경향 즉 사회적 통합이 약해지고 서로 반목하고 질시하며 다투는 방향으로 다시 돌아갔다. 그리고 이러한 경향은 전 세계적으로 확산되고 있다.

이러한 변화가 가장 극적으로 나타난 분야가 정치라고 할 수 있다. 정치학자인 퍼트넘은 20세기 중반까지 미국 정치가 이른바 금권을 통한 동원에 기반한 조직정치machine politics에서 벗어나 양당이 서로 협력하고 합의와 조정을 통해 진보를 이루어왔던 반면, 1960~1970년대 사회운동의 과열과 분열적 정치를 거치면서 점점 더 통합에서 멀어졌다고 진단하였다. 정치학자인 해커와 피어슨 또한 퍼트넘과 마찬가지로 승자독점적 자본주의가 승자독점의 정치를 가져와서 미국 정치가 금권정치화되고 있음을 경고하였다(Hacker and Pierson 2010). 이들은 기업의 특권층과 정치 엘리트의 결합에 의해 양극화는 더욱 심화되는 양상을 보여주는 한편 이러한 금권정치화가 정치를 더욱 위기로 몰고 가고 있다고 주장했다. 어쩌면 트럼프와 이후 미국 정치에서 포퓰리즘의 만연은 이러한 경고가 현실로 나타난 것이라고 할 수 있다. 금권정치에 의해 배제되고 소외된 약자들을 동원하는 포퓰리즘이야말로 금권정치의 또 다른 면이기 때문이다.

기업 간·기업 내 양극화에 따른 경제적 불평등 증가와 함께 과시적 소비에 따른 사회적 분열, 금권정치와 포퓰리즘에 의한 정치적 양극화 등은 사회의 불안정과 해체의 경향을 가속화한다. 그리고 정치, 사회적 환경의 불안정과 해체의 위기는 이에 기반한 자본주의의 위기로 연결될 가능성이 높다. 이러한 불안정과 위기를 해결하기 위한 노력도 여러 방면에서 시도되었다. 2008~2009년 미국 서브프라임 모기지 사태 이후 탐욕적 금융자본의 폐해와 과도한 불평등에 반대의 기치를 올렸던 반反 월가 시위Occupy Wall Street는 현재 자본주의의 극단적 불평등을 1 대 99의 문제로 규정하였다. 이들의 목적은 금융 자본주의의 부당함을 폭로하는 것이었지만 이에 자극받은 월가의 금융 자본 내부에서 혁신적 시도들이 등장하게 되었다.

오랫동안 기업의 사회적 책임 혹은 사회적 공유가치를 강조하려는 노력이 이루어져 왔음에도 불구하고 여전히 기업의 사회에 대한 부정적 영향이 심각하다는 자각에서 출발한 것이 기업의 환경, 사회, 지배구조 측면의 성과를 공시할 것을 요구하는 ESG Environment, Social, and Governance 운동이다. ESG가 기존 기업의 사회적 공헌이나 책임, 사회적 가치와 구별되는 점은 기업의 외부에 대한 공헌 혹은 기부가 아닌 경영활동 및 그 성과의 한 요소로 사회적, 환경적, 지배구조적 측면을 포함시킬 것을 요구하기 때문이다. ESG에 대한 관심이 처음 등장한 2000년대 초반에는 유럽 선진국들에서는 연기금을 중심으로 해서 공시의무를 요구하다가 2006년 유엔책임투자원칙 UNPRI을 통해 확대되고, 미국에서는 금융위기 이후 2010년대 관심과 요구가 급증하게 되었다. 한국에서도 2025년도부터 ESG 공시 의무를 자산 총 2조 원 이상 상장사에 부여하는 것으로 2021년 금융위원회가 결정하였다.

ESG의 효과는 기업들에 대한 투자에서 경제적 성과와 함께 환경, 사회, 지배구조 측면의 성과를 동시에 고려하도록 하는 것이다. 아직까지 모든 기업들에 대해 전면적으로 도입된 것은 아니지만 다수의 대기업들이 참여함으로써 사회, 환경, 지배구조 측면에서 기업의 부정적 영향을 줄일 뿐 아니라 긍정적 영향을 높이려는 노력을 기울이도록 강제하거나 설득하는 효과를 기대하는 것이다. 아직까지 ESG의 성과에 대해서는 평가가 엇갈리는 측면이 있다. ESG를 강조하는 투자자들의 위선에 대한 경계의 목소리도 있고, 노골적으로 ESG를 반대하는 보수적 목소리도 점점 더 강해지는 추세이다. 하지만 ESG는 지속적으로 확대되는 과정에 있고 이를 통해 자본주의 기업들의 사회적, 환경적 영향이 개선되기를 바라는 낙관적 기대도 높아지고 있다.

5. 결론: 공진화의 방향과 전망

우리는 자본주의와 기업의 관계에 대한 논의를 환경과 개체라는 생태학적 관계에서 출발하였다. 자본주의와 기업의 생태학적 관계는 어느 한쪽이 일방적으로 지배하거나 결정하는 관계가 아닌 상호적이고 순환적인 관계이다. 자본주의가 변하면 그에 따라 기업도 변하고, 기업이 변하면 자본주의도 그에 대응해서 변한다. 그런 의미에서 자본주의의 미래는 기업의 미래를, 기업의 미래는 자본주의의 미래를 향해 있다. 자본주의의 미래는 어떨 것이며, 기업의 미래는 어떨 것인가?

기업의 최근 변화인 유연화, 다양화, 생태적 복잡화를 가져온 자본주의의 변화는 글로벌화, 디지털화, 금융화이다. 이러한 자본주의의 변화 경향 중에서 미래에 지속적으로 변화를 주도할 것으로 예상되는 변화는 디지털화라고 할 수 있다. 코로나19에 의한 팬데믹을 거치고 강대국 간의 국제관계의 긴장과 갈등을 겪으면서 자본주의의 글로벌화는 주춤하는 양상을 보이고 있다. 물론 글로벌화가 주춤한다고 해서 예전처럼 각국 혹은 블록에 한정된 자본주의로 돌아갈 가능성은 없다. 다만 자유주의에 기반한 협력적, 상호적 관계가 아닌 경합적, 일방적인 관계를 더욱 추구할 것이라는 예상이 많다. 반면 디지털화는 앞으로도 계속 진행될 것이며 이를 뒷받침하는 데이터와 알고리즘의 발전 역시 가속화될 것이다.

우리 삶에서 기업은 기업과 어떤 관계에 있는가에 따라 투자대상이기도 하고, 일터이기도 하고, 욕구를 충족시켜 주는 공급처이기도 하다. 자본주의의 미래 변화가 디지털화에 따라 더 복잡해지면서 기업은 더 유연하고 다양하고 수명이 짧아진다. 그것은 우리의 삶에서 기업이 안정과 신뢰를 부여하는 역할을 하기 어렵게 된다는 것을 의미한다. 미래의 자본주의에서 기업은 여전히 중요한 경제적 주체로 기능하겠지만 과거 우리의 삶에 영향을 미치던 모습과는 사뭇 달라질 가능성이 높은 것이다. 안정과 신뢰를 부여하지는 못하는 대신 보다 다양하고 유연해진 기업은 우리 삶과 더 밀착될 가능성이 높다. 특히 플랫폼화된 기업은 우리의 삶의 일부로 일종의 플러그인처럼 들어올 것이다.

자본주의의 미래에 여전히 기업이 중요한 역할을 하는 주체로 남는다고 할 때 기업이 자본주의가 안고 있는 문제들을 해결할 전망은 얼마나 될까? 최근 ESG를 통해 보다 친사회적이고자 노력하는 기업들이 자본주의의 부정적 측면을 줄이거나 제어하고 보다 인간에 친화적인 경제체제로 순화시킬 가능성이 있는가? 이 질문은 반드시 자본주의에 반대하거나 비관적 전망을 가진 사람이 아니더라도 최근 자본주의의 급격한 변화과정을 지켜보거나 영향을 받은 사람이라면 누구나 해볼 수 있다.

자본주의는 두 측면이 동시에 존재한다. 하나는 생태계로서 자생적이고 자율적인 측면이며, 애덤 스미스와 그의 뒤를 이은 경제학은 이 측면에 주목했다. 또 하나는 사회제도로서 구성적이고 다른 제도들과 상호작용하는 측면이다. 자본주의의 다양성에 대한 관심과 논의는 이 후자의 측면에서 출발한다. 후자의 측면에 주목한다면 우리는 인간의 협동적 노력과 의지적 추구를 반영하는 기업의 노력을 통해 자본주의의 문제점을 어느 정도 해결할 가능성을 찾을 수 있다. 하지만 자본주의를 자본주의이게 만드는 것은 전자의 측면이다. 이기주의의 집합적 결과가 공생적일 가능성을 믿은 애덤 스미스의 낙관주의를 기업들이 실현할 수 있을지는 아직 미지수이다. 기업들이 아무리 이타주의와 이기주의의 균형을 강조하더라도 여전히 자본주의는 이기주의에 입각한 경제체제이기 때문이다.

제5장

ICT기업 워라밸의 명과 암

바람직한 노동과 여가의 균형은 가능한가?

김재석(서울대학교 인류학과)

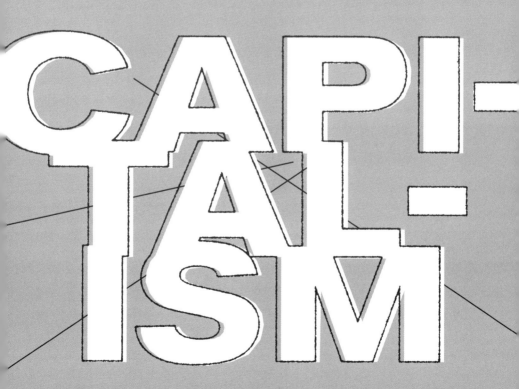

1. 서론: 노동시간 단축의 희망과 ICT기업의 시사점

노동시간 또는 노동일working day은 늘어나거나 줄어들 수 있지만, 증가하는 데에는 한도가 있다. 노동자의 육체적·정신적 한계가 노동일의 최대치를 정하기 때문이다. 이러한 맥락에서 2016년 6시간 노동일을 실험적으로 실시한 스웨덴의 사례는 주목할 만하다. 스웨덴 예테보리Göteborg의 노인돌봄시설에서 일하는 간호사들은 같은 임금을 받는 조건으로 하루 6시간만 일하게 되었다. 업무량이나 효율이 저하될 것이라는 우려와 달리, 간호사들은 8시간을 일하던 시기보다 돌봄업무에 더욱 집중하였고, 퇴근 후 생활도 "피곤에 찌들어 소파에 늘어져 있지 않고" 다양한 여가생활을 즐기며 충만함을 느낄 수 있었다 (Alderman 2016). 물론 돌봄시설 고용주의 입장에서는 짧아진 노동시간을 보충하기 위해 14명의 돌봄인력을 추가로 확보해야 했지만, 6시간 노동일 실험은 노동시간의 단축이 노동가치의 극대화에 반드시 장

애물이 되지는 않으며, 노동일의 증가가 반드시 생산성을 증대시키는 것은 아니라는 것을 보여주었다(Crouch 2015).

2009년에서 2011년까지 유럽 각국의 노동시간과 생산성의 변화추이를 조사한 결과는 노동일과 생산성 증대 사이의 복잡한 관계를 뒷받침한다(Eurostat 2012). 이에 따르면, 유럽에서 가장 긴 시간 일하는 그리스 노동자들의 생산성은 유럽의 평균 생산성에 미치지 못한다. 반면 유럽 내에서 상대적으로 높은 생산성을 성취한 지역에서는 노동시간과 산출량이 기계적으로 비례하는 생산라인assembly line 노동 형태가 점점 감소하고 있으며, 기술집약적 노동과정과 유연한 노동의 형태가 증가하고 있다. 이러한 변화에는 노동자의 심리도 큰 영향을 미친다. 특정 업무를 완성하는 데 걸리는 시간을 정해 놓은 경우, 대다수의 노동자들은 더 열심히 일한다. 하지만 그리스의 경우가 보여주는 것처럼 지나치게 오래 일하는 경우 생산성은 감소한다. 긴 노동일은 건강에 해로우며, 궁극적으로 노동력의 상실로 이어진다. 건강을 상실한 노동은 사용자와 정부에 더 큰 의료비 부담을 가져온다. 이는 기술의 발전에 힘입은 노동과정 및 노동환경의 개선 그리고 원활하게 기능하는 시장이 단순하게 노동시간을 연장시키는 것보다 더 높은 생산성을 실현하며, 나아가 더 많은 부를 창출한다는 것을 지시한다.

실로, 노동일의 감소와 더불어 노동자에게 더 많은 여가와 더 좋은 노동환경을 제공하는 것은 노동자의 건강에는 물론 회사의 이익 증대에도 긍정적일 수 있다.[1] 이러한 논리를 따르자면, 노동자에게 충

---

1 물론 스웨덴에서조차도, 단축된 노동시간이 "빈둥거리는 시간idling time"을 늘릴 뿐이라는 비판이 존재한다.

분한 휴식시간을 제공함으로써 노동자의 행복감을 증진시키고, 이를 통해 생산성을 향상시킬 수 있다.

이 글에서는 이러한 사회복지적 감정 혹은 '문화'인 노동일 단축의 이상이, 첨단기술산업의 핵심 동력이라고 할 수 있는 ICT기업²에서 실현되는 구체적인 맥락을 살펴본다. 정보통신기술 혹은 ICT 분야의 기업들은 기업의 노동환경과 직원의 복지수준을 개선하고 향상하는 것이 첨단기술 개발 과정에 필수적이라고 인식한다. 특히, 미국 실리콘 밸리 지역에 위치한 ICT기업들은 직원들이 만족할 만한 혁신적인 노동형태와 환경을 구성함은 물론, 워라밸, 즉 노동과 여가 사이의 균형work & life balance을 잡는 데 있어서 선구적이다. 필자는 실리콘 밸리 기업들이 이윤추구만이 아니라 기술혁신을 통한 더 나은 사회건설이라는 신념을 매일의 업무가 이루어지는 작업공간과 노동 관행, 그리고 노동자의 여가에 구체화하는 사례를 살펴보고, 이들의 "좋은 일 하기doing good" 신념이 직장생활의 질을 크게 향상시키고 탁월한 수준의 워라밸을 실현한 과정을 살펴본다.

이후 필자는 미국 ICT기업에서 노동환경 및 워라밸과 관련하여 나타난 변화가 전 지구화 과정을 통해 동아시아 지역, 보다 구체적으로 한국과 중국의 기업들로 확산되고 변용되는 양상을 조명한다. 한국의 경우 "한국 제4차 산업혁명의 중심" 혹은 "혁신의 메카"인 판교 테크노밸리와 서울 강남의 테헤란로에 위치한 ICT기업을 살펴보고, 중국의 경우에는 베이징의 중관촌中关村을 중심으로 한 제3순환로北京三环路 일대의 ICT기업을 살펴본다. 특히, 필자는 양질의 노동환경과 고도의 워라밸을 달성한 ICT기업의 경영 및 노동의 관행이 성장과 효

---

2 ICT는 Information and Communications Technology의 줄임말이다.

율, 경쟁력을 중시하는 한국과 중국의 기업으로 확산되면서 기업의 노동 환경과 직원의 여가 및 가족생활에 미치는 영향을 중점적으로 살펴본다.

노동의 목적이 자유 혹은 여가의 증대라고 할 때, 미국, 한국, 중국의 ICT기업이 제공하는 양질의 노동환경과 높은 수준의 워라밸은 자본주의가 미래에 인간의 자유를 증대할지의 여부를 파악하는 데 중요한 시사점을 제공한다. 여기서 고려해야 할 것은 해당 기업에서 나타나는 성과에 대한 부단한 압력 그리고 압력이 직원들에게 초래하는 스트레스다. 첨단기술에 기반한 ICT기업에 대한 일반적 이미지는 높은 연봉과 수평적 조직, 부단한 혁신과 유연한 노동이다. 하지만 그 이면에는 성과에 대한 끊임없는 압력과 여기서 비롯되는 정신적 스트레스, 연장 근무, 여가시간 통제 등의 관행이 놓여 있다. ICT기업이 지닌 이러한 양면성은 첨단기술이 초래하는 변화가 반드시 긍정적일 수는 없다는 것을 암시한다.

첨단기술은 생산의 효율성을 제고하고 일상생활에서 새로운 편리함을 만들며, 노동일의 단축과 여가시간의 증가를 가져온다고 여겨진다. 하지만 이러한 이점은 디지털화를 통해 노동과 여가가 기술에 예속될 수 있는 가능성이나, 근무형태의 유연화를 통해 노동일과 여가 사이의 구분이 모호해지는 문제를 가려왔다. 특히, 코로나19의 대유행 과정에서 재택근무로 대표되는 유연근무제가 급속하게 확산되면서 노동과 여가의 경계가 더욱 모호해졌고, 노동 형태와 노동시간이 노동자의 여가를 포함하는 일상 전반에 미치는 영향은 더욱 증대하였다. ICT기업의 경우, 프로젝트의 마감일이 다가오면서 빈번해지는 연장근무는 ICT기업의 성취가 지닌 어두운 이면을 드러낸다. 필자는 이와 같이 자본주의가 약속하는 양면적 미래상을 첨단 ICT기업의 노동 및 경영과정과 노동자의 일상을 통해 탐색한다.

다음 단락에서는 이러한 탐색의 사전 작업으로, 기업경영과 노동관리에서 노동과 여가 개념에 대한 이해와 이 둘 사이의 관계가 변화하는 역사적 과정을 간략하게 소개한다. 노동과 여가의 관계가 제로섬zero-sum에서 균형의 문제로 변화하는 역사적 과정은, 워라밸의 균형에 대한 대중적 관심의 증가를 반영하며, 더 많은 보수만큼이나 행복감의 증대가 중요해지고 있다는 점에서 고려의 대상이 된다.

2. 노동과 여가: 제로섬에서 균형의 문제로

노동일을 어느 정도로 늘릴 수 있는가는 무엇보다 노동자의 육체적·정신적 한계에 의해 정해진다. 노동자는 하루 24시간 중 일정한 시간의 휴식과 수면을 취해야 하고, 적절한 식사를 통해 당일 소모한 힘을 보충하면서 미래의 노동을 준비할 수 있어야 한다. 육체적 휴식과 충전 이외에, 노동자는 사회적·지적 욕망을 충족시키기 위한 여가를 필요로 한다. 여기서 여가에 대한 노동자의 욕망의 정도와 종류는 문화의 상대적 기대치에 의해 정해진다. 흥미로운 것은, 노동일의 길이를 정하는 데에 문화적 기대치가 개입되면서 실제 노동일의 길이에 대한 절대적 기준이 사라진다는 점이다. 식사의 양과 종류, 휴식과 여가의 길이와 종류를 정하는 문화의 기대치에는 절대적 기준이 없기 때문이다.

자본가와 노동자가 노동일을 바라보는 상이한 또는 대립되는 입장은, 노동일이 지닌 근본적인 탄력성에 정치적인 불확실성을 더한다. 자본가의 입장에서는 노동일이 증가할수록 이윤이 증가하기 때문에 노동일을 최대한 연장하려 시도한다. 반면, 자본가의 의도대로 노동일이 연장되어 장시간 노동에 종사할 경우, 노동자는 육체적·정신적 노동력이 훼손되고, 심지어 건강을 잃고 그 회복이 불가능한 지경에 이르기도 한다. 따라서 노동과 여가 사이의 균형은, 자본주의 사회에서 지속적으로 영향력이 증가하는 자본과 노동 사이에 벌어지는 타협과 협조, 갈등과 긴장의 과정과 밀접하게 연관되어 있다.

현재 한국사회의 유행어 중 하나인 워라밸은 산업혁명 이래 대공업적 생산이 보편화되면서 나타난 노동과 여가를 둘러싼 논쟁 또는 갈등의 연장선에 위치한다. 이러한 논쟁의 역사에서 워라밸에 선행하여 나타난 개념은 직장생활의 질Quality of Work Life, QWL 개념이다(Hian and Einstein 1990). 20세기 초·중반, 포디즘에 기반한 조립라인이 구축되면서 생산과정의 합리성과 효율성이 극적으로 증가하였다. 하지만 급속한 생산효율의 증대는 단순반복 노동으로 구성된 작업과정에 기반하였고, 이 과정에 속한 노동자는 극심한 피로감과 소외감을 느끼게 되었다. 직장생활의 질 개념은 이러한 피로감과 소외감을 경감하기 위한 방법을 모색하는 과정에서 등장한 포괄적umbrella 개념으로, 미국 지엠과 자동차산업노조United Auto Workers가 노동환경 개선과 관련하여 공동주최한 토론회에서 처음 등장한 후, 노동과 휴식 사이의 관계를 설명하고 논의하는 과정에서 점차 보편적으로 사용되기 시작하였다(Beer et al. 1985).

워라밸은 노동환경의 질과 연관된다는 점에서 직장생활의 질 개념의 역사적 연장선에 위치하지만, 직장에서의 노동환경뿐 아니라 전반적인 삶의 질 향상을 고려한다는 점에서 이 개념과 다르다. 산업혁명 이래 노동과 여가 혹은 일과 삶의 영역은 제로섬 게임의 맥락에서 갈등 관계에 있는 것으로 이해되었다. 하지만 이후 노동과 여가는 어느 한쪽이 다른 쪽을 희생하는 관계가 아닌 균형을 맞춰야 하는 관계로 이해되기 시작하였다(Greenhaus and Powell 2006). 노동 목표를 성취하고 노동환경을 긍정적으로 경험함으로써 가족을 중심으로 하는 사적 영역의 경험과 질을 향상시킬 수 있다면, 사적 영역에서 긍정적인 경험을 하고 일상의 삶의 질을 향상시킴으로써 직장에서의 노동 목표를 보다 수월하게 성취할 수 있다. 이처럼 일과 삶의 균형은 노동자의 삶의 만족도를 향상시키고, 나아가 조직 생산성을 높일 수 있다(Keeton et al. 2007).

워라밸 개념의 역사적 보편화는 재택근무의 등장 및 확산과도 연결되어 있다. 재택근무의 확산과정에서 노동의 공간이 대표적인 여가의 공간인 가정과 중첩되면서 일과 삶의 경계가 약화되었고, 이러한 중첩현상은 노동과 여가의 관계에 대한 대중적 관심을 증폭시켰다. 노동과 여가의 이분법적 구분이 약화되면서, 워라밸에 영향을 미치는 요인으로 공적 영역인 회사 차원의 요인뿐 아니라 개인 또는 가족 차원의 요인도 고려의 대상이 되기 시작했다(Shobitha and Sudarsan 2014). 특히 2020년 상반기에 시작된 코로나19 팬데믹은 재택근무를 급격하게 확산시켰고, 이는 워라밸에 대한 관심을 고조시켰다.

한국에서 워라밸 개념은 2000년대 후반부터 사회적·정책적 관심의 대상이 되었다. 한국인은 2015년을 기준으로 일터에서 하루에 8시간 가까운 시간을 보냈는데(OECD 2016), 이는 수면시간을 제외한 하루의 절반 이상이 노동시간에 속한다는 것을 말한다.[3] 긴 노동시간은

---

3 참고로 2015년을 기준으로 한국인은 연간 2,083시간을 노동했으며, 이는 같은 해 일본 (1,719시간)이나 미국(1,783시간)보다 많다(OECD 2016). 한편 2019년을 기준으로는 한국인은 1,967시간을 노동했으며, 이는 같은 해 OECD 평균보다 241시간 많다(Kim 2021).

높은 신체적·정신적 스트레스로 이어지며, 결과적으로 생산성을 저해하고 산업재해를 증가시킨다. 2005년을 기준으로 할 때, 한국은 일상생활 스트레스에 있어 OECD 국가 중 최고(81%)를 기록했고, 노동과정에서 과도한 스트레스를 느끼는 경우는 87%로 미국(79%)이나 일본(72%)에 비해 월등히 높았다(IPSOS Public Affairs 2006).

한국의 과도하게 긴 노동시간은 노동의 재생산을 담당하는 가정생활을 포함한 사회생활 전반에 갈등을 초래하고 노동자들의 행복감을 저해하는 것으로 나타났으며(김희연 외 2012), 이러한 문제적 상황은 사회적·정책적 차원에서 워라밸 개념을 도입하는 데 기여하였다. 한국의 고용노동부는 장시간 노동과 직업에 대한 헌신을 강조하는 한국의 기업문화가 일과 삶의 균형을 저해하는 경향이 있다고 파악하고, OECD 국가들에서 실시하는 워라밸 관련 정책들을 참조하여 일과 삶의 균형을 맞추려 시도하였다. 정시퇴근 관리제와 선택적 근로시간제, 시차 출퇴근제[4]가 기존 OECD국가의 정책을 참조하여 시행된 제도라면, 휴가(연차)사용의 활성화와 회식문화 개선 권장 등의 정책[5]은 한국의 특징적인 기업문화가 워라밸에 미치는 부정적 영향을 고려하여 마련되었다. 휴가사용 활성화는 잦은 휴가가 기업생산성을 저해한다는 전제하에 연차 승인을 어렵게 해 온 한국 특유의 기업문화 개선을 목표로 하며, 회식문화 개선은 자주 그리고 장시간 지속되는 회식 관행을 바꿔 워라밸의 균형을 추구하는 것을 목표로 한

---

4 정시퇴근관리제는 주 52시간을 초과하여 노동할 경우 면담과 업무분장을 통해 해소방안을 마련하는 제도다. 선택적 근로시간제는, 예를 들어 월요일부터 목요일에 30분씩 더 일하고, 그만큼 금요일에 2시간 일찍 퇴근하는 제도며, 시차 출퇴근제는 출퇴근 시간을 1시간씩 조정 가능하게 하는 제도를 말한다.

5 자세한 정책들은 고용노동부 일·생활 균형 홈페이지에서 확인할 수 있다. https://www.worklife.kr/website/index/index.asp/

다. 이와 관련하여 고용노동부는 "건전 회식" 캠페인을 전개하여, 각 사업체에 짧고 간단한 회식 형태를 취할 것을 권고하였다(고용노동부 2019).

3. 실리콘 밸리 ICT기업: 혁신의 아이콘과 "좋은 일 하기"

"우리는 빠르게 달리는 차에 탄 것 같아. 모두는 정말 긍정적인 미래를 향해 움직인다고. 그러니까, 지금이 아닌 다음의 지평선을 바라보고 있는 거지. 미래지향적 사고와 새로운 해결책을 찾는 거야. 그래서 나는 기술technology이라는 단어보다 해결책solution이라는 단어를 좋아해"(실리콘 밸리 기업 소프트웨어 개발자와의 비대면 면담 2022년 3월).

노동과 여가의 관계가 제로섬이 아닌 균형의 문제며, 노동자의 행복감 증대가 생산성 향상에 도움이 된다는 인식이 확대된 데에는, 좋은 노동환경과 사내복지 제도를 제공하여 직장생활의 질을 크게 향상시키고, 일과 여가 혹은 직장생활과 퇴근 후 생활 사이의 워라밸 조정에 앞장서 온 미국 실리콘 밸리 ICT기업들의 업무관행과 복지혜택이 큰 영향을 미쳤다. 이번 단락에서는 대표적인 실리콘 밸리 기업인 구글을 중심으로 이 지역 기업들이 직장생활의 질과 워라밸 조정에 관심을 가지게 된 배경을 살펴보고, 노동자 복지의 일환으로 직장생활의 질을 탁월하게 향상시키고 여가를 확대하는 방향으로 워라밸을 조정하는 구체적인 사례를 살펴본다.

1) 실리콘 밸리의 혁신과 워라밸

실리콘 밸리를 중심으로 한 미국의 ICT기업들은 탁월한 직장생활의 질을 실현하기 위해 파격적인 노동환경과 사내복지제도를 제공하였다. 보다 구체적으로, 이들은 선택적 근로시간제와 시차 출퇴근제는 물론 재택근무와 휴가사용을 권장하여 직원을 위한 워라밸 조정에 앞장서 왔다. 직장생활의 질과 관련하여, 실리콘 밸리 기업인 구글은 좋은 사례를 제공한다. 구글은 기존 회사조직의 특징인 위계성과 여기서 초래되는 경직성을 혁파하기 위해 "협업과 모험의 문화"를 중심으로 하는 수평적 기업문화[6]를 구축하였고, 이를 통해 보다 자유롭고 편안한 의사소통 환경을 마련하였다. 이는 구글의 공동창업자인 래리 페이지Larry Page와 세르게이 브린Sergey Brin의 재직 시기[7]에 두드러졌다. 이 시기, 구글은 매주 금요일 오후 5시에 "TGIF!" 행사[8]를 열어, 회사 식당 또는 외부 정원에서 맥주를 포함한 음료와 다과를 무료로 제공하고, 이 자리에서 신입사원을 소개하는 등 자유로운 분위기 속에 직원들이 휴식을 취하고 대화를 할 수 있게 하였다. 두 창업자가 일선에서 물러나고 회사의 규모가 커지면서 이러한 행사는 이전만큼 자주 열리지 않게 되었지만, "매일 일하러 오는 길이 설레도록 하는 협업과 모험의 문화"를 주축으로 하는 구글의 특징은 유지되

---

6 이러한 기업문화의 이상이 잘 드러난 구글의 문건으로 다음을 참고할 수 있다. Setty, Prasad, 2022, "How to Build Collaboration Equity in Your Hybrid Workplace," *Forbes*, February 14th, 2022, https://www.forbes.com/sites/googlecloud/2022/02/14/how-to-build-collaboration-equity-in-your-hybrid-workplace/?sh=78cd7273198d(2022년 5월 1일 접속)

7 이 두 명은 1998년 공동으로 구글을 창업하고, 이후 구글이 거대기업으로 성장하자 2015년 구글의 지주회사인 알파벳을 설립하여 2019년 12월까지 각각 이 회사의 최고경영자CEO와 사장으로 근무하였다.

8 Thanks God Its Friday!의 약자다.

고 있다.[9]

　구글 직원들이 "래리와 세르게이"로 부를 정도로 친밀하게 그리고 자랑스럽게 느끼는 구글 공동창업자들이 협업과 모험의 문화를 강조했다면, 이 문화는 프로젝트를 중심으로 결성되는 팀team 형태가 주축을 이루는 기업조직으로 구체화되었다. 구글에서 팀은 협업과 모험의 문화를 가장 하위 단위에서 실현하는 조직으로, 높은 수준의 직장생활의 질을 달성하고 유지하는 데 있어서 중요하다.[10] 창사 당시부터 일관되게, 구글은 팀 구성원 상호 간, 그리고 다른 팀과의 상호 의사소통에 바탕한 협업을 중시해 왔다. 팀의 책임자 혹은 "매니저manager"는 이러한 협업과 상호의사소통이 원활하게 이루어지도록 하는 데 핵심적이다. 이를 위해, 매니저는 감독과 평가의 역할 외에도 직원의 의견을 적극적으로 수렴하고, 프로젝트에 참여하는 직원에게 실질적인 도움을 주는 일종의 멘토mentor 또는 상담자counselor의 역할을 담당한다. 팀의 매니저는 신입 직원과는 매주 정기적인 대화시간을 가지며, 적응기간이 지난 기존 직원들과는 두 주에 한 번꼴로 유사한 대화시간을 가진다.

　이 대화는 구글 경영진의 지시사항을 일방적으로 전달하는 창구가 아니다. 프로젝트 마감시한이 다가오게 되면 관련 팀원들은 밤낮을 가리지 않고 일을 해야 하는 경우가 많다. 시급한 업무를 완료해야 할 때 단순히 관료제적인 기능과 책임만으로는 불충분하다. 업무시

9　이 표현은 창업자 두 명의 은퇴와 더불어 2015년 구글 최고경영자에 취임한 순다르 피차이Sundar Pichai가 구글 기업문화의 핵심가치를 언급할 때 사용하였다(BBC News 2019).

10　규모가 큰 팀은 10~20명에 이르기도 하며, 이 경우 같은 팀을 더 작게 둘로 나누기도 한다.

간이 아니라든가, 주말이라든가, 이런 규칙을 따라서는 프로젝트를 제때 완료할 수 없으며, 이러한 제한과 규칙을 넘어서는 "인간적인 믿음과 도움"이 중요하게 된다. 이처럼 원활한 협업이 필요한 상황에서, 매니저는 친밀한 관계 형성의 디딤돌이 되어 팀원 간 그리고 팀 사이의 의사소통을 돕고, 협업이 원활하게 이루어지게 한다. 실제로 신입 직원은 매니저와의 대화시간이 단순히 지도와 감독이 이루어지는 때가 아니며, 이를 통해 실질적인 그리고 "인간적인 도움"을 얻을 수 있다고 언급하였다. "프로젝트를 진행하려면 단순히 기능적인 관계로는 부족해요. 사람들과 알게 되고 친해져야, 정말 도움이 필요할 때 받을 수 있고요."

구글 특유의 기업조직과 문화는 구글을 높은 수준의 워라밸을 달성한 전형적 사례로 만들었다. 구글이 채용하는 신규 일자리의 형태에서 원거리 근무직이 차지하는 비중은 이를 잘 드러낸다. 2022년 8월 자사 채용사이트인 구글 커리어스Google Careers에 등재된 정규직 원거리 근무직remote work[11]은 전체 모집 인력의 약 12%에 달하였다.[12] 구글 클라우드 상품매니저Product Manager의 경우, 사무실 공간은 워싱턴주 벨뷰Bellevue와 커클랜드Kirkland, 뉴욕주의 뉴욕, 캘리포니아주의 샌프란시스코와 서니베일Sunnyvale까지 총 다섯 곳에 위치하지만, 미국 전역에서 근무가 가능하다고 명시되었다. 신규 일자리에서 원거리 근

---

[11] 이에 대한 통일된 용어는 없다. 'remote work'는 미국 통계청에서 사용하는 용어이지만, 이외에도 'telework,' 'work from home,' 'work at home' 등의 표현이 사용되고 있다.

[12] 전체 모집 일자리 3,741개 중 461개로, 구글 채용 사이트는 구글이 자체 운영하고 있다. https://careers.google.com/jobs/results/101210179678151366-senior-software-engineer-google-play/?distance=50&has_remote=true&src=Online%2FDirect%2FJob%20Spotlight(2022년 8월 17일 접속)

무직이 높은 비율을 차지한다는 사실은, 사무실과 원거리 근무가 혼합된 형태의 혼종근무hybrid work를 모든 직원들에게 제공하려는 구글의 계획을 반영한다. 2022년을 기준으로 할 때, 구글 전체 직원 중 5%는 이미 완전한 원거리 근무형태를 취하고 있으며, 앞으로 구글은 이 수치를 20%까지 높이려 한다. 실제로 구글은 그 과도기적 형태로 주 3일 사무실에서 근무하는 혼종근무 형태를 전면 도입할 예정이다 (Kowitt 2022). 이는 구글이 전통적 일자리 개념을 벗어난 실험적 노동 형태를 시도한다는 점에서, 새로움을 선도하는 실리콘 밸리의 전통을 실현하고 있음을 보여준다.

구글이 제공하는 재택 혹은 원거리 근무 형태는 노동시간 유연성과 휴가time-off 혜택이 맞물리면서 높은 수준의 워라밸을 완성한다. 이 혜택은 유연근무flexible work와 개인별 맞춤 지원personal support을 핵심으로 한다. 구글은 자사가 구현하려 하는 워라밸의 대표적인 사례로, 오스트레일리아 시드니에서 근무하는 아시아－태평양지역 인재개발부 매니저인 패트리샤Patricia의 경우를 언급한다(Google Careers 2022). 코로나19 팬데믹으로 인해 사무실과 학교가 폐쇄되었고, 꼼짝없이 집에 머물러야 했던 패트리샤는 배우자와 함께 밀려오는 업무를 수행함과 동시에 자녀의 학습까지도 책임져야 했다. 이는 업무와 자녀 돌봄을 누가 어느 정도로 분담해야 하는가라는 문제로 이어졌다.

업무와 자녀돌봄 사이에서 공황 상태에까지 이르렀던 패트리샤에게, 구글은 전혀 예상하지 못했던 연장육아휴직extended parental care leave 혜택을 제공했다. 구글은 패트리샤에게 휴직 혜택을 통보하면서 다음과 같은 메시지를 함께 전달하였다. "자신을 돌보아야 한다는 것을 잊지 마세요. 지금은 당신과 당신의 가족이 가장 중요합니다. 회사는 어려운 상황에 처한 당신을 판단하지도, 등급rate을 매기지도 않습니다. 무엇보다 우선하여 당신과 당신 가족을 돌보세요." 패트리샤에 대한 구글의 지원은 패트리샤와 그 가족이 코로나19 팬데믹이 초래한 위기에서 균형 잡힌 일상을 유지하는 데 크게 기여했다.

구글의 유연근무와 맞춤 지원은 여기서 끝나지 않았다. 코로나 19로 인해 패트리샤의 어머니가 사망했을 때, 구글은 그녀에게 2주의 유급 사별 휴가bereavement leave를 제공하여 패트리샤가 "스스로 돌아볼 시간"을 가질 수 있게 했다. 또한, 2주의 사별 휴가 후 패트리샤가 업무 복귀 의사를 알렸을 때, 구글은 매주 이틀만 근무하면 되는 파트타임 옵션이 가능하다고 제안했다. 패트리샤는 이러한 일련의 혜택이 구글이 제공하는 우수한 워라밸을 반영한다고 주장하였다. "구글은 항상 이렇게 말해요. 네가 가능한 시간에 일하라"고(Google Careers 2022). 여기서 회사는 직원에게 "정말 괜찮아요?Are you okay?"라고 물어보는 조력자 또는 도우미의 모습으로 나타나며, 이러한 기업 문화는 구글을 다른 기업들과 차별화하였다.

2) "좋은 일 하기"의 신념

이처럼 실리콘 밸리 지역의 ICT기업이 고도의 직장생활의 질과 워라밸을 실현하게 된 배경으로는, 무엇보다 이 지역을 중심으로 첨단 컴퓨터 하드웨어와 소프트웨어의 개발, 그리고 인터넷을 기반으로 한 커뮤니케이션 기술의 눈부신 혁신이 이루어진다는 사실을 들 수 있다. 고부가가치 제품이 지속적으로 출시되고 기술혁신이 빠르게 진행되면서 ICT기업들에 막대한 투자가 이루어졌고, 해당 산업부문의 규모가 급속하게 팽창하게 되면서 기술인력 수요가 급증하였다(성영조 2015). 실리콘 밸리의 초超호황기에 인력에 대한 수요가 공급을 크게 초과하는 상황에서, 소프트웨어 개발자[13]를 중심으로 한 ICT

관련 고급 기술자들은 더 많은 연봉과 혜택을 쫓아서 이 기업에서 저 기업으로 이동할 수 있었다. 이러한 상황에서 한 기업에 오래 머무르는 것은 "실력 부족의 증거"로, 연속적으로 이직하는 것은 "뛰어난 개인 능력의 증명"으로 여겨졌다. 더 좋은 조건을 따른 이직이 너무 흔한 일이 되었기 때문에, 실리콘 밸리에는 이직이 마치 "이쪽 주차장에서 저쪽 주차장으로 차를 옮겨 세워 놓는 것"처럼 쉽고 흔한 일이라는 농담이 퍼지기도 하였다(미국 ICT기업 한국 지사 직원과의 면담 2022년 11월).

ICT 관련 기술자들을 채용하고 유지하는 것이 해당 기업의 성공적 경영의 관건이 되면서, 이들에게 동同업종의 경쟁사보다 높은 연봉과 각종 복지 혜택을 제공하는 것은 필수 사항이 되었다. 구글의 경우, ICT기업의 핵심인 소프트웨어 개발자로 갓 입사한 경우(L3) 19만 달러, 상급 개발자(L5)의 경우 36만 달러를 연봉으로 지급받는다(levels. fyi 2022).[14] 이 금액은 기본급여salary와 스톡옵션stock, 보너스를 합친 것으로, 2022년 기준 미국 노동자의 평균연봉 약 5만 5,000달러를 크게 상회할 뿐만 아니라, 다양한 직군 중 가장 높은 연봉을 받는 전문직·경영직professional, management and related occupations의 평균연봉(약 7만 6,000 달러)보다도 세 배 가깝게 많다(U.S. Bureau of Labor Statistics 2022).

하지만 실리콘 밸리 기업들은 자신들이 단순히 기업이익 창출의 극대화만을 노리지는 않는다고 주장한다. 이 지역 기업가들과 기술자들이 자주 사용하는 "좋은 일 하기doing good"라는 표현은, 이들의 활

---

13 소프트웨어 개발자, 공학자 또는 엔지니어는 소프트웨어 공학software engineering의 원칙을 실제 컴퓨터 소프트웨어의 설계, 개발, 유지와 보수, 검수test, 평가에 적용하는 사람을 의미한다(Merriam-Webster 2022).

14 이는 기본연봉과 스톡옵션, 보너스를 합친 금액이다.

동이 개별 기업 이윤의 극대화만이 아니라 사회적 혜택 창출을 목표로 하며, 사회 전반이 나아가고자 하는 미래사회의 상像을 제시하는 선구적 역할을 담당한다는 신념을 표현한다.

물론 이러한 생각은 새롭지 않다. 산업혁명 이래, 진보progress의 수사는 기술적 성취가 초래하는 사회의 긍정적 방향으로의 변화와 더불어 사용되어 왔다. 하지만 실리콘 밸리와 산업혁명의 목표는 완전히 동일하지는 않은데, 현재의 ICT기업 직원들에게는 이들의 직무 행위에 일종의 도덕적 성격을 부여하는 새로운 근거가 있기 때문이다. 물론 이들의 행위는 이윤의 추구라는 실용적인 목표를 지닌다. 하지만, 동시에 이들은 첨단기술을 개발하고 일상에 적용하는 행위가 "좋은good" 역할을 한다고 주장한다. 이는 자신의 업무가 자신과 자신의 가족, 그리고 지역사회와 국가의 경제적 번영에 기여하며, 개인이 가진 기술력에 바탕한 사회적 상승 이동의 가능성을 높이기 때문이다. 여기서 첨단기술 노동은 단순한 편안함과 편리함만이 아니라 끊임없이 더 나은 삶을 만들어 나간다는 점에서 사회적·도덕적 변화까지도 이끌어 내는 일종의 만병통치 기계deus ex machina가 된다(Darrah 2001).

이처럼 ICT기업 경영에서 나타나는 좋은 역할에 대한 신념, 즉 자신들이 개발한 첨단기술이 가족, 지역사회, 국가, 나아가 전 세계의 번영에 기여한다는 사회적·도덕적 변화에 대한 신념은 1960년대에 미국, 특히 캘리포니아 지역에서 활발하게 전개되었던 히피hippie운동과도 연결되어 있다. 실리콘 밸리 지역의 ICT기업들이 정보공유와 더 나은 삶을 가능하게 하는 기술을 개발하는 데 앞장선 것은, 1960년대에 시작되어 1970년대에 절정을 이룬 히피 운동이 반문화counterculture 개념을 바탕으로 기존 사회질서를 뒤엎고 새로운 생활방식을 추구한 역사의 연장선상에 있다는 것이다(Turner 2010). 특히 히피 운동에서 나타났던 사유재산의 한계를 극복하는 공유 혹은 나눔의 정신 그리고 이기주의를 넘어서는 이타주의적 움직임은, 이 지역 ICT기업들이 첨단 기술의 공유를 통한 사회에의 공헌을 기업의 주요한 목표로 내세우는 움직임에 선행한다(Haroun 2014).

실리콘 밸리 기업 직원들이 지닌 "좋음" 혹은 기업의 사회적 혜택 창출에 대한 생각은 이들과 관련된 다양한 행위자와의 상호작용을 통해서도 구성되고 유지된다. ICT기업의 고객 서비스$_{AS}$ 부서 직원이 첨단 복합 기기의 오류를 신속하게 수정했을 때, 해당 기기를 사용하는 기업의 직원들은 해당 부서 직원이 자신들을 곤경에서 구원하는 좋은 일을 했다고 간주한다(Orr 1996: 142). 이 일화는 첨단기술을 응용한 기기와 소프트웨어를 이용하는 정부기관, 교육, 노동 등 다양한 분야의 사람들이 ICT 관련 직업을 무언가 독특한 도덕적 가치, 즉 학교, 공장, 관공서 등을 포함하는 사회조직 전반의 원활한 작동에 기여한다고 생각하는 사실을 반영한다.

기업이 사회적 혜택을 창출한다는 신념은 애플이나 구글과 같은 첨단 ICT기업들이 구사하는 언어와 기업문화에서 확인할 수 있다. 실리콘 밸리의 ICT기업 직원들은 자신이 지닌 기술이 도덕적 측면을 지닌다고 생각한다. 같은 조직에 속한 동료 노동자들 그리고 그들의 가족 역시 "좋은 일$_{goodness}$"이 무엇인지 이해하고 있다. ICT기업의 직원들은 스스로가 "진보적인 전 지구적 운동"의 중심에 참여하고 있다고 주장하는데, 이는 관련 기업의 직원들이 자신의 노동을 실리콘 밸리라는 특정 장소와 밀접하게 연결하고 있다는 것을 암시한다.

"실리콘 밸리에서 얼마나 많은 혁신을 쏟아내는지…… 정말 존경할 만하다고요. 세계의 다른 지역 사람들에게 앞으로 나아갈 길을 보여주는 거라고요. 이 진보는 실리콘 밸리로부터 퍼져나가는 겁니다"(실리콘 밸리 기업 직원과의 비대면 면담 2022년 4월).

실리콘 밸리가 이러한 변화 혹은 "운동"의 중심이라는 생각은 ICT 기업 및 기업 직원들이 믿고 있는 이 지역의 독특함에 기반한다. 이 믿음에 따르면, 실리콘 밸리는 기술혁신을 추동하는 전 지구적 체계의 중심에 위치한다. 또한 실리콘 밸리는 정적인 공간이 아니라, 동적인 장소다. 실리콘 밸리는 지역경제를 지속적으로 발전시키는 자극 또는 움직임이 일어나는 산업 또는 일종의 운동movement의 중심이다(Turner 2010). 따라서 실리콘 밸리에서 이루어지는 첨단기술 기반 작업은, 전 지구적으로나 지역적으로나, 실리콘 밸리 외부의 다른 장소 그리고 다른 사람들과의 관계에서 중심적인 역할을 하게 된다. 실리콘 밸리는 애플이나 마이크로소프트, 오라클과 같이 잘 알려진 회사들이 단순히 모여 있는 장소라기보다는, 이전까지 보지 못했던 새로운 종류의 혁신적 작업이 집중적으로 이루어지고 있는 곳이며, 이러한 작업이 집중된다는 의미에서 하나의 단일한 중심을 형성하고 있다(Saxenian 1994).

나아가 실리콘 밸리의 첨단기술 기반 작업은 일종의 진보적 세계 운동progressive global movement의 일부가 된다. 여기서 더 나은 미래를 향한 운동이 무엇인가는 실리콘 밸리가 어떠한 장소인가를 설명하는 면담 자료를 통해 확인할 수 있다. ICT기업이 약속하는 미래는 계급이나 젠더, 지역적 차이 등을 뛰어넘어 사회 전반으로 확산하는 첨단기술이 제공하는 혜택으로 이루어진다.

"실리콘 밸리는 미래와의 연결점이죠. 새로운 기술을 내놓고, 이를 통해 우리는 더 나은 삶의 질을 확보할 수 있고, 이는 사회의 모든 층위에 도달할 수 있죠. 단순히 고소득층에 국한된 것이 아니죠. 뭔가 보편적인 거라니까요"(실리콘 밸리 기업 직원과의 비대면 면담 2022년 5월).

4. 실리콘 밸리의 전 지구화와 동아시아의 ICT기업

1) 전 지구화와 실리콘 밸리 기업문화의 이식

실리콘 밸리 기업 직원들이 주장하는 실리콘 밸리의 특징, 그리고 이 특징에 기반한 실리콘 밸리의 중심성과 전 지구적 확장성은 한국과 중국의 ICT기업들에서 쉽게 확인할 수 있다. 이는 무엇보다 한국과 중국의 ICT기업이 실리콘 밸리의 첨단기술부터 혁신과 효율을 내세우는 기업문화까지 참조와 모방의 대상으로 삼는 데에서 비롯한다. 한국의 대표적 ICT기업인 카카오의 주력 계열사인 카카오페이의 홈페이지는 해당 기업이 중시하는 가치가 무엇인지를 잘 보여준다. "과감하고 빠른 실행"이 작업효율의 극대화를 의미한다면, "리스크가

그림 5-1 카카오페이의 회사 소개

새롭게 시도하고 최선을 다했다면, 기대와 다른 결과라도 큰 의미를 가집니다. 리스크가 있는 곳에 기회가 있고, 우리는 다시 도전할 것입니다.

⑥ 이것은 우리가 〈도전을 성공으로 만드는 힘〉입니다.

**과감하고 빠른 실행은
시장을 이끄는 우리의 원동력입니다.**

출처: 카카오페이(https://www.kakaopay.com/brand)

있는 곳에 기회가 있고…… 다시 도전할 것"이라는 표현은 실리콘 밸리 기업에서 나타나는 혁신에 대한 강조 그리고 ICT 분야는 물론 시장 전반의 변화를 주도하는 데 대한 자부심과 사명감을 표현한다.

혁신과 모험의 감수라는 핵심가치는 단순히 경영 차원의 구호나 자부심의 표현에 머무르지 않는다. 기업조직의 형태와 운영방안이 기업문화를 구체화하는 핵심 통로라고 할 때, 한국 ICT기업의 기업조직과 운영 역시 실리콘 밸리, 특히 이 중 가장 대표적인 사례인 구글을 밀접하게 참조하고 있다.

보다 구체적으로, 구글이 "협업과 모험의 문화"를 구체화하는 핵심조직으로 팀을 구성한 것을 따라, 한국의 ICT기업은 팀, "파트$_{part}$", 혹은 "셀$_{cell}$"을 조직·운영한다. 팀, 파트, 셀의 정확한 구성과 기능은 기업에 따라 다르다. 예를 들어 카카오에서 팀은 30~40명에 이르는 큰 조직으로, 그 하위조직으로 몇 개의 파트로 구성되며, 파트는 다시 하위 단위인 5~6명 단위인 셀로 나뉜다. 각 단위 조직마다 존재하는 "장$_{長}$" 또는 매니저는 하위 직원들 상호간, 그리고 셀 또는 파트 단위의 상호 의사소통을 돕는다. 이들은 자신이 관리하는 직원들로부터 의견을 수렴하고, 필요한 경우 도움을 주는 멘토 또는 상담자의 역할을 맡는다. 한국의 ICT기업들에서 관찰할 수 있는 팀, 파트, 셀 책임자의 역할은, 이 기업들이 구체적인 경영과정에 있어서 실리콘 밸리의 성공 아이콘이라고 할 수 있는 구글의 사례를 밀접하게 참조하고 있다는 것을 명확하게 보여준다.

한국의 ICT기업은 노동환경과 사원가족 지원과 돌봄을 포함하는 복지 분야에서도 실리콘 밸리 기업을 닮았다. 여기서 참조의 대표적인 기준이 되는 것은, 실리콘 밸리에 본사를 둔 구글이 한국에 세운 회사인 구글 코리아$_{Google\ Korea}$다. 2006년 설립된 이후, 구글 코리아는 미국 캘리포니아 마운틴 뷰에 위치한 구글 본사의 지침, 즉 "(임직원 혜택에 대한) 우리의 철학은 구글이 일하는 모든 곳에서 동일하다"는 원칙을 따라왔다(Google 2022). 실제로 구글 직원들은 자신이 일하는 곳을 미국에 본사를 둔 구글의 지사라고 이해하는 것 자체가 틀렸다고 주장한다(구글 직원과의 인터뷰 2022년 9월). 즉 구글의 기업조직 혹은 작업공간 전체가 일종의 공유사무실shared office이며, 따라서 본사와 지사의 구분은 적용되지 않는다는 것이다.

보다 구체적으로, 구글 코리아는 탁월한 노동환경 구축을 위해 임직원의 신체적·정신적 건강 돌봄 관련 시설과 서비스와 같은 기본적 혜택을 제공하는 것은 물론, 본사가 기획하는 전 지구적 웰빙wellbeing 또는 재충전reset의 날을 시행하고, 일주일에 이틀 재택 근무하는 혼합노동모델을 실시하며, 원거리 노동의 기회를 활성화하고, 일 년에 4주를 "아무 데서나 일하기work from anywhere"에 할당하고 있다. 구글 코리아의 임직원 복지는 직원 당사자를 넘어서 직원 가족에게까지 확장되는데, 이는 구글 본사의 경우를 따른 것이다. 예를 들어, 회사는 남·여 직원 모두에게 출산과 아기와의 친밀감 형성baby bonding, 그리고 아이 돌봄 명목의 휴가를 제공하고, 필요한 경우 긴급 아이돌봄 서비스까지 제공한다. 특히 여성의 경우 최장 2년의 유급휴가를 제공[15]하여, 동종업계 최고의 혜택을 구성하였다. 또한 구글 코리아는 매년 홈커밍데이homecoming day 행사를 개최하여, 직원의 자녀를 포함한 가족을 회사로 초대하여 직원과 함께 각종 레크리에이션에 참여하고, 식사를 포함한 일상적 혜택을 경험하게 한다. 홈커밍데이는 "또 하루의

---

15 출산휴가 첫 1년은 연봉의 100%를 보장하며, 2년차에는 연봉의 50%를 보장한다. 같은 기간 성과급은 (당연히) 지급하지 않지만 스톡옵션은 그대로 지급한다(구글 직원과의 인터뷰 2014년 8월).

유급휴가일"로도 일컬어지는데, 이는 홈커밍데이 행사가 주말이나 공휴일이 아닌 평일에 진행되며, 이날 행사에 참여하는 직원은 회사의 모든 일과로부터 자유롭기 때문이다.

한국 ICT업체들은 구글 코리아의 업무환경과 직원 그리고 직원가족에 대한 복지혜택을 벤치마킹 대상으로 삼아 왔다. 네이버의 경우 "리프레시refresh 휴가"를 통해 3년 이상 근무한 직원에게 6개월에 달하는 유급휴가를 제공하며, 사옥 내부에 직원의 신체적·정신적 건강을 관리하는 직원 전용 병원을 설립하였다. 카카오는 임직원 자녀에게 입학·졸업에 특화된 선물을 제공하고, 대학교 이상 교육기관을 졸업한 자녀가 있는 경우 해당 자녀의 부모인 직원에게 졸업 휴가를 제공하는 등 직접 제공하는 복지혜택을 구성하였다.

유급 돌봄 휴가는 구글의 혜택이 한국 ICT기업으로 확산된 대표적인 사례다.[16] 이 휴가 제도는, 자녀 돌봄을 위탁한 기관 또는 개인이 특정 이유로 해당 돌봄을 제공하지 못하게 된 경우, 해당 직원이 자녀 돌봄을 이유로 유급휴가를 사용할 수 있게 하는 제도다. 구글 코리아가 2007년 설립 때부터 제공한 돌봄 휴가 혜택은 코로나19 팬데믹 상황을 거치면서 한국 ICT기업 전반으로 확산되었다. 2020년 겨울, 카카오와 네이버는 팬데믹 상황을 이유로 직장을 폐쇄하고 직원들에게 재택근무를 강제하였다. 하지만 이러한 조치는 초·중·고 학생들이 학교에 가지 않고 집에서 비대면 수업에 임하는 상황에서, 취

---

16 한국에서는 법령에 따라 2020년 1월부터 가족돌봄휴가제도가 공식적으로 신설되었다. 가족의 질병, 사고, 노령 또는 자녀의 양육으로 인하여 긴급하게 그 가족을 돌보기 위하여 필요한 경우 연간 10일의 범위에서 휴가를 사용할 수 있도록 하는 제도이지만, 개별 회사와 노동자 사이의 별도의 조항이 없는 한 휴가기간은 기본적으로 무급이다 (법제처 2022).

학 연령의 자녀가 있는 직원들의 재택근무에 큰 어려움을 초래했다. 자녀와 함께 거주하면서 재택근무를 하는 직원들의 고충을 고려하여, 이 시기 카카오는 10일의 유급 돌봄휴가를 제공하기 시작했으며, 이를 통해 업무에 집중하기 어려운 직원들이 가족과 보다 원만한 관계를 유지하면서 숨을 돌릴 수 있는 여지를 마련하였다.

흥미로운 것은, 한국 ICT기업이 직원에게 제공하는 혜택에 외국계 기업이 제공하지 않는, 한국의 상황에 특화된 사항이 포함되어 있다는 사실이다. 회사 직영 어린이집은 한국 ICT기업에 특화된 가족 관련 혜택 중 대표적 사례다. 카카오의 경우 판교 테크노밸리의 본사 건물을 포함하여 주변에 여러 어린이집을 운영하고 있는데, 훌륭한 시설뿐 아니라 긴 운영시간으로 인해 어린 자녀를 둔 직원들의 호평을 받고 있다. "라이언 망토를 쓴 아이들이 선생님 따라 줄 서서 다니는 모습을 보면 너무 귀여워요." "어린이집 선생님이 유모차에 아이 넷씩 태우고 밀고 다니고…… 선생님들이 아이들한테 열과 성을 다 해주시죠." 엔씨소프트의 직원은 저녁 8시까지 운영하는 어린이집 덕에, 한참 일이 많을 때에 부모가 회사에서 늦게까지 일할 수 있는 것은 분명한 혜택이라고 주장하였다. "프로젝트 마감일 때문에 밤 9시까지 일을 해야 할 경우, 사무실에서 아빠는 일을 하고, 아이는 사무실을 이리저리 자유롭게 돌아다니죠." 이런 이유로, 적지 않은 직원들은 어린이집이 위치한 본사에 가까운 곳에 집을 구하려 하지만, 높은 집값이 걸림돌이 된다. 이에 대해 회사는 주택 구매 및 전세 대출 비용 관련으로 적지 않은 비용을 지원하기도 한다. 예를 들어 카카오는 해당 목적으로 1억 5천만 원까지 지원하는데, 여기서 대출 당사자인 직원은 대출이자의 2%만 부담하고, 나머지 이자는 회사가 부담한다.

중국의 ICT기업들 역시 실리콘 밸리의 기업문화와 조직 구성 그리고 운영 관행을 밀접하게 참조한다. 중국 내에서 가장 성공적인 스타트업startup 기업으로 간주되는 바이트댄스Bytedance의 경우,[17] 중국 기업의 조직문화가 "과도하게 위계적"이라고 비판한다. 대신 바이트댄스는, 실리콘 밸리의 구글이 그러한 것처럼, 보다 평등한 조직문화를 형성하고 이를 통해 개별 직원이 "창의적"으로 업무에 임할 수 있게 한다. 이를 위해 바이트댄스는 일상적인 작업공간에서 직원 상호 간 직급이 아닌 이름을 부르게 하는 정책을 실시하고 있다. 바이트댄스의 경우가 특이한 것은, 이름을 부르는 관행이 단순히 형식에만 머무르지 않는다는 데에 있다. 한국 ICT기업의 경우, 바이트댄스와 마찬가지로 직장의 분위기를 보다 자유롭고 평등하게 하기 위해 영어 이름을 만들고 이를 호칭으로 사용하는 경우가 적지 않다. 그런데 이때 직원들은 서로의 직급이 무엇인지를 알고 있기 때문에 영어 이름만으로 상대를 부르는 것을 불편하게 느끼는 경우가 많다. 따라서 실제 업무상황에서는 영어 이름 뒤에 "님"을 붙인 형태인 "제인Jane 님"과 같은 방식을 사용하기도 한다.[18]

이와는 달리, 바이트댄스에서는 같은 부서에 일하는 직원들의 직급을 알지 못한 채 근무하며, 따라서 서로의 이름을 부르는 것이 한국의 경우보다 자연스럽다. 이는 회사가 채용 때부터 서로의 직급에 대해서 이야기하지 말 것을 고용조건으로 명시할 정도로, 상호 간 호칭사용을 강조하고 있기 때문이다. 바이트댄스의 전前 직원 슈슈는

---

17 중국어 회사명으로 쯔제탸오둥字节跳动인 바이트댄스는 짧은 길이의 영상 플랫폼인 틱톡TikTok, 抖音의 운영사로 잘 알려져 있다.

18 구글 코리아와 카카오 계열사들의 경우 이러한 "평등한 호칭" 정책을 취하고 있다(필자의 개인 면담 자료 2022년 11월).

"정말로…… 회사 안에서는 서로 직급이 뭔지 몰라요. 이러다 보니 이름으로 부르는 데 익숙해졌고요"라고 회상했다. 슈슈는 이름을 부르는 방식에 너무 익숙해져서, 퇴사한 후에도 이전 회사 동료들을 만나면 여전히 서로를 이름으로 부른다고 말하였다.

이처럼 호칭에서 나타나는 평등하고 자유로운 분위기는, 개별 직원의 수시隨時업무능력 평가를 통해 더욱 강화된다. 회사는 잦은 평가를 통해 직원의 능력을 차별적으로 가시화하고, 이를 통해 더 많은 보너스와 더 높은 승진의 가능성이 오롯이 개인의 성과에 달려 있다는 사실을 직원들에게 주지시킨다. 이 과정에서 업무능력평가 제도는 바이트댄스의 비위계적이며 평등한 분위기와 결합되면서, 직원들로 하여금 최대한 자신의 능력을 발휘하는 것이 성공으로 가는 길이라고 인식하게 한다. "바이트댄스의 분위기는 분명히 다른 기업들보다 훨씬 자유롭고 평등해요." 바이트댄스의 직원이 주장했다. "그래서 (이 회사에서) 내가 얼마나 벌고, 얼마나 승진할 수 있는가는 나에게 달려 있다고 생각하게 되죠"(개인 면담 2022년 11월).

중국의 ICT기업은 직장생활의 질을 결정하는 핵심적 요소인 복지 혜택을 구성하는 데 있어서도 실리콘 밸리 기업의 사례를 밀접하게 참조한다. 바이트댄스는 물론, 알리바바나 텐센트Tencent[19]와 같은 기업들은 구내식당에서 종일 식사를 제공하고, 오후 휴식시간에는 개인 업무공간으로 과일 등 간식을 직접 제공하며, 회사 곳곳에 무한 제공 스낵코너를 마련하고 있다. 회사 건물 내부에 운동시설을 마련하거나, 회사 주변의 실내 체육시설 또는 피트니스 클럽 회원권 비용

---

19 1998년 설립된 회사로, 현재 중국에서 한국의 카카오톡과 같은 기능을 하는 위챗Wechat 개발 및 운영사다. PC용 메신저인 QQ의 경우 8억 명 이상의 사용자를 기록하였고, 현재 위챗은 세계적으로 8억이 넘는 사용자를 확보하였다.

그림 5-2 바이트댄스 본사와 그 주변 지도

바이트댄스 본사(字节跳动总部)를 중심으로 왼쪽 상단에 ICT 관련 연구소·기업이 집중된 중관촌(中关村)이, 본사 아래쪽에는 제3순환로(3rd Ring Rd)가 위치한다(Google Map)

을 지원하는 방식을 통해 직원의 건강 증진 및 유지에도 관심을 기울인다.

　중국의 ICT기업이 직원들에게 제공하는 혜택 중에는 중국 기업에만 찾아볼 수 있는 독특한 혜택도 존재한다. 바이트댄스가 직원에게 지급하는 거주보조금이 이에 해당한다. 바이트댄스는 자사 직원이 회사까지 대중교통수단으로 20분, 도보로 30분 안쪽 거리에 월세 거주지를 구하는 경우, 매월 거주보조금(1,500위안)을 지급한다. 바이트댄스의 전前 최고경영자인 장이밍张一鸣[20]에 따르면, 이 혜택은 직원들이 베이징의 대표적 번화가인 중관촌과 제3순환로 주변에 거주할 수

20　장이밍은 2012년 바이트댄스ByteDance를 창업하였다. 2021년 장이밍의 개인 순자산 평가액은 549억 달러에 달한다. 블룸버그 전 세계 억만장자 순위 20위다(https://www.bloomberg.com/billionaires/profiles/yiming-zhang/). 장이밍은 2021년 11월 장기사업 구상에 집중하기 위해서라는 이유로 최고경영자 자리에서 물러났다(https://www.cnbc.com/2021/11/03/bytedance-founder-zhang-yiming-steps-down-as-chairman-amid-reshuffle.html).

있게 하여, 특히 "진정한 도시 분위기"를 느끼며 살고자 하는 대학을 갓 졸업한 직원들의 욕망을 충족시킨다. 거주보조금 혜택은 대학 졸업 후에도 번화한 대도시에서 "평판이 좋은 직장"에 다닐 수 있게 한다는 점에서 해당 기업 직원들의 자부심을 형성하는 주요한 근거가 된다. 2020년 기준 베이징 제3순환로 인근 단칸방单人房의 월세가 약 2,500위안 정도였다는 사실을 고려할 때, 1,500위안의 거주보조금은 특히 미혼 혹은 자녀가 없는 직원들에게는 큰 혜택이다.

바이트댄스가 2020년 6월 1일, 즉 중국의 어린이날儿童节에 처음으로 진행한 가정개방일家庭开放日 행사는 가족이 있는 직원에게 제공하는 대표적 혜택이다. 가정개방일 행사의 공식적인 의의는 해당 행사를 홍보하는 바이트댄스의 웹페이지에 잘 드러나 있다. "전 지구 10억 명 고객이 사용하는 인기 상품을 개발하여 회사가 빠르게 발전할 수 있었던 것"은 오직 "직원 가족의 전폭적인 지지 때문에 가능했다"는 것이다(字节范儿 2020). 따라서 이를 기리기 위한 가정개방일 행사 홍보물의 제목은 "가족에의 감사感恩家人"로 시작한다. 가정개방일 행사는 바이트댄스 본사가 위치한 베이징은 물론 선전深圳, 상하이 등 중국 내 10곳의 바이트댄스 지사 사옥에서 동시에 진행되었는데, 이날 직원들은 자녀 그리고 배우자와 함께 출근하여 어린이 및 가족들을 위한 각종 레크리에이션에 참여하였다. 또한, "가족에게 감사"라는 표현이 암시하듯이, 직원과 함께 거주하는 부모가 참가하기도 하였다. 행사에 참여하는 직원과 행사를 준비하는 회사 모두 가정개방일이 직원을 위한 혜택이라는 점에서 일치하였다. 즉 하루 종일 회사에서 가족과 함께 각종 레크리에이션에 참여하고 특별식사를 즐기면서도 근무일로 간주된다는 점에서 이는 "하루치 유급휴가"에 해당한다는 것이다.

그림 5-3 제1회 바이트댄스 "가정개방일"

출처: 字节范儿(https://izxxz.com/article/1344/)

역설적으로, 바이트댄스 창업 9년째에 가족 관련 행사를 조직하여 진행했다는 사실은, 바이트댄스가 그동안 가족이 있는 직원에 대한 혜택이 미약했다는 사실을 반영한다. 하지만 이는 해당 회사가 실리콘 밸리나 한국의 ICT기업들처럼 직원 가족에 대한 복지혜택에 관심을 기울이기 시작했다는 것을 보여주며, 구글이 제시하는 "가족중심경영" 원리가 실리콘 밸리를 넘어 한국 ICT기업으로, 그리고 다시 중국의 ICT기업으로 확산되어가는 과정을 드러낸다.

한국과 중국의 ICT기업들이 ICT 관련 고급 기술을 소유한 직원들에게 높은 연봉과 탁월한 복지혜택을 제공하는 가장 중요한 이유는 실리콘 밸리 기업들과 마찬가지로 ICT 관련 우수 인력을 확보하고 유지하려는 목적에서다. 한국의 경우, ICT산업 및 시장의 규모가 빠르게 팽창하면서 소프트웨어 개발부터 기업 법무까지 관련 인력에 대한 수요가 공급을 초과하는 상황이 지속되어왔다. 수요가 공급을 초과하는 상태에서, 기업의 입장에서 핵심인력을 확보하고 유지하는 것이 매우 중요해졌으며, 경쟁업체와 대비했을 때 더 높은 연봉과 더 좋은 혜택을 제공하는 것이 가장 핵심적이라고 여겨지게 되었다. 2022년 3월 카카오페이가 전 임직원과의 "온라인 커뮤니케이션" 행사에서 밝힌 연봉 일괄 인상 계획(1,000만 원)은, 이러한 사례에 해당한다. 카카오페이의 발표는 개인별 성과급 인상이나 스톡옵션 차등 배분이 아닌 "기본급 인상base up"이라는 점에서 관심을 끌었고, 이는 한국 ICT업계 전반을 술렁이게 했다. 특히 카카오의 경쟁사인 네이버를 비롯해, 엔씨소프트처럼 성공적인 스타트업 업체에 근무하는 직원들은 카카오에 상응하는 혹은 그에 비슷한 기본급 인상이 이루어져야 한다고 주장하였다(천호성 2022).

중국의 ICT기업들이 제공하는 탁월한 혜택 역시 산업과 시장 규모의 빠른 팽창에 힘입은 것이다. ICT 관련 전문인력의 공급이 수요에 비해 계속 부족하기 때문에, 이들 기업들은 연봉과 성과급 그리고 혜택 부분에 있어서 경쟁적으로 더 좋은 조건을 제시하고, 이를 통해 우수인력을 확보하려 한다. 앞서 소개한 바이트댄스의 경우, 핵심인력이라고 할 수 있는 소프트웨어 엔지니어 등 기술技术 분야의 1급[21]은 2020년 기준 15만~25만 위안 사이의 기본연봉을 받으며, 이후 승진에 따라서 280만 위안까지 받을 수 있다. 여기서 기술직 신입직원(1급)의 최저 기본연봉 15만 위안은 2020년 기준 중국 도시城镇 지역의 연간평균수입인 약 6만 위안의 두 배가 넘는다(中国国家统计局 2020). 바이트댄스의 대부분의 직원들이 일반적으로 3개월부터 최대 6개월까지의 월급에 해당하는 성과급을 추가로 지급받는 것을 고려한다면, 이 차이는 더욱 벌어진다.

---

21 바이트댄스의 기술직은 10등급으로 나뉘어 있다.

2) 동아시아 ICT기업의 사명감

실리콘 밸리 ICT기업에서는 기술혁신을 통한 막대한 부의 창출뿐 아니라, 혁신기술이 더 나은 사회를 만들어 나간다는 일종의 자부심과 "좋은 일을 한다"는 사명감을 관찰할 수 있었다. 실리콘 밸리에서 이루어지는 기술혁신은 계급이나 젠더, 지역적 차이 등을 뛰어넘어 사회 전반에 혜택을 제공하고, 이를 통해 사람들에게 더 나은 미래를 약속한다는 것이다.

한국의 ICT기업과 기업 직원들도 이와 유사한 사명감과 자부심을 표현한다. 기업은 이익만을 추구하지 않으며, 사회 전반의 편리성 향상과 공동이익 신장에 기여한다는 것이다. 앞서 카카오페이 웹페이지에 실린 "과감하고 빠른 실행", "시장을 이끄는", "리스크가 있는 곳에 기회"와 같은 표현은 기존 기업의 저효율과 관습화된 경영양식을 뛰어넘는 고효율과 혁신을 강조한다. 한 ICT기업의 간부는 "정해진 시간에 출근하고 퇴근하는 기존 기업"에서 "하릴없이 왔다 갔다 하는 사람들에게 어떤 혁신이 있을까"라고 질문하였다(개인 면담 2022년 12월). 기존 기업의 경영 및 직원 근무태도의 낮은 효율과 관성화를 비판하면서, 그는 "리스크를 감내하면서 끊임없이 기술혁신을 추구"하는 ICT기업이야말로 "(자본주의) 경제의 핵심"이며 "(자본주의) 경제의 미래를 보여주는 청사진"이라고 주장하였다.

ICT기업에서 나타나는 사명감과 자부심은 기업 경영진의 구호나 원칙으로만 머무르지 않고, 기업조직을 넘어서 생활 전반으로 확산되고 있다. 예를 들어 카카오가 2010년에 출시한 모바일 메신저 앱인 카카오톡은 사회관계망서비스sns를 넘어서 택시 호출, 지도 및 길찾기navigation, 간편결제, 인터넷 금융의 영역으로 진출하였고, 특히 필수적인 생활 서비스와 연동되면서 일상생활의 일부로 자리 잡았다. 특히 카카오톡은 도시민의 일상을 뒷받침하는 핵심 서비스인 도시가스 서비스와 연동되어, 요금조회·납부·자가 검침기록·이사 방문 신청 등 핵심적 기능을 온라인 또는 비대면으로 제공한다.

카카오톡이 도시가스 서비스와 연동된 것은 소비자의 입장에서 ICT기업의 첨단기술이 가장 구체적으로 일상에 와닿는 사례다. 아파트 주민들과의 면담내용으로부터, 카카오의 혁신적 기술이 일상에서 간단함과 편리함을 크게 증진시켰다는 것을 알 수 있다. 주민들은 카카오톡이 만들어낸 일상에서의 변화를 검침원의 방문을 기다리거나 가구 출입문 옆에 부착된 검침기록지에 사용량을 기록해야 하는 수고로움을 덜게 된 데에서 체감한다. 한 50대 주민은 카카오톡 검침서비스가 만들어낸 간단함과 편리함을 다음과 같이 이야기했다. "가스계량기를 확인해도 꼭 기록하는 걸 잊어버려서요. 아차 하면 검침일이 지나버려서 따로 (도시가스) 고객센터에 전화를 해야 했고." 소비자에게 있어서, 계량기 숫자를 확인하는 즉시 들고 있는 스마트폰의 카카오톡에 입력하여 업체에 발송할 수 있다는 점에서, 이러한 변화는 분명히 "좋은 것"이다.

ICT기업의 일상적 업무 활동은 기업의 제품과 서비스가 이윤으로 즉각적으로 환원되지 않는 고객의 인간적 혹은 감성적 측면까지 고려하고 이를 만족시켜야 한다는 생각을 드러내기도 한다. 실리콘 밸리 기업의 이상, 즉 ICT기술의 발전이 더 나은 삶을 보편적으로 가져다 줄 것이라는 믿음과 유사하게, 한국의 ICT기업 종사자들은 서비스의 대상인 고객들이 더 나은 삶을 영위하도록 도와야 한다고 생각한다. "보다 자연스러운" 혹은 "더욱 인간의 모습"을 한 ICT 관련 하드웨어와 소프트웨어를 개발하고 보급하는 것은 궁극적으로 고객의 이해利害를 신장시키는 데 기여한다는 것이다.

이는 ICT기업 조직 중 소비자와 직접 마주하는 고객서비스_{Customer} Service, CS 부문에서 잘 드러난다. 보다 구체적으로, 판교에 위치한 ICT 기업인 코코아(가명)의 챗봇_{chatbot} 개발 부서를 살펴보자.[22] 챗봇은 인간 상담사 또는 면담자와의 직접 접촉 대신 문자 또는 문자-언어의 형식으로 온라인 대화를 진행하는 소프트웨어 프로그램을 말한다. 코코아는 결제, 송금, 투자, 보험 모두가 가능한 테크핀 개발 회사로, 이 회사의 챗봇 서비스 기획팀은 온라인을 통해 이루어지는 다양한 거래과정에서 발생하는 소비자들의 질문에 적절하게 대답할 수 있는 챗봇 프로그램을 구성하고, 실제 상황에서 나타나는 유용성과 문제점을 파악하여 챗봇의 정답률을 향상시키는 것을 목표로 한다. 이를 위해 해당 부서의 팀원들은 사용자들이 챗봇에게 문의한 내용을 보면서 챗봇이 제대로 답변을 하였는지 오답률과 오답의 유형을 확인하고, 이에 바탕하여 구체적인 개선사항을 구성한다.

코코아의 챗봇 개발자들은 실리콘 밸리와 판교의 ICT기업에서 공통적으로 나타나는 특징, 즉 자신들의 작업이 "기존 사례가 없는 혁신"을 지향하며, 전례 없는 혁신에 수반하는 성공 여부에 대한 불확실함이 있다는 점을 체화하고 있다. 개발 과정의 어려움에 대한 챗봇 개발팀원의 설명은 이러한 사실을 명확하게 표현한다.

"챗봇 기획을 하면서 어려웠던 부분은…… 일단…… 기존의 참고자료가 없다. 그래서 무에서 유를 창조해야 하는 일이기 때문에 그만큼 부담으로 다가온다는 거랑, 이제 AI인 로봇을 계속 학습시켜야 하는

---

22 이하 사례는 2021년 3월부터 제작·방영된 MBC "밥벌이 브이로그, 아무튼 출근!"의 2021년 6월 8일 방영분인 「아무튼 출근] AI 로봇의 선생님, 정답률 100%를 꿈꾸는 챗봇 서비스 기획자 정다은!」을 참조하였다.

데, 이 로봇이 언제나 올바로 대답을 할 것이라는 보장이 되어있지 않아요…… 이런 부분이 좀 어려워요"(MBC 2021).

ICT기업 직원들에게서 나타나는 혁신에의 기대와 성공 여부에 대한 불안감 외에 주목해야 할 것은, 챗봇 이용 고객들이 챗봇에게 잡담small talk 을 하는 경우에 대해 직원들이 보인 공감共感이다. 여기서 잡담은 "배고파", "심심해요", "(챗봇이) 귀여워", "웃기는 짬뽕이군"과 같은 짧은 글에서부터 "너무 우울한데 위로해 줄 사람이 없어…… 답답해"와 같이 자신의 심정을 토로하는 비교적 긴 글까지 포함한다. 하지만 이에 대해 챗봇은 "매일매일 열심히 학습 중입니다. 불편 없이 서비스를 이용할 수 있도록 계속 노력할게요"라는 식의 동일한 응답을 제공하는 것으로 프로그램되어 있을 뿐이다.

코코아사의 파트장과 팀장, 그리고 일반 직원들 모두가 참여하는 챗봇 파트 전체회의에서 팀원들은 잡담 자료를 통해 고객 중에 위로나 공감이 필요한 사람들이 있다는 것을 알게 되었지만, 이에 대해 챗봇이 제대로 대응하지 못하고 있다는 점을 지적하였다. "고마워, 짜증나, 심심해…… 고객분들은 이렇게 다양한 감정을 표현하는데…… (챗봇으로부터는) 다 같은 답변이 나오고 있어요." 회의에서 한 직원은 "고객이 별 기대 없이 툭 던지는" 잡담

그림 5-4 챗봇 서비스에서 나타나는 잡담 사례

출처: MBC (https://www.youtube.com/watch?v=k-iMo7TSSPM)

에 대해서 "(챗봇이) 너무 센스 있는 답"을 하게 되면 고객이 감동할 것이라고 주장하면서, 인간적 또는 개인적 감정에까지 반응하는 챗봇을 구성하는 것은 회사에 대한 고객의 호감도도 올릴 수 있다는 점에서 반드시 추진해야 할 사항이라고 언급하였다.

5. 빛과 그늘: 무한경쟁과 항시적 불안감

이처럼 혁신적인 기업관행과 높은 수준의 워라밸을 구축한 실리콘 밸리 문화가 한국 또는 중국의 ICT기업에 미친 영향이 긍정적인 것만은 아니다. 동아시아 ICT기업에서 나타나는 수평적 조직과 협업체제, 탁월한 직원 복지와 고도의 워라밸이 실리콘 밸리 기업들에서 비롯된 것처럼, 동아시아 ICT기업에서 나타나는 과도한 경쟁과 불평등, 고용의 불안정성 역시 실리콘 밸리 기업들의 경영원리 그리고 업무관행과 밀접하게 연관되어 있다.

1) 실리콘 밸리 기업의 이면

앞서 살펴본 것처럼, 실리콘 밸리 ICT기업들은 끊임없는 혁신과 고도의 업무 효율을 강조함으로써 눈부신 성장을 이루었으며, 나아가 첨단기술을 개발하는 기업의 활동이 이윤의 극대화뿐 아니라 더 나은 사회를 만드는 데 기여한다는 기술 유토피아적인 신념을 형성하였다. 하지만 이러한 눈부신 성취의 이면에는 그 대가_{代價}가 놓여 있다. 간단없는 혁신을 통한 사업적 성공을 추구하는 기업 관행은 직원들에게 프로젝트의 성공 여부를 둘러싼 불안_{precarity}의 감정을 확산시키고, 높은 효율과 업무성과에 대한 강조는 불규칙하고 긴 노동시간을 합리화한다. 또한, 이처럼 미래에 대한 불안과 불규칙한 업무 시간이 일상화된 상태에서 이루어지는 재택근무는 노동시간과 여가 시간의 구분을 모호하게 만들어 가정의 일터화$_{化}$로 이어지기도 한다.

실리콘 밸리 기업 직원이 경험하는 고도의 노동강도와 여기서 초래되는 긴장 그리고 불안은 2000년대 초반 미국 ICT기업에서 나타난 "크런치 모드$_{crunch\ mode}$"에서 확인할 수 있다. 여기서 크런치 모드는 프로젝트 마감 시한을 앞두고 이루어지는 고강도·장시간 노동의 관행을 말한다. 2004년 11월, 당시 미국 굴지의 게임 개발회사인 일렉트로닉 아츠$_{Electronic\ Arts,\ EA}$의 직원 조$_{Joe}$는 자신의 블로그를 통해서, 프로젝트 마감 시한이 다가오면서 일주일에 50시간, 60시간, 심지어 70시간 동안 높은 집중력을 필요로 하는 노동에 종사하게 되는 열악한 상황을 폭로했다(Straitiff 2004). 2004년 당시, 해당 프로젝트의 사측 책임자는 프로젝트 관련 직원, 즉 팀이 함께 일하는 작업공간에 "7일 내내 영업$_{Open\ 7\ Days}$"이라는 네온사인을 설치하였을 뿐만 아니라, 주말에도 팀 구성원들에게 "너희들이 주말에도 출근하는 것을 보고 싶다"는 고압적인 내용의 이메일을 발송했다.

당시 EA사 직원의 폭로로 시작된 크런치 모드에 대한 비난은 점차 대중적인 관심을 끌었고, 결국 주 60시간이 넘는 장시간 노동관행은 표면적으로는 중단되었다. 하지만, 실리콘 밸리 기업의 주요 업무가 프로젝트 단위로 진행된다는 점에서, 프로젝트 마감일이 다가오면서 집중 노동이 필요하게 되는 상황 자체는 변하지 않았다. 실리콘 밸리 기업의 직원들 역시, 긴 노동시간과 높은 노동강도는 분명히 피해야 하며 피하고 싶다고 언급한다. 하지만 동시에, 이들은 프로젝트 단위로 진행되는 업무의 특성상 장시간·고강도 형태의 노동을 완전히 없애는 것은 불가능하다는 것을 마지못해 인정하기도 한다. 더욱이, 실

그림 5-5 원거리 근무를 홍보하는 구글 커리어스의 사진

출처:구글 커리어스(https://careers.google.com/?src=Online%2FDirect%2FJob%20 Spotlight)

리콘 밸리 ICT기업들이 유사한 상품개발을 목표로 하는 동종업체들과 지속적인 경쟁상태에 있다는 점은, 실리콘 밸리 기업의 경영진은 물론 직원들이 크런치 모드와 같은 부정기적 집중 노동형태를 받아들이지 않을 수 없게 한다.

업무가 짧은 기간에 완수해야 하는 프로젝트를 기반으로 구성되고 이에 따라 장시간·고강도 노동이 불가피하게 되면서, 실리콘 밸리 기업이 제공하는 워라밸도 직원 자유의 증진을 통한 삶의 질 향상으로 이어지지 않는 상황이 나타났다.

이는 실리콘 밸리가 제공하는 탁월한 워라밸의 상징이라고 할 수 있는 구글의 경우에서도 확인할 수 있다. 위 사진은 구글이 자사의 취용 공고 웹페이지인 구글 커리어스에 게재한 것으로, 구글이 직원들에게 제공하는 높은 수준의 워라밸을 홍보하고 있다. 사진에 등장하는 구글 직원은 유연근무 혹은 재택근무 혜택을 잘 활용하고 있는 것으로 나타나는데, 모니터 화면을 보면서 업무에 집중하는 직원의 뒤편으로는 미취학 연령대로 보이는 어린 자녀가 놀고 있는 모습을 볼 수 있다. 이는 구글이 자랑하는 원거리 근무 형태에서는 업무수행과 자녀 돌봄이 심지어 자녀가 업무공간에서 노는 경우에도 가능하다는 메시지를 전달한다.

하지만 재택근무가 언제나 직원들에게 더 많은 자유와 여가를 보장하지는 않는다. 오히려 공적인 업무가 '집'이라는 가장 사적인 공간까지 침입하는 결과로 이어질 수 있다. 역설적으로, 앞서 직원에게 제공하는 탁월한 혜택의 예로 제시한 패트리샤의 경우가 이에 해당한다. 재택근무 혹은 원거리 근무 제도 자체는 노동시간 유연성과 휴가 혜택과 더불어 높은 수준의 워라밸을 직원에게 제공할 수 있다. 하지만 고도의 유연근무를 통한 자유 또는 휴식의 증진이라는 이상은 회사와 직원이 예측하지 않은 여러 변수들로 인해 자유를 제약하는 방향으로 나아갈 수 있다. 물론 패트리샤의 경우는 코로나19 팬데믹이라는 매우 비상한 상황과 연관되어 있다. 하지만 크런치 모드와 같은 장시간·고강도 노동이 불가피한 상황이 재택근무 시기와 겹치게 되면, 집은 노동의 필연이 자유와 여가의 가능성을 압도하는 공간으로 변모할 수 있다.

이하 절에서는 실리콘 밸리 ICT기업의 혁신적 기업관행이 지닌 부정적 측면들이 전 지구적 위계성 그리고 동아시아 기업문화의 기존 특성과 결합되면서 증폭되는 양상을 조명한다. 특히 실리콘 밸리라는 '중심'이 아닌 동아시아라는 '주변'에 위치해 있다는 인식은 기술혁신을 향한 경쟁에서 뒤처질 수 있다는 불안감을 자극하여 경쟁을 부추긴다. 이에 더하여, 경쟁적인 성과 지상주의는 동아시아 지역 기업들에 존재하는 위계적 권위와 맞물리면서 갑질[23]과 직급간 불평등을 극대화하기도 한다.

2) 동아시아 ICT기업: 주변부의 시간과 조급함

한국과 중국의 ICT기업들에는 자신들이 미국의 실리콘 밸리 기업들에 비해 상대적으로 주변에 위치하며, 따라서 끊임없이 중심을 의식하고, 중심의 시간과 업무 관행을 우선적으로 참조해야 한다는 인식이 존재한다. 사실, 전 지구적 경쟁에서 뒤처지지 않기 위해 끊임없이 중심을 참조해야 한다는 인식은 다른 동아시아 지역의 기업들에서도 확인할 수 있다. 특히 초 단위로 시시각각 변화하는 국제금융·투자 부분에 있어서 이러한 중심과 주변의 인식은 현저하게 나타난다. 예를 들어, 일본 도쿄에 위치한 투자은행 및 주식시장을 연구한 미야자키Miyazaki Hirokazu는 일본 주식시장의 전문 거래인trader들이 공유하는 상시적 불안감에 주목하였다. 그는 이들이 미국 월가를 중심으로 한 세계금융시장의 빠른 변화로부터 "항상 뒤처져 있다는 불안"을 공유하고 있다고 보고, 이 불안이 주변에 위치한 일본 금융시장이

그림 5-6 다국적 기업 회의실에 걸린 두 개의 시계. 본사가 위치한 미국과 서울의 시간

23 "갑질"은 상급자가 마치 유럽 중세시기 봉건 영주처럼 행세하면서 자신보다 낮은 지위의 사람과 하청업자들을 괴롭히는 것을 말한다. 갑질은 한국 그리고 동아시아에서 나타나는 독특한 현상으로 간주된다(Choe 2022).

전 지구적global 금융시장과 항상 시간적으로 불일치temporal incongruence 한다는 거래인들의 인식에서 비롯된다고 주장하였다(Miyazaki 2003).

동아시아 ICT기업이 실리콘 밸리 기업이 주도하여 빠르게 변모하는 기술 분야에 속해 있다는 사실은, 이들 기업 경영진과 직원들 사이에 전 지구적 경쟁에서 낙오되지 않아야 한다는 인식을 더욱 강화시킨다. 서울 소재 한 다국적 ICT기업의 영상 회의실에는 각각 본사가 위치한 미국 현지의 시간과 서울시간SEO 을 표시하는 두 개의 시계가 나란히 걸려있다. 해당 회의실을 이용하는 직원들은 시계를 볼 때마다 시공간적으로 서울에 위치한 자신의 업무공간이 미국 실리콘 밸리에 위치한 본사를 중심으로 한 전 지구적 연망network 안에 위치해 있으며, 중요한 업무 행위와 사업의 결정이 서울이 아닌 본사에서 이루어진다는 것을 상기한다.

이러한 주변성이 초래하는 긴장과 불안은 세계 각지의 직원들이 협업 방식으로 진행하는 프로젝트의 마감일이 다가올 때 가장 잘 표출된다. 프로젝트의 마무리 단계에서 결과물과 관련된 다양한 의견은 직원들 사이에 실시간으로 공유되며, 의견에 대한 피드백 역시 가능한 한 빠르게 이루어져야 하기 때문에, 전 지구적 연망을 통해 상호 연결된 직원들은 온콜oncall 상태에 있다. 참여 직원들은 자신의 거주지가 어디인지, 각 거주 지점별 시차時差는 어떠한지, 구체적으로 어떠한 작업환경에서 일하고 있는지와 상관없이 항상 실시간 피드백에 임해야 하는 것이다. 또한 이 과정에서 중심과 주변의 위계적 관계가 드러나는데, 일분일초가 아까운 상황에서 직원들은 해당 프로젝트의 책임을 맡은 상급 엔지니어 그리고 최종 결정자가 거주하는 실리콘 밸리 본사의 시간에 맞출 수밖에 없다. "지금이 몇 시인지는 중요하지 않죠." 실리콘 밸리에 본사를 둔 다국적 기업 아마존의 한

국지사에서 일하는 소프트웨어 엔지니어가 주장했다. "얼마나 계속해서 일을 해야 하는지는 프로젝트가 마무리되는가에 달려 있으니까요."

현재 전 지구적 연망으로 연결된 ICT기업 직원들은 장시간 노동을 독려하는 네온사인이 설치된 좁은 업무공간 안에서 일하지 않으며, 그런 만큼 회사의 직접적인 노동압력에 노출되지 않았다고 볼 수 있다. 하지만 앞서 소개한 다국적 기업의 사례가 보여주는 것처럼, 서로 다른 시간과 공간에서 일한다는 사실이 크런치 모드를 낳은 EA사보다 이들의 노동강도가 더 낮을 수 있다는 것을 의미하지는 않는다. 역설적으로, 비대면 방식으로 연결된 작업공간을 통해 작동하는 네트워크 노동체제network labor regime는 업무 스트레스에서 상대적으로 자유로울 가능성이 있는 재택근무 직원들의 일상에 간단없는 압박을 초래하고, 결과적으로 균형 잡힌 워라밸을 형성하고 유지하는 데 부정적 영향을 미치기도 한다. 앞서 언급한 것처럼, ICT 분야 기업들은 유연근무제와 재택근무, 선택적 근로시간제, 시차 출퇴근제 등을 적극적으로 실시하면서 탁월한 수준의 워라밸을 달성하였다. 그러나 어디서나 일할 수 있다는 장소와 시간의 자유는 장소와 시간을 불문하고 일을 해야 한다는 당위로 변할 수 있다. 전 지구적 연망은 직원의 시간적·공간적 위치가 어디인가와 상관없이 동일한 강도의 노동을 요구하며, 따라서 해당 직원은 자신이 실제로 위치한 시간과 공간이 어디인가와 관계없이, 온콜 상태에서 밤낮으로 일을 해야 한다.

3) 혼종의 기업문화: 실리콘 밸리의 외양과 극단적 효율 추구

창의를 강조하는 실리콘 밸리의 기업문화가 한국 및 중국 기업들의 업무효용 및 성과 지상주의 그리고 위계적 조직문화와 뒤섞인 혼종적_{hybrid} 기업문화를 형성하고, 이 과정에서 노동강도 및 노동시간이 크게 증가하고 직원 간 경쟁 및 경영진의 감시체제가 강화된다. 결과적으로 이러한 혼종적 기업문화는 ICT기업들이 QWL 그리고 워라밸과 관련하여 이룩한 성취를 부정하는 역설적 상황으로 이어지기도 한다.

노동과정에 대한 감시체제 강화는 무엇보다 작업공간의 배치를 통해 확인할 수 있다. 실리콘 밸리에 본사를 둔 다국적 ICT기업에서 한국 ICT기업으로 이직한 장지영 씨[24]는 외국계 다국적 기업과 한국 기업 간 차이를 작업공간의 구분 방식에서 발견하였다. 장 씨에 따르면, 다국적 기업의 작업공간은 개별 직원에 따라 상당히 구분되어, 사무실에서 근무하는 동안에도 어느 정도의 사적 자유_{privacy}를 확보할 수 있다. "사무실 안에서 개별 직원의 작업공간은 칸막이_{partition}로 구분되죠. 그런데, 대부분 앉아서 일하기 때문에, 어느 직원이 자리에 있는지 없는지, 앉아서 무엇을 하는지는 그 자리에 찾아가지 않는 한 알 수 없어요." 이에 비해, 장지영 씨가 새로 출근하게 된 한국 ICT기업은 개별 칸막이 자체가 없었다. 사무실 공간이 칸막이 없이 완전히 개방되어 있어, 어느 직원이든 거의 모든 직원들의 작업을 볼 수 있었다. "모든 직원이 모든 직원을 볼 수 있죠. 어느 순간에도 내가 일자리에서 물러나 쉬고 있다는 느낌을 가질 수 없더라고요." 장지영 씨는 자신의 작업공간을 가질 수 없고 언제나 누군가의 관찰에 노출되어 있다는 점에서 한국 ICT기업에 "계속 뭔가 하고 있어야 하는 불문율 같은 것"이 존재하며, 이 때문에 항상 긴장을 느끼게 되었다.

중국의 ICT기업은 높은 노동효율과 성과를 추구하는 경영원칙이

---

24 공인_{公人}과 언론을 통해 공개된 인명을 제외한 인명은 가명을 사용한다.

직원들에게 초래하는 격심한 경쟁과, 이러한 경쟁이 초래하는 지속적 긴장과 과도한 노동의 상황을 극명하게 보여준다. 속칭 "996 노동체제996工作制"가 대표적이다. 여기서 996은 오전 9시부터 오후 9시까지, 매주 6일 노동을 의미하며, 산술적으로 주 72시간 노동에 해당한다. "996 노동체제"는 2019년 4월 중국 언론사들이 ICT기업들에 확산되어 있는 장시간 노동관행에 대해 보도하면서 사회적 관심의 대상이 되었다. 주 72시간이 넘는 장시간 업무의 관행은 선전深圳, 베이징, 상하이와 같은 대도시들의 ICT 산업단지에 위치한 기업들에서 널리 행해졌는데, 여기에는 앞서 언급한 바이트댄스 외에도 알리바바阿里巴巴, 징둥京東, 샤오미小米 등 굴지의 ICT기업들이 포함되었다(Bang 2021). 이 관행은 유명 ICT기업 화웨이에서 엔지니어로 근무했던 쩡멍曾夢이 외국 언론과 인터뷰를 통해 폭로하면서 해외로 알려지게 되었는데, 당시 익명의 직원들은 온라인 매체를 통해 "출근하면 996, 병 나면 ICU上班996, 生病ICU"라는 표현을 사용하기도 하였다. 이 글귀는 996 노동체제에 따라 일하다 보면 건강이 악화되어 중환자실Intensive Care Unit, ICU 신세를 질 수밖에 없다는 불만을 표현한다.

이러한 불만의 표출에도 불구하고 996 노동체제는 근절되지 않은 채 지속되었다. 같은 해 4월 당시 알리바바의 최고경영자인 마윈馬云은 "젊을 때 열심히 일하지 않으면 언제 하겠는가⋯⋯ 996 체제 없이는 중국경제가 활력과 돌파력을 상실할 것"이라고 주장하면서 장시간 노동을 옹호하였고(BBC News 2019), 중국 정부도 소위 "특수산업" 종사자들에게는 상황에 따라 노동기준을 엄격하게 적용하지 않을 수 있다는 태도를 취하였다. 결국 알리바바, 샤오미, 화웨이 등 대기업을 중심으로 장시간 노동이 지속되었고, 996 노동과 유사한 노동 관행이 업계 전반에 걸쳐 유지되었다.[25]

바이트댄스의 경우, 경영진은 직원들이 일요일 오후에도 출근할 것을 독려하였는데, 이는 경쟁사인 알리바바가 일요일 출근을 정례화한 것과 밀접하게 연관되어 있다. 당시 바이트댄스의 최고경영자였던 장이밍은 일요일 오후 출근을 정당화하는 과정에서, 일요일 출근은 회사를 위한 업무가 아니라 직원의 자질 혹은 생산성 향상을 위한 교육프로그램에 참여한다는 점에서 직원을 위한 것이라고 주장했다. 또한 알리바바가 일요일 출근이 평일 근무시간에 처리하지 못한 일을 하는 시간이라는 이유로 무급無給정책을 유지하는 데 비해, 바이트댄스는 규정에 따라 평일 보수의 두 배를 지급한다는 점을 강조하였다(직원과의 면담 2022년 1월).

장시간 노동이 관행처럼 굳어지면서 중국의 ICT기업 직원들은 긴 노동시간과 높은 노동강도에 지속적으로 노출되었고, 결과적으로 기업이 약속한 노동과 여가의 유연성은 크게 제약되었다. 바이트댄스의 경우, 많은 ICT기업이 그러한 것처럼 유연노동시간제를 실시한다. 하지만 한 부서 혹은 프로젝트 팀의 작업공간이 개방적 형태를 취하게 되면서 직원들 모두가 서로의 근무여부와 근무태도를 관찰할 수 있게 되었고, 이러한 상황에서 이들은 출퇴근 시간이 회사의 공식적 입장만큼 유연하지는 않다는 것을 깨닫는다. "신입사원 때는 할 일을 끝내면 언제든 퇴근할 수 있다고 생각했죠." 전前 바이트댄스 직원 슈슈가 말했다. "그런데 그게 아니더라고요. 나는 할 일을

---

25 이는 중국 정부의 공식적 입장과 크게 다르다. 중국 정부는 "중국 정부는 일 8시간, 주 5일 40시간 노동시간을 원칙으로 하며, 추가노동은 1일 1시간, 월 36시간 한도 내에서 가능하다"고 언급하였다. 또한 법정 노동시간을 넘어서는 노동에 대해서 평일의 경우 50%, 주말의 경우 100%, 법정휴일의 경우 200%의 가산임금을 지급해야 한다고 규정하고 있다(中华人民共和国中央人民政府 2022).

다 했어요. 퇴근할 수 있는 거죠. 그런데 직원들이 계속 일하는 거예요……. '어 내가 이래도 되나'고 생각하게 되죠." 슈슈는 처음 몇 번 유연노동시간제를 따라 "자유롭게 퇴근"하다가, "분위기의 압력을 느껴서" 늦게 퇴근하기 시작했다고 언급했다.

실제로 대부분의 ICT기업 직원들은 강제적이라기보다는 '자발적'으로 긴 근무시간을 택한다. 이는 직원들의 입장에서는 대도시 생활에 필요한 더 많은 성과급과 승진 가능성을 높이기 위해서이지만, 직원 간 경쟁을 부추겨 생산력 제고를 노리는 경영진의 입장이 관철된 것이기도 하다. 직장의 분위기를 경쟁적으로 만드는 데에는 개별직원의 업무성과에 대한 잦은 평가와 이에 따른 차별화된 성과급_{bonus} 지급이 핵심이다. 예를 들어, 바이트댄스는 2개월마다 새롭게 설정되는 목표와 결과_{Objects and Key Results, OKR}에 따라 직원에게 업무평가점수를 알려주는데, 200명 정도로 구성되는 부서별[26]로 1명 또는 2명에게 스폿 성과급_{spot bonus}을 지급한다. 또한 매년 상반기와 하반기, 두 차례에 걸쳐 정기실적평가를 진행하여, 직원과의 개별 면담을 통해 전체 8등급으로 구분되는 평가점수를 알려준다. 평가점수에 따른 성과급 지급은 극명하게 차별화되는데, 전체 8등급에서 상위 3개 등급에 속하는 직원은 최소 3개월에서 최대 100개월 월급에 해당하는 성과급을 받으며, 우선 승진의 기회를 부여받는다. 반대로 평균 이하의 경우 기본급의 100%에 미치지 못하는 성과급을 제공하며, 승진에 있어서도 불이익을 준다. 중요한 것은 평가점수를 알려주는 면담 과정에서 인사부서의 전문직원이 매우 구체적으로 평가 결과를 설명한다는 사실이다. "동일 직급의 어떤 직원은 200퍼센트의 보너스를 받았죠.

26 한 부서는 대략 200명 정도로 구성된다.

그런데 당신은 50퍼센트밖에 받지 못했어요. 왜 그렇다고 생각하세요?"

앞서 언급한 것처럼, 바이트댄스의 평가체제는 개별 직원의 업무 기여를 상세하게 평가하고 이를 그때그때 보수체계에 명확하게 반영한다는 점에서 기본적으로 직원의 개별적 창의성을 중시하는 실리콘 밸리 기업의 틀을 따른다. 하지만, 동시에 바이트댄스의 평가체제는 중국 ICT업계 특유의 경쟁적 성격을 반영한다. 잦은 면담을 통해 개별 직원에게 개인적 성과의 평가 결과를 상기시키고 더 높은 성과를 올리도록 자극하며, 성과가 낮은 직원에 대해 '은밀한 경고'의 메시지를 보내는 것은, 간단없는 경쟁을 고취하려는 기업의 목표를 드러낸다. 사실, 앞서 살펴본 직원 호칭이나 사내복지의 사례가 보여주는 것처럼, 바이트댄스는 중국의 여타 ICT기업에 비해 실리콘 밸리 기업의 관행을 많이 그리고 적극적으로 수용하였다. 하지만, 외적으로 드러나는 사내복지와 혜택 부분, 그리고 유연근무규정과 같은 공식적인 부분을 제외하면, 직원 사이의 경쟁을 무한정 강화하여 생산력을 높임으로써 동종기업과의 경쟁에서 앞서 나가려는 데 있어서는 중국의 다른 ICT기업과 다르지 않다.

바이트댄스가 직원들에게 지급하는 거주보조금 역시, 직원의 복지의 감정 혹은 행복감을 증진하려는 목적에 머무르지 않는다. 물론, 앞서 언급했던 것처럼, 거주보조금은 공식적으로는 직원이 "진정한 도시 분위기"를 느끼면서 만족스럽게 생활하게 하려는 회사의 배려로 선전된다. 하지만 동시에, 회사로부터 대중교통수단으로 20분, 도보로 30분 내 거리에 월세 거주공간을 확보하는 조건으로 보조금을 지급하는 회사의 방침은, 많은 직원들이 회사 주변 지역에 집중하여 거주하게 하였다. 이는 어느 때든 쉽게 동원할 수 있는 유연한 노동력을 확보하려는 회사의 입장이 관철된 것이기도 하다. 이처럼 또한 '자발적'인 연장근무로 밤늦게 퇴근하는 직원을 위해 지급하는 택시비는 명목상으로는 직원의 복지를 위해서이지만, 동시에 유연퇴근제와 워라밸 개념 자체를 무색하게 하면서 직원의 장시간 노동을 확보하려는 회사의 의도를 반영한다.

4) 재택근무의 역설: 워라밸의 붕괴

하지만, 앞서 언급한 구글의 직원인 패트리샤의 사례와 마찬가지로, 재택근무는 더 많은 자유와 여가를 보장하기보다는 공적인 업무가 집이라는 가장 사적인 공간까지 침입하는 결과로 이어질 수 있다. 한 다국적 ICT기업의 서울지사에 근무하는 이정상 씨의 경우가 이에 해당한다. 2020년 초의 코로나19 팬데믹 상황에서 프로젝트 마감일이 다가오자, 그는 "집에 있으면서도 집에 있지 않은" 것처럼 살아야 했다.

"집에 있는 건 맞죠. '재택' 근무니까. 그런데 마감일이 다가오니까 온콜 상태로 있어야 하고, 아이는 놀아달라고 하고. 아이는 내가 집에 있는 걸 아는데, 방에서 나오지도 않고, 놀아주지도 않으면서 조용히 하라고 하고…… (아이가) 대충 상황을 알면서도 놀아달라고 하죠. 어쩌겠어요. 아이인데요. 나는 나대로 스트레스 받고, 식구들은 식구대로 스트레스 받고."

이정상 씨의 주장은 다른 다국적 ICT기업 직원인 김샛별 씨의 경우와도 유사하다. 김샛별 씨에 따르면 코로나19 팬데믹 상황에서 재택근무는 "미혼이나 자녀 없는 기혼자들에게는 천국"인 반면 "자녀가 있는 기혼자들에게는 헬$_{hell}$"이다. 교육기관과 놀이 교실, 쇼핑몰 등 가정 외부의 공간이 폐쇄되면서 가족 구성원들은 오랜 시간 집에 함께 머무르게 되었다. 이러한 상황에서 이루어지는 재택근무는 오히려 노동시간과 여가시간의 경계를 허물고 가사분담의 구분을 모호하게 하여, 직원들에게 높은 수준의 워라밸을 제공하기보다는 누가, 언제, 무엇을, 얼마나 해야 하는지에 대한 부담과 혼란을 가중시켰다. 맞벌이 배우자도 재택근무를 하게 되면서, 김샛별 씨와 그의 배우자는 누가 얼마나 아이와 놀아줘야 하며, 누가 더 바쁘기 때문에 더 많은 시간을 업무에 쓸 수 있는지, 그리고 식사준비와 설거지는 누가 해야 하는지를 놓고 말다툼을 벌이기까지 했다.

김샛별 씨는 원거리 재택근무형태가 가족친화적이라는 것을 보여주는 구글 커리어스의 사진이 "아름답기는 하지만 보여주지 않는 것이 있다"고 주장하였다. "이런 상황이 얼마나 가능할까요? 아이가 엄마가 일하는 데 같이 있으면서 혼자 놀 수 있다? 그래봤자 길어야 10분 정도죠." 이정상 씨 역시 같은 사진이 전달하는 메시지에 회의적이었다. 그는 해당 사진이 네트워크로 연결된 비대면 업무의 어려움을 은폐하고 있으며, 한 가구의 필수적 구성원이자 회사의 직원이라는 역할이 서로 충돌하는 구체적인 생활의 맥락을 보여주지 않는다고 주장하였다.[27]

중국 ICT기업의 끊임없는 생산성 향상 시도 역시, 이들이 약속하

---

27 구글 코리아는 구글 본사의 지침에 따라 2020년 1월 코로나19 팬데믹 이후 사무실을 완전히 폐쇄하였다. 모든 직원들은 재택근무에 임해야 했고, 어린 자녀가 있는 직원들은 김샛별 씨와 이정상 씨가 이야기한 "지옥" 같은 상황에 직면하게 되었다. 이러한 고충을 고려하여, 구글은 팬데믹 이전부터 실시해 온 돌봄휴가일수를 늘렸다(직원과의 면담 2022년 12월).

는 직원 개인의 행복을 침해하고 부정하는 데까지 이른다. 앞서 언급한 일요일 출근 관행과 관련해서, 필자가 면담한 몇 명의 전직 바이트댄스 직원들은 양가적인 태도를 취하였다. 이들은 일단 경쟁사인 알리바바와 달리 평일 업무의 두 배의 보수를 받았다는 점에 대해서는 긍정적이었다. 하지만 일주일에 토요일 하루만 쉴 수 있다는 점에 대해서는 부정적이었는데, 결혼해서 가족이 있는 경우에 더욱 그러하였다. "돈을 더 벌 수 있다는 건 좋죠." 자녀가 있는 직원이 주장했다. "하지만 토요일 하루 휴식은 가족과 보내는 시간으로 충분하지는 않아요." 미혼 직원들은 돌봐야 하는 가족이 없다는 점에서 기혼의 경우보다 더 긍정적이었지만, "지극히 경쟁적인" 평일 근무를 고려하면 주 1일 휴식은 충분하지 않으며, 이런 상황이 계속되면서 피로가 누적된다고 불평하였다.

극심한 경쟁하에서 노동효율의 극대화를 추구하는 ICT기업의 경영진은 업무능력 향상 및 유지에 부정적 영향을 미칠 수 있는 직원 생활상의 변화를 최대한 피하고 억제하려 하기까지 한다. 이는 직원평가 결과를 알려주는 개인 면담 과정에서 극명하게 드러났다. 중국 유명 ICT기업 B사의 인사부서에서 일했던 리슈잉은 자신의 결혼계획을 경영진에게 알렸을 때 인사부 팀장의 반응에 놀랐다고 회상했다. "결혼하는 건 괜찮다고 했어요. 그런데 절대로 아이는 가지지 말래요. 아이를 가지면 일을 제대로 할 수가 없다고요." 리슈잉에 따르면, 자신과 알고 지내던 한 동료 직원은 경영진의 이러한 경고에도 불구하고 아이를 출산하였다. 이후 그는 아이 돌봄을 이유로 자주 일찍 퇴근해야 했고, 결과적으로 개인 평가에서 좋은 점수를 받지 못하게 되었다. 개인 면담에서 몇 차례 "은근한 경고"를 받은 후에, 해당 직원은 결국 인사부의 핵심인 헤드헌팅 headhunting 업무에서 배제되어, 직원

평가서류를 단순 관리하는 한직閑職으로 재배치되었다. 언젠가는 아이를 가질 생각인 리슈잉에게 동료 직원이 처한 상황은 자신의 미래이기도 했다.

"물론 아이를 가졌다는 이유로 해고할 수는 없죠. 다만 어쨌든 아이를 돌봐야 하니까 그만큼 업무실적을 올릴 수는 없었죠. 평가 결과가 안 좋게 나오니까, 결과적으로 승진에서 밀리고, 상대적으로 한가한, 별 볼 일 없는 부서로 배치되었어요."

6. 결론: ICT기업과 지속 가능한 유토피아

1) 야누스의 얼굴

살펴본 것처럼, ICT기업이 약속하는 탁월한 복지혜택과 직장생활의 질의 이면에는 고도의 노동강도와 긴 근무시간, 높은 노동효율과 성과를 보장하기 위한 촘촘한 평가체제가 존재한다. 앞 단락에서 소개한 중국 ICT기업 B사의 사례에서 나타난 것처럼, 더 높은 노동효율을 확보하기 위한 경영진의 시도는 직원의 출산을 탐탁지 않게 여기는 것은 넘어서 '은근한' 경고와 징벌적 인사 관행을 통해 출산 자체를 억제하려 하는 데에까지 이르렀다. 크런치 모드와 996 노동체제로 대표되는 ICT기업의 어두운 이면은 이들이 제시하는 탁월한 직장생활의 질과 고도의 워라밸이 만들어 내는 "행복한 직원"의 이미지가 적지 않은 대가를 요구한다는 사실을 보여준다. 코로나19 팬데믹 상황에서의 재택근무가 자유의 증진이 아닌 공사公私영역 경계의 흐트러짐과 사적 일상생활에서의 혼란으로 이어졌던 것처럼, ICT기업이 제공하는 고도의 워라밸은 실제로 노동자의 행복으로 이어지지 않을 수 있다.

ICT기업에 근무하는 직원들은, 비록 크런치 모드나 996 노동체제와 유사한 장시간·고강도의 노동 관행이 여전히 존재하며 이에 대한 불만이 비등하지만, 자신의 일자리에 긍정적인 측면이 있다고 주장한다. 이는 필자와 면담했던 직원들이 노동과정에 참여하는 동기가 기본적으로 '자발적'이라는 점에서 짐작할 수 있다. 앞서 바이트댄스의 직원은 유연근무제에도 불구하고 퇴근 시간을 자발적으로 늦추면서 업무 실적을 더 많이 올릴 수 있었고, 업무 평가에서도 동료 직원들보다 더 좋은 결과를 얻을 수 있었다. 이는 더 많은 성과급을 확보하는 방식, 그리고 더 빠른 직급 상승을 이룰 수 있는 방식이 투명하게 공개되어 있어, "누구나 열심히 일하면 더 많은 보수를 받고 승진을 더 빨리 할 수 있다"고 믿기 때문이다. 물론 연장근무 참여가 자발적이라는 주장을 액면 그대로 받아들일 수는 없다. 바이트댄스 직원들은 일찍 퇴근하면 할수록 더 많은 성과를 향한 경쟁에서 뒤처지게 되고 업무 평가에서 좋은 점수를 받을 수 없으며, 결과적으로 성과급 지급 순위에서 밀릴 뿐 아니라 회사에서의 지위도 점차 위태로워진다는 것을 알고 있기 때문이다.

따라서 노동자들에게 ICT기업은 야누스의 얼굴을 지녔다고 할 수 있다. 2개월마다 이루어지는 개인별 평가면담이 숨 막히게 느껴질 수 있지만, 동시에 이는 회사가 팀이나 셀 전체가 아닌 개별 노동자가 스스로의 노력을 통해 성취하는 부분을 더 자주, 더 정확하게 인정하고 이에 대한 보상을 제공할 것이라는 확실한 신호이자, 그 근거를 마련하는 것이기도 하다. 이처럼 개인적 성취에 따라 차별화된 상급이 제공된다는 점에서, 직원들은 더 긴 시간 동안 더 숨 가쁘게 일해야 한다는 사실이 지닌 긍정적인 측면을 인정하게 된다.

결국 문제는 이 글의 서두에서 언급했던 것처럼 프로젝트 마감 등의 이유로 고강도의 장시간 노동이 필요할 경우, 노동자의 행복감 혹은 자유를 과도하게 침해하지 않는 방식으로 노동의 장소와 속도, 그리고 시간을 정할 수 있는가에 있다. 직장생활의 질이나 워라밸 개념이 형성된 역사적 과정이 보여주는 것처럼, 노동자의 행복과 자유의 감정을 침해하지 않는 노동시간과 노동강도를 정하는 것은 절대적 해답이 존재하지 않는 논쟁의 영역이며, 노동과 기업 그리고 정부가 참여하는 사회적 논의를 거쳐야 한다. 주 52시간 노동이 법제화된 한국의 경우, 최근 게임업체를 중심으로 한 ICT기업들이 노동시간 유연화를 주장하고 나선 것이 대표적이다. 게임업체의 경영진이 평상시에는 "자유로운" 업무 형태를 취하지만 집중이 필요한 시기에는 "명확한 방향성과 지시" 아래 고숙련 인력들이 "일사불란하게 집중 협업해 문제를 해결해야 한다"고 주장하는 것은, 필자가 정리한 ICT기업의 특징을 정확하게 반영한다(최우영 2022). 이들에 따르면, 신작 게임 출시를 앞두고 고숙련 인력의 집중 노동이 필요하며, 신작 게임 출시 후에는 폭주하는 이용자의 문의에 신속하게 대응하는 상담인력을 동원해야 하는데, 주 52시간 노동과 1주일 12시간의 연장근로 상한선 아래에서는 효율적인 대처가 어렵다는 것이다. 하지만 이와 같은 노동시간의 유연화는 연장노동시간을 단기간에 집중시켜 주당 80시간이 넘는 크런치 모드를 부활시킬 수 있으며, 따라서 이러한 노동시간의 폭주를 막을 수 있는 노동자 단체의 견제와 정부의 적절한 관리·감독이 필수적이라고 할 수 있다.

2) ICT기업에서의 워라밸은 지속 가능한가?

미국과 한국, 중국의 ICT기업들에서 나타나는 탁월한 직장생활의 질과 높은 수준의 워라밸이 기업 직원들에게 약속하는 행복감 혹은 자유는 지속 가능할까? 이 질문에 대한 답의 실마리는, ICT기업 직원들의 행복감과 자유를 가능하게 한 경제적 혹은 물질적 조건이 무엇이었으며, 이러한 조건이 앞으로도 지속될 것인가를 살펴보는 과정에서 찾을 수 있을 것이다.

앞서 언급한 것처럼, 실리콘 밸리와 한국, 중국의 ICT 관련 기업들은 혁신적 상품과 기술을 개발하고 막대한 외부투자를 유치하였으며, 이를 통해 기업규모를 급속하게 팽창해 왔다(성영조 2015). 하지만 이 과정에서 고급 기술 인력에 대한 수요가 공급을 추월하는 상황이 발생하였고, 결과적으로 고급 기술 인력을 확보하고 유지하는 것이 혁신적인 제품과 서비스를 개발하는 데 핵심적 중요성을 지니게되었다. 이를 위해 각 기업들은 경쟁업체와 대비하여 더 높은 연봉과 더 좋은 혜택을 제공함으로써 고급 기술 인력을 확보하고 유지하려 하였다.

하지만, 실리콘 밸리와 한국, 중국의 ICT기업들이 직원에게 제공하는 탁월한 혜택이 시장상황 또는 호황과 밀접하게 연동되어 있다는 사실은, 시장상황이 악화될 경우 혜택의 폭이 축소될 수 있다는 것을 암시한다. 나아가, ICT기업 직원들이 경험하는 행복 또는 자유의 느낌이 탁월한 직장생활의 질과 높은 수준의 워라밸에 기반한다는 점을 고려한다면, 시장상황의 악화는 이들의 행복감과 자유의 폭을 제한하는 중요 요인이 된다.

시장상황의 변화가 직원의 삶에 미치는 영향은 실리콘 밸리에서 매우 즉각적으로 나타난다. 실리콘 밸리의 경우 기업의 운영이 어려운 경우 해고를 통해 직원 규모를 축소할 수 있는데, 이는 ICT 분야의 경기순환이 상대적으로 빠르게 진행되며, 따라서 변화하는 시장 상황에 따라 신속하게 고용규모를 늘이거나 줄여야 할 필요가 있기 때문이다. 더욱이, 대부분의 실리콘 밸리 기업에는 노조가 결성되어 있지 않기 때문에 구조조정이나 혜택의 축소과정에서 노조를 중심으로 한 직원들의 조직적·집단적 이의 제기는 생각하기 힘들다.[28]

이러한 상황은, 경기 호황기와 침체기의 실업률 차이가 10퍼센트가 넘는 실리콘 밸리 지역 노동시장의 특성과 맞물리면서(The Economist 2020), 경기가 하방압력을 받을 경우 "언제 해고되어도 이상하지 않다"는 근본적인 불안감을 기업 직원들 사이에 확산시킨다. 비교적 최근인 2022년 하반기, 경기침체가 명확해지면서 실리콘 밸리 기업들은 "대학살bloodbath"이라고 이야기할 정도로 대규모의 해고를 진행해 왔다. 동년 9월 페이스북, 인스타그램과 왓츠앱WhatsApp의 모기업인 메타Meta는 8,700명에 달하는 직원을 해고하였고, 트위터는 10월 말 본사 직원의 절반에 달하는 3,700명에게 이메일로 해고 통지를 발송하였으며, 아마존 역시 일시에 1만 명에 달하는 직원을 해고하였다. 넷플릭스, 마이크로소프트, 코인베이스CoinBase, 씨게이트Seagate와 같은 유명 IT회사들을 포함하면, 2022년 12월 초까지 미국 ICT산업에서만 9만 명이 넘는 인원이 해고되었다. 해고를 진행하지 않는 실리콘 밸리 기업들도 기존 사업을 유지하면서 신규사업

---

[28] 실리콘 밸리 ICT기업들에 결성된 노조가 드문 이유는 또 다른 설명이 필요하다. 다만 여기서는 실리콘 밸리 소프트웨어 개발자들 사이에 널리 퍼져 있는 일종의 정서, 즉 "(개인으로서의) 당신은 정말 열심히 일한다. 무언가를 만들고 무언가를 창조한다"는 생각이 집단적 성격을 지닌 노조활동과 근본적으로 어울리지 않는다는 점을 지적할 수 있다. 또한 기업 입장에서도 노조가 아니라 개인을 계약 주체로 상대하려 한다는 점도 고려할 수 있다.

및 채용을 중지하고 있어, 이 지역의 실업률은 계속 증가하고 있다 (Vedantam 2022).

이처럼 급격한 해고 증가는 불과 1년 전 전례 없는 호황을 누리던 ICT업계의 상황이 급반전한 것이고, 그러한 만큼 업계 관련 사람들에게 "충격과 실망의 분위기"를 확산시켰다. 2020년 초 발생한 코로나19 팬데믹은 비대면 기술 및 온라인 판매 관련 사업에 대한 시장의 기대를 폭증시켰고, 다른 한편 암호화폐 시장의 활성화는 막대한 자금을 ICT업계로 집중시켰다. 하지만 코로나19 팬데믹에서 비롯된 이동 제한 정책이 사라지고 암호화폐 시장이 붕괴에 가까울 정도로 급락하면서 비대면 기술과 온라인 판매시장에 대한 수요는 급속하게 수축하기 시작하였고, 실리콘 밸리의 호황은 갑작스럽게 종막을 고하였다. 현재 실리콘 밸리 지역에서만 ICT 관련 전문기술 및 지식을 지닌 5만여 명이 구직상태에 있으며, 악화된 기업 환경에 따라 이들 중 대부분은 이전 직장에 비해 낮아진 임금과 저열한 직장생활의 질을 받아들여야 한다(Vynck 2022).

2022년 말, 대규모 해고와 높은 실업률로 대표되는 미국 ICT업계의 불황이 어느 정도로 지속될지, 그리고 회복은 언제부터 나타날 것인지 예측하기는 어렵다. 2000년대 초반 닷컴 버블 붕괴dot-com crash 이후 치솟은 실업률은 이후 ICT산업의 경기가 회복하면서 감소하였다가 2008년 금융위기로 다시 증가하였고, 이후 또다시 감소하였다. 이러한 추세를 감안한다면, 현재의 침체기도 언젠가 다시 회복기로 접어들 수 있다. 하지만 이러한 장기 추세에 대한 전망은 현재 갑작스럽게 해고당하거나, 암울한 재취업 전망에 불안해하는 실업자들에게는 위로가 되지 않는다. 또한 경기회복과 함께 등장할 새로운 일자리가 상대적으로 낮은 연봉과 축소된 혜택을 동반할 것이라는 사실은, ICT기업들에서 나타난 높은 직장생활의 질과 고도의 워라밸 역시 퇴보할 수 있다는 부정적 전망을 가능하게 한다. 현재 실리콘 밸리 ICT기업 그리고 기업직원들이 처한 상황은 실리콘 밸리를 밀접하게 참조하는 한국과 중국의 ICT기업과 직원들의 미래를 예측하는 데 엄중한 시사점을 제공하며, 나아가 이들이 선도하는 자본주의의 미래가 반드시 밝을 수는 없다는 점을 암시한다.

참고문헌

제1장 경제체제의 도전과 21세기 자본주의

Alesina, Alberto and Dani Rodrik, 1994, "Distributive Politics and Economic Growth," *Quarterly Journal of Economics* 109(2): 465-490.

Bergson, Abram, 1984, "Income Inequality Under Socialism," *Journal of Economic Literature* 22(3): 1052-1099.

Friedman, Daniel, 2008, *Morals and Markets: An Evolutionary Account of the Modern World*, New York: Palgrave.

Guardian, 2020, "Top 1% of British earners get 17% of nation's income." https://www.theguardian.com/money/2020/may/21/top-1-of-british-earners-get-17-of-nations-income (2023년 4월 7일 접속).

Kornai, Janos, 1992, *The Socialist System: The Political Economy of Socialism*, Oxford: Oxford University Press.

Kim, Byung-Yeon and Jukka Pirttilä, 2006, "The Political Economy of Reforms: Empirical Evidence from Post-communist Transition in the 1990s," *Journal of Comparative Economics* 34(3): 446-466.

Lindert, Peter and Jeffrey Williamson, 2012, "American Incomes 1774–1860," NBER Working Paper 18396.

Nove, Alec, 1983, *The Economics of Feasible Socialism*. Milton Park: Routledge.

Persson, Torsten and Guido Tabellini, 1994, "Is Inequality Harmful for Growth?" *American Economic Review* 84(3): 600–621.

Piketty, Thomas, 2013, *Capital*, Cambridge: Belknap.

Royle, Edward, 1997, *Modern Britain: A Social History, 1750-1997*, London: Bloomsbury.

Saito, Kohei, 2017, *Karl Marx's Ecosocialism: Capital, Nature, and the Unfinished Critique of Political Economy*, New York: Monthly Review Press.

Sundararajan, Arun, 2016, *The Sharing Economy: The End of Employment and the Rise of Crowd-based Capitalism*, Cambridge: MIT Press.

The Trustees of the Charities Aid Foundation(CAF), 2016, "Gross Domestic Philanthropy: An international analysis of GDP, tax and giving", https://www.cafonline.org/docs/default-source/about-us-policy-and-campaigns/gross-domestic-philanthropy-feb-2016.pdf

제2장 민주주의와 자본주의의 상호관계와 균형적 공존

김경필, 2019, 「한국의 경제민주화: 열망과 실망의 반복」, 《경제와 사회》 121: 137–165.

김병권, 2013, 「신자유주의 위기와 한국의 경제 민주화」, 《시민과 세계》 22: 126–139.

김병연, 2023, 「경제체제의 도전과 21세기 자본주의」, 『자본주의의 미래』, 아카넷.

김윤자, 2012, 「경제민주주의란 무엇인가?」, 《계간 민주》 2: 121-146.

김의동, 2010, 「한국 시민사회단체의 대안세계화 운동: 특징과 한계 및 이념적·실천적 과제를 중심으로」, 《사회과학연구》 26(4): 371-398.

몬비오, 죠지 (황정아 역), 2006, 『도둑맞은 세계화: 지구민주주의 선언』 창작과비평. (Monbiot, George, 2003, *The Age of Consent: A Manifesto for a New World Order*, New York: Harper Collins.)

손병권·박경미·임성학, 2010, 「한국 민주주의의 현황 정의와 민주주의 심화의 문제」, 《분쟁해결연구》 8(1): 111-145.

신광영, 2007, 「세계화 비판을 넘어서」, 《국제·지역연구》 16(1): 147-153.

야페, 안젤름 (강수돌 역), 2021, 『파국이 온다: 낭떠러지 끝에 선 자본주의』, 천년의상상. (Jaffe, Anselm, 2017, *The Writing on the Wall: On the Decomposition of Capitalism and Its Critics*, Imagine1000.)

이강로, 2004, 「한국내 반미주의(反美主義)의 성장과정 분석」, 《국제정치논총》 44(4): 239-261.

이재희, 1990, 「1980년대 한국자본주의의 성격」, 《경제와 사회》 7: 235-262.

이정구, 2011, 「한국에서 진보·좌파의 대안세계화운동 이념 비교: 1997년 이후를 중심으로」, 《마르크스주의 연구》 8(3): 47-75.

이정우, 2009, 「한국의 경제위기, 민주주의와 시장만능주의」, 《역사비평》 87: 18-49.

임유진·이연호, 2020, 「한국 경제민주화의 성과와 한계」, 《정치정보연구》 23(1): 223-246.

임혜란, 2018, 「한국의 민주주의 위기와 경제개혁」, 《한국정치연구》 27(1): 347-373.

장상환, 2005, 「시장자유주의와 민주주의의 위기」, 《황해문화》 49: 39-66.

정성기, 2005, 「80년대 한국사회구성체논쟁, 또 하나의 성찰적 재론」, 《역사비평》 71: 34-66.

정성진, 2001, 「자본주의와 반자본주의 운동의 전망」, 《진보평론》 9: 222-247.

조대엽, 2005, 「1980년대 학생운동의 이념과 민주화운동의 급진적 확산-반미주의의 분화와 대중화전략을 중심으로」, 《한국과 국제정치》 21(4): 189-215.

조희연·서복원, 2003, 「세계화 강박 속의 한국 시민사회운동: 한국 시민사회운동의 세계화 문제를 둘러싼 철학과 전략의 검토」, 《황해문화》 41: 76-96.

최태욱, 2013, 「조정시장경제와 합의제 민주주의의 상호보완성」, 《기억과 전망》 29: 506-547.

콜리어, 폴 (김홍식 역), 2020, 『자본주의의 미래: 새로운 불안에 맞서다』, 까치. (Collier, Paul, 2018, *The Future of Capitalism: Facing the New Anxieties*, Wylie.)

하비, 데이비드 (강윤혜 역), 2020, 『자본주의는 당연하지 않다: 어쩌다 자본주의가 여기까지 온 걸까』, 선순환. (Harvey, David, 2020, *The Anti-Capitalist Chronicles*, Pluto Press.)

Acemoglu, Daron, and James A. Robinson, 2008, "Persistence of Power, Elites, and Institutions," *American Economic Review* 98(1): 267-293.

Bell, Daniel A., 2006, *Beyond Liberal Democracy: Political Thinking for an East Asian Context*, Princeton: Princeton University Press.

Bell, Daniel A., 2015, *The China Model: Political Meritocracy and the Limits of Democracy*, Princeton: Princeton University Press.

Bhagwati, Jagdish, 1997, "Democracy and Development: New Thoughts on an Old Question," in V. N. Balasubramanyam (ed.), *Writings on International Economics*, Oxford: Oxford University Press.

Diamond, Larry, 1992, "Economic Development and Democracy Reconsidered," *American Behavioral Scientist* 35: 450-499.

Freeland, Chrystia, 2012, *Plutocrats: The Rise of the New Global Super-Rich and the Fall of Everyone Else*, New York: Penguin Press.

Fukuyama, Francis, 1992, *The End of History and the Last Man*, New York: Free Press.

Hall, Peter A., and David Soskice (eds.), 2001, *Varieties of Capitalism: The Institutional Foundations of Comparative Advantage*, Oxford: Oxford University Press.

Holcombe, Randall G., 2018, *Political Capitalism: How Economic and Political Power Is Made and Maintained*, Cambridge: Cambridge University Press.

Huntington, Samuel P., 1984, "Will More Countries Become Democratic?," *Political Science Quarterly* 99(2): 193–218.

Huntington, Samuel P., 1991, *The Third Wave: Democratization in the Late Twentieth Century*, Norman, OK: University of Oklahoma Press.

Krieger, Tim, and Daniel Meierrieks, 2016, "Political Capitalism: The Interaction between Income Inequality, Economic Freedom and Democracy," *European Journal of Political Economy* 45: 115–132.

Linz, Juan J., and Alfred Stepan, 1996, *Problems of Democratic Transition and Consolidation: Southern Europe, South America, and Post-Communist Europe*, Baltimore: Johns Hopkins University Press.

Lipset, Seymour Martin, 1959, "Some Social Requisites of Democracy: Economic Development and Political Legitimacy," *American Political Science Review* 53(1): 69–105.

Lipset, Seymour Martin, 1960, *Political Man: The Social Bases of Politics*, Garden City, NY: Doubleday.

Moore, Jr., Barrington, 1966, *Social Origins of Dictatorship and Democracy: Lord and Peasant in the Making of the Modern World*, Boston, MA: Beacon Press.

O'Donnell, Guillermo A., 1979, *Modernization and Bureaucratic-Authoritarianism: Studies in South American Politics*, Berkeley,

CA: Institute of International Studies, University of California, Berkeley.

O'Donnell, Guillermo A., and Philippe C. Schmitter, 1986, *Transitions from Authoritarian Rule: Tentative Conclusions about Uncertain Democracies*, Baltimore: Johns Hopkins University Press.

Posner, Eric A., and E. Glen Weyl, 2018, *Radical Markets: Uprooting Capitalism and Democracy for a Just Society*, Princeton: Princeton University Press.

Rueschemeyer, Dietrich, Evelyne Huber Stephens, and John D. Stephens, 1992, *Capitalist Development and Democracy*, Chicago: University of Chicago Press.

Stephens, Bret, 2022, "Thank You, Xi Jinping," *New York Times*, October 18.

Stiglitz, Joseph E., 2006, *Making Globalization Work*, New York: Penguin Books.

제3장 범용기술 출현에 따른 갈등과 자본주의의 진화

고든, 로버트 J. (이경남 역), 2017, 『미국의 성장은 끝났는가』, 생각의힘. (Gordon, Robert J., 2016, *The Rise and Fall of American Growth*, Princeton University Press.)

그린스펀, 앨런 · 에이드리언 올드리지 (김태훈 역), 2020, 『미국 자본주의의 역사』, 세종.

밀라노비치, 브랑코 (서정아 역), 2017, 『왜 우리는 불평등해졌는가』, 21세기북스. (Milanovic, Branko, 2016, *Great Inequality*, Harvard University Press.)

부아예, 로베르 (서익진 · 서환주 역), 2017, 『자본주의 정치경제학』, 한울. (Boyer, Robert, 2015, *Économie politique des capitalismes*, La

Découverte.)

브린욜프슨, 에릭·앤드루 맥아피 (이한음 역), 2014, 『제2의 기계시대』, 청림
　　출판.

슈밥, 클라우스 (송경진 역), 2016, 『클라우스 슈밥의 제4차 산업혁명』, 메가
　　스터디북스.

스미스, 애덤 (박세일 역), 2009, 『도덕감정론』, 비봉출판사.

스미스, 애덤 (유인호 역), 2008, 『국부론』, 동서문화사.

스티글리츠, 조지프 (이순희 역), 2013, 『불평등의 대가』, 열린책들. (Stiglitz,
　　Joseph, 2012, The Price of Inequality, Open Books Co.)

아세모글루, 대런·사이먼 존슨 (김승진 역), 2023, 『권력과 진보 ― 기술
　　과 번영을 둘러싼 천년의 쟁투』, 생각의힘. (Acemoglu, Daron and
　　Simon Johnson, 2023, Power and Progress, PublicAffairs.)

앳킨슨, 앤서니 (장경덕 역), 2015, 『불평등을 넘어』, 글항아리. (Atkinson,
　　Anthony, 2015, Inequality, Harvard University Press.)

이나바 신이치로 (김영주 역), 2018, 『불평등과의 싸움: 18세기 루소에서 21
　　세기 피케티까지, 260년간의 불평등 논쟁』, 아날로그. (稲葉振一郎,
　　2016, 『不平等との闘い: ルソーからピケティまで』, 文藝春秋.)

정약용 (다산연구회 편), 2019, 『정선 목민심서』, 창비.

조귀동, 2023, 『이탈리아로 가는 길 ― 선진국 한국의 다음은 약속의 땅인
　　가』, 생각의힘.

카플란, 제리 (신동숙 역), 2016, 『인간은 필요 없다』, 한스미디어. (Kaplan,
　　Jerry, 2015, Humans Need Not Apply: A Guide to Wealth and
　　Work in the Age of Artificial Intelligence, Yale University Press.)

케이스, 앤·앵거스 디튼 (이진원 역), 2021, 『절망의 죽음과 자본주의의 미
　　래』, 한국경제신문. (Case, Anne and Angus Deaton, 2020, Deaths
　　of Despair and the Future of Capitalism, Princeton University
　　Press.)

토다로, 마이클 (이근식·정일용·윤진호 역), 1986, 『제3세계의 경제발전론』,
　　비봉출판사. (Todaro, Michael P., 1981, Economic Development in

the *Third World*, 2nd ed., New York: Longman)

펠프스, 에드먼드 (이창근·홍대운 역), 2016, 『대번영의 조건: 모두에게 좋은 자본주의란 무엇인가』, 열린책들. (Edmund S. Phelps, 2015, *Mass Flourishing: How Grassroots Innovation Created Jobs, Challenge, and Change*, Princeton University Press.)

포즈너, 에릭·글렌 웨일 (박기영 역), 2019, 『래디컬 마켓』, 부키. (Posner, Eric A. and E. Glen Weyl, 2018, *Radical Markets*, Princeton University Press.)

피케티, 토마 (장경덕 외 역), 2014, 『21세기 자본』, 글항아리. (Piketty, Thomas, 2013, *Le capital au XXIe siècle*, Paris: Editions du Seuil.)

하일브로너, 로버트·레스터 서로 (조윤수 역), 2018, 『한번은 경제공부』, 부키. (Heilbroner, Robert L. and Lester Thurow, 1998. *Economics Explained*, 4th ed. New York: Simon & Schuster.)

하일브로너, 로버트·윌리엄 밀버그 (홍기빈 역), 2016, 『자본주의 어디서 와서 어디로 가는가』, 미지북스. (Heilbroner, Robert and William S. Milberg, 2012, *The Making of Economic Society*, 13th ed. Greenleaf Book Group.)

허재준, 2018, 「인공지능경제가 고용에 지니는 시사점과 OECD국가의 노동시장 성과」, 한국노동경제학회 하계학술대회 발표논문. (발표일: 2018년 8월 23일)

허재준, 2019, 「인공지능과 노동의 미래: 우려와 이론과 사실」, 『한국경제포럼』 12(3): 59-92.

허재준, 2022, 「4차산업혁명의 전개와 '노동'의 종말」, 안상훈 외, 『자영업, 플랫폼 노동 그리고 복지국가』 Part 3, 학지사.

홉스봄, 에릭 (전철환·장수환 역), 1984, 『산업과 제국』, 한벗. (Hobsbawm, Eric, 1968, *Industry and Empire: From 1750 to the Present Day*, Weidenfeld & Nicolson.)

홉스봄, 에릭 (정도영·차명수 역), 1998, 『혁명의 시대』, 한길사. (Hobsbawm, Eric, 1996, *The Age of Revolution: 1789-1848*, Vintage.)

Acemoglu, Daron and Pascual Restrepo, 2019, "The Wrong Kind of AI? Artificial Intelligence and the Future of Labor Demand," *NBER Working Paper* 25682.

Aglietta, Michel, 1982, *Régulation et crises du capitalisme: L'expérience des États-Unis*, Calmann-Levy

Boyer, Robert, 1986, *La théorie de la régulation: Une analyse critique*, La Découverte.

Kuznets, Simon, 1955, "Economic Growth and Income Inequality," *American Economic Review*, 45(1):1-28.

Maddison, Angus, 2003, *The World Economy: Historical Statistics*, OECD Development Centre, Paris: OECD.

자료

한국은행 국민계정 각 연도.

통계청 경제활동인구조사 각 연도.

OECD, 1994, *OECD Jobs Study: Facts, Analysis, Strategies*, Paris: OECD.

OECD, 2006, *Boosting Jobs and Incomes: The OECD Jobs Strategy*, Paris: OECD.

OECD, 2018, *Good Jobs for All in a Changing World of Work: OECD Jobs Strategy*, Paris: OECD.

OECD Income and Wealth Distribution Databases, https://www.oecd.org/social/income-distribution-database.htm/ (2023년 2월 23일 접속).

World Inequality Database, https://wid.world/data/ (2023년 2월 23일 접속).

Maddison Project Database 2020, https://www.rug.nl/ggdc/historicaldevelopment/maddison/releases/maddison-project-database-2020?lang=en/(2023년 7월 21일 접속).

제4장 자본주의와 기업의 미래

문병기, 2017, 「수출기업과 내수기업의 일자리 창출 및 혁신역량 비교분석」, 《Trade Focus》 19, 국제무역연구원.

벨러미, 에드워드 (김혜진 역), 2014, 『뒤돌아보며: 2000년에 1887년을』, 아고라.

쇤베르거, 빅토어 마이어·토마스 람게 (홍경탁 역), 2018, 『데이터 자본주의: 폭발하는 데이터는 자본주의를 어떻게 재발명하는가』, 21세기북스.

스미스, 애덤 (김수행 역), 2007, 『국부론』, 비봉출판사.

스티글러, 베르나르 (김지현·박성우·조형준 역), 2019, 『자동화사회 1: 알고리즘 인문학과 노동의 미래』, 새물결.

윤종희, 2017, 「현대 자본주의 경제에서 금융시스템의 진화」, 《경제와 사회》 115.

이성균·신희주·김창환, 2020, 「한국 사회 가국 소득과 자산의 불평등: 연구 성과와 과제」, 《경제와 사회》 127.

프랭크, 로버트 H. (이한 역), 2011, 『사치열병, 과잉시대의 돈과 행복』, 미지북스.

Aime, Federico, Stephen Humphrey, D. Scott DeRue, and Jeffrey B. Paul, 2014, "The Riddle of Heterarchy: Power Transitions in Cross-functional Teams," *Academy of Management Journal* 57(2): 327-352.

Boulding, Kenneth. E., 1953, *The Organizational Revolution: A Study in the Ethics of Economic Organization,* Chicago: Quadrangle Books.

Chandler, Alfred D., and Takashi Hikino, 2009, *Scale and Scope: The Dynamics of Industrial Capitalism,* Cambridge: Harvard University Press.

Coase, Ronald H., 1937, "The Nature of the Firm," *Economica* 4(16): 386-405.

Cobb, J. Adam, and Ken-Hou Lin, 2017, "Growing apart: The Changing Firm-size Wage Premium and Its Inequality Consequences," *Organization Science* 28(3): 429–446.

Daepp, Madeleine I. G., Marcus J. Hamilton, Geoffrey B. West, and Luis M. A. Bettencourt, 2015, "The Mortality of Companies," *Journal of The Royal Society Interface* 12(106): 20150120.

DiMaggio, Paul J., and Walter W. Powell, 1983, "The Iron Cage Revisited: Institutional Isomorphism and Collective Rationality in Organizational Fields," *American Sociological Review* 48(2): 147–160.

Eldredge, Niles, and Stephen Jay Gould, 1972, "Punctuated Equilibria: An Alternative to Phyletic Gradualism," in T.J.M. Schopf (ed.), *Models in Paleobiology, San Francisco*, CA: Freeman Cooper. pp. 82–115.

Epstein, Gerald A., 2005, *Financialization and the World Economy*, Edward Elgar.

GED, 2018, *Globalization Report*, Dec. 2018.

Gereffi, Gary, 2019, *Global Value Chains and Development: Redefining the Contours of 21st Century Capitalism*, Cambridge: Cambridge University Press.

Granovetter, Mark, 2017, *Society and Economy: Framework and Principles*, New York: Princeton University Press.

Hacker, Jacob S. and Paul Pierson, 2010, *Winner-Take-All Politics: How Washington Made the Rich Richer—and Turned Its Back on the Middle Class*, New York: Simon & Schuster.

Hammer, Michael and James Champy, 1993, *Reengineering the corporation: A manifesto for business revolution*, New York: Harper Collins.

Hannan, Michael T., and John Freeman, 1989, *Organizational Ecology*,

Cambridge: Harvard University Press.

Hodgson, Geoffrey M., 2001, "Is Social Evolution Lamarckian or Darwinian." *Darwinism and Evolutionary Economics* 120: 87–120.

Krippner, Greta, Mark Granovetter, Fred Block, Nicole Biggart, Tom Beamish, Youtien Hsing, Gillian Hart, Giovanni Arrighi, Margie Mendell, John Hall, Michael Burawoy, Steve Vogel and Sean O'Riain, 2004, "Polanyi Symposium: A Conversation on Embeddedness," *Socio-economic Review* 2(1): 109–135.

Levinthal, Daniel A., and James G. March, 1993, "The Myopia of Learning," *Strategic Management Journal* 14(S2): 95–112.

McKinsey & Company, 2017, *5 Trademarks of Agile Organizations*, Dec. 2017.

Morton, Gregory Duff, 2018, "Neoliberal Eclipse: Donald Trump, Corporate Monopolism, and the Changing Face of Work," *Dialectical Anthropology* 42(2): 207–225.

Moulier-Boutang, Yann, 2012, *Cognitive Capitalism*, Polity.

Odling-Smee, F. John, Kevin N. Laland, and Marcus W. Feldman, 1996, "Niche Construction," *The American Naturalist* 147(4): 641–648.

OECD, 2015, *The Future of Productivity*.

OECD, 2020, "Workforce Composition, Productivity and Pay: The Role of Firms in Wage Inequality," *OECD Social, Employment and Migration Working Papers* No. 241.

Perrow, Charles, 1991, "A Society of Organizations," *Theory and Society* 15(1/2): 725–762.

Pew Research, 2020, "Most Americans Say There is Too Much Economic Inequality in the U.S., but Fewer Than Half Call It a Top Priority," January.

Piore, Michael J., and Charles F. Sabel, 1984, *The Second Industrial*

Divide: Possibilities for Prosperity, New York: Basic Books.

Polanyi, Karl, 2001, *The Great Transformation: The Political and Economic Origins of Our Time*, New York: Beacon Press.

Putnam, Robert, 2020, *The Upswing: How American Came Together a Century Ago and How We Can Do It Again*, New York: Simon & Schuster.

Reeves, Martin, Simon Levin, and Daichi Ueda, 2016, "The Biology of Corporate Survival," *Harvard Business Review* 94(1): 2.

Robertson, Brian, 2015, *Holacracy: The New Management System for a Rapidly Changing World*, New York: Henry Holt & Company.

Song, Jae, David J. Price, Fatih Guvenen, Nicholas Bloom, and Till von Wachter, 2019, "Firming up Inequalty," *The Quarterly Journal of Economics* 134(1): 1–50.

Stangler, Dane, and Samuel Arbesman, 2012, "What Does Fortune 500 Turnover Mean?" Ewing Marion Kauffman Foundation. June, 2012.

Stark, David, 2011, *The Sense of Dissonance: Accounts of Worth in Economic Life*, New York: Princeton University Press.

Veblen, Thorstein, 1918, *The Theory of Leisure Class: An Economic Study of Institutions*. New York: B.W.Huebsch.

Viguerie, S. Patrick, Ned Calder, and Brian Hindo, 2021, "2021 Corporate Longevity Forecast," *Innosight* May 2021.

Williamson, Oliver E., 1975, *Markets and Hierarchies: Analysis and Antitrust Implications*, New York: Collier-McMillan.

Zuboff, Shoshana, 1988, *In the age of the smart machine: The future of work and power*, New York: Basic books.

김희연·이상훈·김군수·신기동, 2012, 「스트레스 사회 한국: 원인과 대안」, 경기연구원.

성영조, 2015, 「실리콘 밸리의 비즈니스 환경 및 발전 패턴」, 경기연구원, https://m.blog.naver.com/gri_blog/220741306593 (2022년 8월 18일 접속)

Beer, Michael, Bert Spector, Paul R. Lawrence, Quinn D. Mills, and Richard E. Walton, 1985, *Human Resource Management: A General Manager's Perspective*, New York: The Free Press, 580−592.

Darrah, Charles N. 2001, "Techno−Missionaries Doing Good at the Center," *Anthropology of Work Review* 22(1): 1−7.

Greenhaus, Jeffery H. and Gary N. Powell, 2006, "When Work and Family Are Allies: A Theory of Work−Family Enrichment," *Academy of Management Review* 31: 72−92.

Haroun, Chris, 2014, "Sputnik, Hippies and the Disruptive Technology of Silicon Valley," Wired, September 2014, https://www.wired.com/insights/2014/09/sputnik−hippies−silicon−valley/ (2022년 8월 20일 접속)

Hian, Chan Choon and Einstein, Walter O, 1990, "Quality of Work Life (QWL): What Can Unions Do?," *Advanced Management Journal* 55(2): 17−22.

Keeton, Kristie, Dee E. Fenner, Timothy R. B. Johnson, and Rodney A. Hayward, 2007, "Predictors of Physician Career Satisfaction, Work−Life Balance, and Burnout," *Obstetrics and Gynecology* 109(4): 949−955.

Kowitt, Beth, 2022, "Inside Google's Push to Nail Hybrid Work and Bring its 16,500−person Workforce Back to the Office Part−Time," *Fortune*, May 17th, 2022, https://fortune.com/longform/google−

return-to-office-work-hybrid-remote-bay-view-pay-reduced/ (2022. 8. 17. 접속).

Miyazaki, Hirokazu, 2003, "The Temporalities of the Market," *American Anthropologist* 105(2): 255-265.

Orr, Julian, 1996, *Talking about Machines: An Ethnography of a Modern Job*, Ithaca, NY: IRL Press/Cornell University Press.

Saxenian, Annalee, 1994, *Regional Advantage: Culture and Competition in Silicon Valley and Route 128*, Cambridge, MA: Harvard Univ. Press.

Setty, Prasad, 2022, "How to Build Collaboration Equity in Your Hybrid Workplace," *Forbes*, February 14th, 2022, https://www.forbes.com/sites/googlecloud/2022/02/14/how-to-build-collaboration-equity-in-your-hybrid-workplace/?sh=78cd7273198d (2022년 5월 1일 접속)

Shobitha, Poulose and N. Sudarsan, 2014, "Work Life Balance: A Conceptual Review," *International Journal of Advances in Management and Economics* 3(2): 1-17.

Straitiff, Joe, 2004, "You Have To Stand Up To This Type of Thing Or It Will Continue," https://joestraitiff.livejournal.com/368.html (2022년 9월 10일 접속)

Turner, Fred, 2010, *From Counterculture to Cyberculture: Stewart Brand, the Whole Earth Network, and the Rise of Digital Utopianism*, Chicago: The Univ. of Chicago Press.

자료

고용노동부, 2019, 「부어라 마셔라 회식은 이제 그만! 즐겁고 가벼운 건전 회식 어때요?」, http://worklife.kr/website/index/m6/story_view.asp?GUID=%7B3C129D85-98D1-4002-8EE3-0373E08C18CC%7D (2022년 1월 20일 접속)

고용노동부 일·생활 균형, 2015, https://worklife.kr/website/index/index. asp (2022년 1월 20일 접속)

법제처, 2022, 「가족돌봄휴가」, 2022년 10월 15일, https://www.easylaw. go.kr/CSP/CnpClsMain.laf?csmSeq=1380&ccfNo=1&cciNo=3&cnp ClsNo=2 (2022년 8월 19일 접속)

MBC, 2021, 「[아무튼 출근] AI 로봇의 선생님, 정답률 100%를 꿈꾸는 챗봇 서비스 기획자 정다은!」, 2021년 6월 8일, https://www.youtube. com/watch?v=k-iMo7TSSPM (2022년 8월 1일 접속)

천호성, 2022, 「카카오페이 연봉 1000만 일괄 인상…우리는? 판교 IT인들 술 렁」, 《한겨레신문》, 2022년 3월 17일, https://www.hani.co.kr/arti/ economy/it/1035215.html (2022년 7월 1일 접속)

최우영, 2022, 「대작출시 줄줄이 연기, 게임업계 "경직된 주 52시간제 개 선해야"」, 《머니투데이》, 2022년 12월 5일, https://v.daum.net/ v/20221205120018646 (2022년 12월 10일 접속)

中国国家统计局, 2020, 「2020年居民收入和消费支出情况」, http://www. stats.gov.cn/tjsj/zxfb/202101/t20210118_1812425.html (2022년 7월 1일 접속)

中华人民共和国中央人民政府, 2022, 「第四章 工作时间和休息休假」, 『中 华人民共和国劳动法』, http://www.gov.cn/banshi/2005-05/25/ content_905.htm).

字节范儿(ByteStyle), 2020, 「首届字节跳动家庭开放日全纪录」, https:// izxxz.com/article/1344 (2022년 9월 1일 접속)

Alderman, Liz, 2016, "In Sweden, an Experiment Turns Shorter Workdays Into Bigger Gains," May 20th, 2016, *New York Times,* https://www. nytimes.com/2016/05/21/business/international/in-sweden-an-experiment-turns-shorter-workdays-into-bigger-gains.html (2022년 5월 1일 접속)

Bang, Xiao, 2021, 「前华为员工公开谴责深圳"996"工作文化」, *ABC中文,* January 4th, 2021, https://www.abc.net.au/chinese/2021-01-04/

china-shenzhen-996-working-culture/13030198(2022년 8월 20일 접속)

BBC News, 2019, 「구글 두 공동창업자 경영 일선에서 물러난다」, 2019년 12월 4일, https://www.bbc.com/korean/news-50654499 (2021년 2월 1일 접속)

BBC News, 2019, "Jack Ma Defends the 'Blessing' of a 12-hour working day," *BBC News*, April 15th, 2019, https://www.bbc.com/news/business-47934513 (2022년 10월 1일 접속)

Choe, Sang-Hun, 2022, "South Korean Workers Turn the Tables on Their Bad Bosses," *New York Times*, May 26, 2022, https://www.nytimes.com/2022/05/26/business/south-korea-bullying-gapjil.html (2022년 10월 2일 접속)

Crouch, David, 2015, "Efficiency Up, Turnover Down: Sweden Experiments with Six-Hour Working Day," September 17, 2015, *Guardian*, https://www.theguardian.com/world/2015/sep/17/efficiency-up-turnover-down-sweden-experiments-with-six-hour-working-day (2022년 5월 10일 접속)

Eurostat, 2012, "Full-Time Hours Worked per Week," "Productivity per Hour Worked," https://ec.europa.eu/eurostat/databrowser/view/tesem160/default/bar?lang=en (2022년 5월 15일 접속)

Google Careers, 2022, "Benefits at Google: Flexibility and Time-Off," https://googlerbenefits.withgoogle.com/ (2022년 8월 18일 접속)

Google, 2022, "Benefits at Google," *Google Careers*, https://careers.google.com/benefits/ (2022년 8월 18일 접속)

IPSOS Public Affairs, 2006, "The Associated Press International Affairs Poll," November 2006, Washington DC.

Kim, Yon-Se, 2021, "Korea has 2nd-longest working hours in OECD," *Korea Herald*, http://www.koreaherald.com/view.php?ud=20210309000162#:~:text=were%20not%20included.-,The%20

OECD%20defined%20average%20annual%20hours%20worked%20
as%20the%20total,OECD%20average%20of%201%2C726%20hours
(2021년 10월 10일 접속)

levels.fyi, 2022, https://www.levels.fyi/companies/google/salaries/
software-engineer (2022년 12월 3일 접속).

Merriam-Webster, 2022, https://www.merriam-webster.com/dictionary/
software%20engineer (2022년 8월 20일 접속)

Organisation for Economic Co-operation and Development (OECD),
2016, "Hours Worked," https://data.oecd.org/emp/hours-
worked.htm (2022년 5월 20일 접속)

The Economist, 2020, "Silicon Valley in the Pandemic," May 16th 2020,
The Economist, https://www.economist.com/business/2020/05/16/
silicon-valley-in-the-pandemic (2022년 12월 1일 접속)

U.S. Bureau of Labor Statistics, 2022, "Usual Weekly Earnings of Wage
and Salary Workers," https://www.bls.gov/news.release/wkyeng.
toc.htm (2022년 8월 16일 접속)

Vedantam, Keerthi, 2022, "Tech Layoffs In 2022: The U.S. Companies That
Have Cut Jobs," *Crunchbase News*, December 9th, 2022, https://
news.crunchbase.com/startups/tech-layoffs-2022/ (2022년 12월
10일 접속)

Vynck, Gerrit De, 2022, "Layoff spree in Silicon Valley Spells End of
an Era For Big Tech," *Washington Post*, November 14th, 2022,
https://www.washingtonpost.com/technology/2022/11/12/tech-
facebook-twitter-layoffs-dotcom/ (2022년 12월 11일 접속)

찾아보기

저자 소개

김병연 | 서울대학교 경제학부에서 학사, 석사 학위 취득 후 옥스퍼드대학
교에서 경제학 박사 학위를 받았다. 현재 서울대학교 경제학부 교
수이며 국가미래전략원 원장이다. 전공은 경제체제와 체제이행이
며 구(舊)사회주의경제와 북한경제를 주로 연구하고 있다. 주요 저
서로는 *Unveiling the North Korean Economy* (Cambridge Univ.
Press, 2017)가 있으며 그 외 다수의 논문과 학술 저서가 있다.

김선혁 | 서울대학교 경제학과를 졸업하고, 미국 스탠퍼드대학교 정치학과
에서 석·박사 학위를 받았다. 현재 고려대학교 정경대학 행정학
과 교수로 있으며, 민주주의, 민주화, 시민사회에 관한 연구를 하
고 있다. 지은 책으로 *The Politics of Democratization in Korea*
와 *Economic Crisis and Dual Transition in Korea*가 있고, 엮은
책으로 『분권헌법』, 『국정의 상상력 I, II』이 있으며, 다수의 학술지
논문을 게재하였다.

허재준 | 서울대학교 무역학과와 대학원 국제경제학과를 졸업하고 파리 제
10대학교에서 박사 학위를 받았다. 현재 세종시에서 한국노동연

구원장으로 재직 중이며 디지털 전환이 제기하는 미래 통찰에 기초하여 노동제도, 교육시스템, 사회보장체계 개선 방안에 관한 정책 자문과 연구 활동을 병행하고 있다. 지은 책으로는 『대전환기 한국사회』, 『자영업, 플랫폼 노동, 그리고 복지국가』, *The Fourth Industrial Revolution and the Future of Work*, 옮긴 책으로는 『무역, 고용, 노동기준』, 학술논문으로는 "ICT Diffusion and Skill Upgrading in Korean Industries", 「인공지능과 노동의 미래」 등이 있다.

한준 | 서울대학교 사회학과를 졸업하고, 같은 학교 대학원에서 석사 학위를, 스탠퍼드대학교에서 사회학 박사 학위를 받았다. 현재 연세대학교 사회학과 교수로 있으며, 조직사회학, 예술사회학 분야에서 연구와 교육을 하고 있다. 지은 책으로 『한국 사회의 제도에 대한 신뢰』, 『사회 안의 조직, 조직 안의 사회』, 『플랫폼 임팩트 2023』(공저) 등이 있고, 옮긴 책으로 『사회 사상을 소설로 만나다 : 가능한 최선의 사회를 찾아서』, 『예술사회학』(공역) 등이 있다.

김재석 | 서울대학교 인류학과에서 학사와 석사 학위를 받았으며, 하버드대학교 인류학과에서 철학 박사 학위를 받았다. 이후, 스탠퍼드대학교 동아시아 연구소에서 박사후연구원(Postdoc Fellow)으로, 펜실베이니아대학교 인류학과에서 조교수로 근무하였고, 현재 서울대학교 인류학과 교수와 서울대학교 중국연구소 소장으로 재직 중이다. 전 지구화와 다국적 기업, 중국과 한국의 기업 문화, 민족주의와 초국경 이주, 탈사회주의와 도덕의 문제, 도시와 지역사회운동, 신자유주의적 통치성의 적용과 한계, 음식 문화 등에 대한 연구를 진행해 왔다. 지은 책으로 *Chinese Labor in a Korean Factory* (Stanford University Press), 공동저술서로 *Irony, Cynicism, and the Chinese State* (Routledge)와 *China at Work* (Palgrave-Macmillan)이 있으며, 그 외 다수의 학술논문이 있다.

자본주의의 미래

대우학술총서 644 | Orbital Rendezvous 01

1판 1쇄 찍음 ¦ 2023년 9월 8일
1판 1쇄 펴냄 ¦ 2023년 9월 22일

지은이 ¦ 김병연·김선혁·허재준·한준·김재석
펴낸이 ¦ 김정호

책임편집 ¦ 박수용
디자인 ¦ 이대웅

펴낸곳 ¦ 아카넷
출판등록 ¦ 2000년 1월 24일(제406-2000-000012호)
주소 ¦ 10881 경기도 파주시 회동길 445-3
전화 ¦ 031-955-9511 (편집) · 031-955-9514 (주문)
팩시밀리 ¦ 031-955-9519
www.acanet.co.kr

Printed in Paju, Korea.

ISBN 978-89-5733-884-1 94300
ISBN 978-89-5733-885-8 (세트)

이 책은 대우재단의 지원을 받아 연구 및 출간되었습니다.